Das Gewährleistungsrecht in der Spruchpraxis des Preußischen Kammergerichts von 1794–1810

# Schriften zur Preußischen Rechtsgeschichte

Herausgegeben von Jörn Eckert

Band 3

PETER LANG

Frankfurt am Main · Berlin · Bern · Bruxelles · New York · Oxford · Wien

Andrea Wenzel

# Das Gewährleistungsrecht in der Spruchpraxis des Preußischen Kammergerichts von 1794–1810

PETER LANG
Europäischer Verlag der Wissenschaften

**Bibliografische Information Der Deutschen Bibliothek**
Die Deutsche Bibliothek verzeichnet diese Publikation in der Deutschen Nationalbibliografie; detaillierte bibliografische Daten sind im Internet über <http://dnb.ddb.de> abrufbar.

Zugl.: Kiel, Univ., Diss., 2005

D 8
ISSN 1610-319X
ISBN 3-631-54504-5



www.peterlang.de

Meinen Eltern
in Dankbarkeit gewidmet

## Vorwort

Die vorliegende Arbeit wurde im Wintersemester 2004/2005 von der Rechtswissenschaftlichen Fakultät der Christian-Albrechts-Universität zu Kiel als Dissertation angenommen.

Besonderer Dank gebührt meinem Doktorvater, Herrn Prof. Dr. Jörn Eckert, für die Anregung des Themas und seine umfassende Betreuung der Arbeit. Insbesondere danke ich ihm für seine ständige Gesprächsbereitschaft.

Herrn Prof. Dr. Rudolf Meyer-Pritzl danke ich für die zügige Erstellung des Zweitgutachtens.

Großer Dank gilt auch meinen Eltern, die mich und meine Ausbildung stets unterstützt und gefördert haben. Ihnen ist diese Arbeit daher gewidmet. Schließlich möchte ich auch Herrn Gerhard Wenzel für die mühevolle Arbeit des Korrekturlesens danken.

Kiel, im September 2005 Andrea Wenzel

## Inhaltsverzeichnis

## A. Einleitung

Das Preußische Allgemeine Landrecht (ALR) von 1794 ist das Produkt eines seit Beginn des 18. Jahrhunderts in Preußen eingeleiteten Reformprozesses im Bereich der Justiz, dessen Publikation, neben der des Corpus Iuris Fridericianum von 1781 einen Höhepunkt dieser Entwicklung darstellt. Darüber hinaus markiert das preußische Gesetzbuch aller Kritik zum Trotz[1] einen Meilenstein in der Geschichte der Gesetzgebung und zählt neben dem Codex Bavaricus (1756), dem Code Civil (1804) und dem österreichischen ABGB (1811) zu den ersten modernen Kodifikationen[2] auf dem europäischen Kontinent.[3]
Der Begriff der modernen Kodifikation umfasst nicht nur die Rechtsaufzeichnung von zusammenhängenden Lebensbereichen und die Bestandsaufnahme geltenden Rechts, sondern erfordert zudem die Unterordnung aller Rechtssubjekte unter die Herrschaft eines geschlossenen und lückenlosen Normensystems, dem ein übergreifendes Ordnungsprinzip zugrunde liegt.[4] Demzufolge stellen das Corpus Iuris Civilis und der Sachsenspiegel keine Gesetzbücher im modernen Sinne dar, da sie nur eine lockere Sammlung heterogener Rechtstexte einer vergangenen Epoche beinhalten.[5] Entscheidendes Kriterium einer Kodifikation bildet somit die Systematisierung der Rechtsaufzeichnung. Sie setzt daher einen gewissen Entwicklungsstand juristischen Denkens voraus, wie er sich erst im 18. Jahrhundert unter dem Einfluss des

---

[1] Savigny bezeichnete das Landrecht als eine "Sudeley", siehe *Wollschläger*, Friedrich Carl von Savigny, Landrechtsvorlesung 1824, Erster Halbband, S. XXIII ff.
Zum kontroversen Meinungsbild über das Allgemeine Landrecht: vgl. *Hattenhauer*, Das ALR im Spiegel von Erwartung, Lob und Kritik; *Benthaus*, Eine „Sudeley"? Das Allgemeine Landrecht für die preussichen Staaten von 1794 im Urteil seiner Zeit; kurzer Überblick bei *Kleinheyer*, Das Allgemeine Landrecht für die Preußischen Staaten vom 1. Juni 1794, Einleitung, S. 1-4; *Bornhak*, Preussische Staats- und Rechtsgeschichte, § 47, S. 273 ff.

[2] Das Wort Kodifikation stammt von dem Engländer Jeremy Bentham, vgl. *Caroni*, in: HRG, Art. „Kodifikation", Sp. 907; zum Kodifikationsbegriff: *Caroni*, a. a. O., Sp. 907 ff. Caroni geht von einem doppeldeutigen Sinn des Kodifikationsbegriffs aus. Entweder ist unter Kodifikation das im Gesetzbuch enthaltene, niedergeschriebene Recht oder das Rechtsquellensystem, in dem das Gesetzbuch die stärkste Quelle bildet, zu verstehen.

[3] *Link*, Aufgeklärtes Naturrecht und Gesetzgebung, S. 21 f; *Ramm*, Die friderizianische Gesamtkodifikation und der historische Rechtsvergleich, S. 1.

[4] *Wieacker*, Aufstieg, Blüte und Krisis der Kodifikationsidee, S. 34; *Link*, Aufgeklärtes Naturrecht und Gesetzgebung, S. 22.

[5] *Coing*, Europäisches Privatrecht, Band II, S. 7; *Krause*, C. G. Svarez, Entwurf eines allgemeinen Gesetzbuches, S. XVIII; *Busch*, Die Entstehung der AGO für die preußischen Staaten, S. 9; *Wieacker*, Aufstieg, Blüte und Krisis der Kodifikationsidee, S. 34.
Das Corpus Iuris Civilis und der Sachsenspiegel sind lediglich als Kompilation zu betrachten. Ausführlich zur Kompilation und ihrer Einordnung in die Entwicklung der Gesetzgebung, siehe: *Bühler*, Gewohnheitsrecht – Enquête – Kodifikation, S. 87 ff, 99 ff.

Naturrechts herausgebildet hat.[6] Ist also die Kodifikation eine Schöpfung der Neuzeit, so wurde doch das Corpus Iuris Kaiser Justinians nach dessen Wiederentdeckung im 11./12. Jahrhundert in Bologna[7] von den Ländern Europas bis zum Erscheinen der modernen Zivilgesetzbücher wie eine Art Gesetzbuch genutzt. Bedingt durch den Vorgang der Rezeption[8], hatte das römische Recht seit dem Mittelalter fast überall auf dem europäischen Festland Verbreitung und Anwendung gefunden. Vor dem Inkrafttreten der ersten nationalen Kodifikationen im 18. und 19. Jahrhundert verfügten die Länder Europas daher neben den jeweiligen partikularen, gewohnheitsrechtlich anerkannten Rechten über ein ihnen gemeinsames, universales Recht, das römische Recht, welches auch als gemeines[9] Recht bezeichnet wurde.[10]

Mit den Worten Coings ist die Kodifikation also eine „noch relativ junge Gestalt".[11] Die Anfänge der Kodifikationsgeschichte reichen aber weiter zurück.

---

[6] *Link*, Aufgeklärtes Naturrecht und Gesetzgebung, S. 22; *Bühler*, Gewohnheitsrecht – Enquête – Kodifikation, S. 103 f; *Schreckenberger*, Die Gesetzgebung der Aufklärung und die europäische Kodifikationsidee, S. 88; *Wieacker*, Aufstieg, Blüte und Krisis der Kodifikationsidee, S. 40.

[7] *Wieacker*, Privatrechtsgeschichte der Neuzeit, S. 45 ff; *Hattenhauer/Buschmann*, Textbuch zur Privatrechtsgeschichte der Neuzeit, S. 5 f; *Mitteis/Lieberich*, Deutsche Rechtsgeschichte, S. 6; *Ebel/Thielmann*, Rechtsgeschichte, S. 178; *Coing*, Europäisches Privatrecht, Band I, S. 9.

[8] Unter Rezeption ist im Allgemeinen die Auf- oder Übernahme eines Moments in eine neue Umgebung zu verstehen. In der Rechtsgeschichte bezeichnet die Rezeption den kulturgeschichtlichen Vorgang der Aufnahme des römischen und teilweise kanonischen Rechts in Deutschland und anderen Teilen Europas nach der Wiederentdeckung des römisch-justinianischen Rechts in Italien im 11. und 12. Jahrhundert. In Deutschland setzte die Rezeption insbesondere im 15. und 16. Jahrhundert ein. Die Ansichten darüber wie die Aufnahme des römischen Rechts erfolgte, haben sich in der Geschichte jedoch gewandelt. Während im Mittelalter noch die Meinung vertreten wurde, das römische Recht sei unmittelbar geltendes Kaiserrecht, da die deutschen Kaiser als Nachfolger der römischen Kaiser galten, setzte sich im 17. und 18. Jahrhundert die Annahme einer gewohnheitsrechtlichen Verbreitung des römischen Rechts durch. Begriff und Umfang der Rezeption sind eng verbunden mit der Auslegung des Begriffes des gemeinen Rechts.
vgl. ausführlich: *Kiefner*, in: HRG, Art. „Rezeption", Sp. 970-984; *Coing*, Europäisches Privatrecht, Band I, S. 7 ff; *Conrad*, Deutsche Rechtsgeschichte, S. 339 ff; *Koschaker*, Europa und das römische Recht, S. 141 ff; *Mitteis*, Deutsches Privatrecht, S. 10 ff; siehe auch: *Bender*, Die Rezeption des römischen Rechts im Urteil der deutschen Rechtswissenschaft.

[9] vgl. Kapitel 3, Abschnitt I, 1 zum Gemeinen Recht; ausführlich zum Begriff: *Thieme*, in: HRG, Art. „Gemeines Recht", Sp. 1506-1508; *Daniel*, Gemeines Recht, Eine systematische Einordnung der Rechtsfigur und ihrer Funktion sowie die Bestimmung der inhaltlichen Probleme aus der Sicht des 18. Jahrhunderts.

[10] *Coing*, Europäisches Privatrecht, Band I, S. 7; vgl. auch *Luig*, Ungestörter Gebrauch der Freiheit, S. 18.

[11] *Coing*, Europäisches Privatrecht, Band II, S. 7.

Schon vor dem Inkrafttreten der ersten Gesetzbücher im 18. Jahrhundert hatte es Bemühungen um eine Kodifikation gegeben.
Mit dem Aufkommen des Humanismus war bereits im 16. und 17. Jahrhundert vereinzelt der Wunsch einer Kodifikation hervorgetreten. Die Humanisten hatten die Autorität des justinianischen Codex sowie dessen wissenschaftliche Bearbeitung durch die italienischen Kommentatoren des Mittelalters in Frage gestellt und dessen Anwendung auf die Gegenwart in Zweifel gezogen.[12]
Francois Hotman[13] kritisierte das Corpus Iris in seiner 1603 erschienenen Schrift „Antitribonianus"[14] als nicht mehr zeitgemäß und forderte daher die Ausarbeitung nationaler Kodifikationen.[15] In diesem Sinne äußerte sich auch Hermann Conring[16], der in seinem 1643 veröffentlichten Werk „De origine iuris germanici" den Umfang der tatsächlichen Geltung des römischen Rechts untersuchte und die Zusammenfassung von geltendem gemeinem Recht und einheimischem Gewohnheitsrecht in einer Kodifikation befürwortete.[17]
Unter dem Einfluss der sich im 17. Jahrhundert ausbreitenden Naturrechtsphilosophie[18] wurde der Ruf nach einem ius certum i. S. eines objektiv allgemeingültigen Naturrechts[19] und die damit verbundene Forderung nach einem Code, der das Recht umfassend und vollständig regeln sollte, immer lauter. In der Zeit des usus modernus pandectarum[20] war der Rechtszustand durch die

---

[12] *Coing*, Europäisches Privatrecht, Band I, S. 67 f; *Caroni*, in: HRG, Art. „Kodifikation", Sp. 910 ff; *Stein*, Römisches Recht und Europa, S. 123 ff; *Koschaker*, Europa und das römische Recht, S. 106 f.
[13] zur Person: *Stolleis*, Juristen, S. 293 f.
[14] „Antitribonianus" sive dissertatio de studio legum, 1567, ed. Leipzig, 1704, cap. XIf.
[15] *Hattenhauer*, Europäische Rechtsgeschichte, S. 388 f; *Benthaus*, Eine „Sudeley"?, S. 21.
[16] zur Person: *Stolleis*, Juristen, S. 135 f; *Kleinheyer*, Deutsche und europäische Juristen, S. 63 ff.
[17] *Caroni*, in: HRG, Art. „Kodifikation", Sp. 912, *Busch*, Die Entstehung der AGO für die preußischen Staaten, S. 12 ff; *Benthaus*, Eine „Sudeley"?, S. 21.
[18] vgl. dazu: Kapitel 2, Abschnitt I, 1 sowie *Conrad*, Deutsche Rechtsgeschichte, S. 374 ff.
[19] Das Naturrecht ist nicht erst von der neuzeitlichen Rechtswissenschaft entdeckt worden. Die Idee des Naturrechts ist überzeitlich und in verschiedenen Kulturepochen zu finden. Die Wurzeln des Naturrechts liegen in der griechischen Antike. Auf dem antiken Naturrecht gründete sich das christliche Naturrecht. In der Zeit der Aufklärung tritt das Naturrecht in Form des sog. Vernunftrechts in Erscheinung. Allen Kulturepochen des Naturrechts gemein ist jedoch das Bekenntnis zu einem überpositiven, aus dem Naturzustand abgeleiteten Recht, das dem positiven Recht als Richtmaß dient, und das Postulat der Gerechtigkeit verkörpert.
Ausführlich dazu: Kapitel 2, Abschnitt I, 1; vgl. ebenso: *Zippelius*, in: HRG, Art. „Naturrecht", Sp. 933 ff; *Mitteis/Lieberich*, Deutsches Privatrecht, S. 15 ff; *Ebel/Thielmann*, Rechtsgeschichte, S. 252; *Krause*, Naturrecht und Kodifikation, S. 7; *Conrad*, Deutsche Rechtsgeschichte, S. 375 ff; *Koschaker*, Europa und das römische Recht, S. 249.
[20] Auf die Rezeptionszeit folgte im 16. bis 18. Jahrhundert eine Periode der praktischen Anwendung und wissenschaftlichen Pflege des römisch-gemeinen Rechts, die als „usus modernus pandectarum" bezeichnet wurde. Diese Bezeichnung ist zurückzuführen auf

Anpassung und Vermengung des römischen Rechts mit dem partikularen Gewohnheitsrecht schließlich immer undurchsichtiger geworden.[21] Die Naturrechtslehre lieferte mit ihren Idealen eines auf die Vernunft gegründeten, systematisch-mathematischen Systems des mos geometricus die theoretischen Grundlagen für die Ausarbeitung eines Gesetzbuches.[22]
In diesem Zusammenhang sind insbesondere die Kodifikationspläne von Gottfried Wilhelm Leibniz[23] zu erwähnen.[24] In seinem Werk „Praefatio novis codicis" (1678) ging er sogar über seine vorigen Pläne einer bloßen Neuaufzeichnung des romanistischen Rechtsstoffes hinaus und schlug die Schaffung eines völlig neuen Gesetzbuches vor, das ausschließliche Geltung über dem römischen Recht haben sollte.[25]

Letztlich waren die von den Naturrechtssystematikern[26] des 17. und 18. Jahrhunderts entworfenen Rechtssysteme jedoch nur Aufforderungen an den Gesetzgeber, die theoretischen Rechtsregeln in Gesetzesform zu bringen.[27]
Der Einbruch des Naturrechts in das praktische Rechtsleben vollzog sich erst gegen Ende des 18. Jahrhunderts durch das Bündnis des Naturrechts mit der Aufklärung.[28]

---

Samuel Stryk, dessen Buch „Usus modernus Pandectarum" der ganzen Epoche ihren Namen gab. In der Rechtspraxis entstanden umfangreiche Konsilien- und Urteilssammlungen, die das Corpus Iuris den Gegebenheiten der Zeit anpassten, indem dort, wo das römische Recht Lücken aufwies oder nicht mehr zeitgemäß war, die einheimischen, deutschen Rechtsinstitute herangezogen wurden. Die Zeit des usus modernus ist gekennzeichnet durch die Durchdringung des römischen Rechts von örtlichen Statuten und Gewohnheiten sowie deren Aufnahme in das als solche bezeichnete „ius commune".
ausführlich zum Begriff: *Luig*, in: HRG, Art. „Usus modernus", Sp. 628-636; *Voppel*, Der Einfluß des Naturrechts auf den Usus modernus, § 2, S. 7 ff.

[21] *Dilcher*, Gesetzgebungswissenschaft und Naturrecht, in: JZ 69, S. 2.

[22] Siehe Kapitel 2, Abschnitt I, 1; *Wieacker*, Privatrechtsgeschichte der Neuzeit, S. 275 f; *Ebel*, Geschichte der Gesetzgebung, S. 74 f.

[23] zur Person: *Stolleis*, Juristen, S. 374 ff.

[24] Dissertation „de casibus perplexis"; „Nova methodus discendae docendaeque Jurisprudentiae"; vgl. *Stolleis*, Juristen, S. 374 ff; *Krause*, C. G. Svarez, Entwurf eines allgemeinen Gesetzbuches, S. XXI; *Dilthey*, S. 135 f; *Busch*, Die Entstehung der AGO für die preußischen Staaten, S. 16; *Stintzing-Landsberg*, Geschichte der deutschen Rechtswissenschaft, S. 23 ff.

[25] *Caroni*, in: HRG, Art. „Kodifikation", Sp. 912 f; *Benthaus*, Eine „Sudeley" ?, S. 24.

[26] *Hugo Grotius*, „De jure belli ac pacis libri tres"; *Samuel Pufendorf*, „De jure naturae et gentium libri octo" und „De officio hominis et civis"; *Christian Wolff*, „Instiutuines iuris naturae et gentium".

[27] *Eckert*, Gesetzesbegriff und Rechtsanwendung im späten Naturrecht, S. 573; *Lieberwirth*, Christian Thomasius und die Gesetzgebung, S. 174.

[28] *Wieacker*, Privatrechtsgeschichte der Neuzeit, S. 312 f; *Lieberwirth*, Christian Thomasius und die Gesetzgebung, S. 173 f; *Thieme*, Naturrecht und europäische Privatrechtsgeschichte, S. 16f; *Caroni*, in: HRG, Art. „Kodifikation", Sp. 913; *Ogris*, Friedrich der Große und das

Die Aufklärung[29] setzte mit ihrem gewandelten politischen Herrschaftsbild die entscheidenden Impulse für eine Gesetzgebung.[30] Aufbauend auf den Theorien jener Philosophen wie Hobbes, Locke und Rosseau zum Gesellschafts- bzw. Staatsvertrag[31], hatte sich in der Aufklärung die Vision der verfassungspolitischen Souveränität des Fürsten durchgesetzt und den historischen Ständestaat abgelöst.[32] Im Zuge des Machtverfalls und des Autoritätsverlustes der Reichsgewalt setzte eine zunehmende Gesetzgebungstätigkeit in den sich aus dem Reichsverband lösenden absolutistisch regierten Territorien des Reiches ein.[33] Die Landesfürsten erkannten, dass das Gesetz im Sinne der Aufklärung ein Instrument zur Legitimation und Durchsetzung ihrer souveränen Herrschaftsgewalt darstellte.[34] Sie beanspruchten die potestas legislatoria als ihr eigenes Majestätsrecht, Gesetze zu erlassen, wieder aufzuheben und zu interpretieren.[35] Das Gesetz sollte die Rechte und Pflichten zwischen Staat und Untertan verbindlich regeln, Rechtssicherheit schaffen sowie die Herstellung der Rechtseinheit in den zersplitterten Territorien gewährleisten.[36] Folglich wurde das Gesetz im 18. Jahrhundert als die einzig legitime Rechtsquelle angesehen und die Kodifikation stieg zum Ideal der Rechtspolitik empor.[37] Der in Deutschland praktizierte aufgeklärte Absolutismus[38] hat wesentlich zur Ausbreitung und Durchsetzung der Kodifikationsidee, insbesondere in Brandenburg-Preußen, beigetragen.[39] Schließlich waren es die aufgeklärten Monarchen, die den Auftrag zur Ausarbeitung eines Gesetzbuches erteilten. Wieacker bezeichnet die Kodifikation daher auch als einen Akt revolutionärer Umgestaltung von „oben".[40]

---

Recht, S. 48 f; *Conrad*, Aufklärung und Gesetzgebung, in: JZ 69, S. 309.

[29] zum Begriff: *Schneiders*, Lexikon der Aufklärung, Deutschland und Europa, S. 9 ff.

[30] *Wieacker*, Privatrechtsgeschichte der Neuzeit, S. 323; *Eckert*, Gesetzesbegriff und Rechtsanwendung im späten Naturrecht, S. 573.

[31] zur Theorie vom Gesellschaftsvertrag: vgl. *Ogris*, Friedrich der Große und das Recht, S. 59 ff.

[32] *Wieacker*, Aufstieg, Blüte und Krisis der Kodifikationsidee, S. 36/41.

[33] *Schlosser*, Grundzüge der Neueren Privatrechtsgeschichte, S. 96 f; *Ogorek*, Richterkönig oder Subsumtionsautomat?, S. 19/23.

[34] *Wieacker*, Aufstieg, Blüte und Krisis der Kodifikationsidee, S. 35 f; *Hattenhauer*, Europäische Rechtsgeschichte, Rn. 1455.

[35] *Mohnhaupt*, Potestas legislatoria und Gesetzesbegriff im Ancien Regime, S. 188 ff; *Link*, Das Gesetz im späten Naturrecht, S. 157.

[36] *Hattenhauer*, Europäische Rechtsgeschichte, Rn. 1455; *Wieacker*, Aufstieg, Blüte und Krisis der Kodifikationsidee, S. 41.

[37] *Coing*, Europäisches Privatrecht, Band I, S. 78; derselbe, Band II, S. 2; *Ebel*, Geschichte der Gesetzgebung, S. 72/75.

[38] zum „Absolutismus" und „Aufgeklärten Absolutismus", vgl. statt vieler: *Hubatsch*, Absolutismus, Darmstadt 1973; *v. Aretin*, Der aufgeklärte Absolutismus, Köln 1974.

[39] *Wieacker*, Privatrechtsgeschichte der Neuzeit, S. 313; *Ogris*, Friedrich der Große und das Recht, S. 49.

[40] *Wieacker*, Privatrechtsgeschichte der Neuzeit, S. 324.

So widmete sich in Preußen bereits Friedrich Wilhelm I. 1713 dem Kodifikationsvorhaben. Seinen Plänen war jedoch kein Erfolg beschieden. Erst unter Friedrich II. gelangte die Idee einer Kodifikation zur Ausführung. Die Ausarbeitung und Veröffentlichung des Gesetzbuches ließ jedoch noch einige Zeit auf sich warten, bis am 1. Juni 1794 endlich das Allgemeine Landrecht in Kraft trat.

In Anbetracht der fast hundertjährigen Entstehungsgeschichte des preußischen Gesetzbuches und der rechtshistorischen Bedeutung der Kodifikation im Allgemeinen waren die Erwartungen und Ansprüche, die mit dem Erscheinen des Landrechts verbunden waren, groß. Nach der Vorstellung der Kodifikatoren des Allgemeinen Landrechts sollte das Gesetzbuch die im Lande herrschende Rechtsunsicherheit durch die Ablösung des gemeinen Rechts beseitigen, die angestrebte Rechtsvereinheitlichung in den Territorien schaffen sowie eine einheitliche Rechtsprechung gewährleisten.[41] Das Landrecht sollte als das einzig verbindliche Recht gelten, das der Richter uneingeschränkt anzuwenden hatte (§ 6 und §§ 45 ff Einl. ALR) und das nur durch den Gesetzgeber wieder aufgehoben werden durfte (§§ 59 ff Einl. ALR).
Diese Erwartungen haben sich jedoch größtenteils nicht erfüllen können. Der alleinige Geltungsanspruch des Allgemeinen Landrechts wurde schon bald nach seinem Erscheinen durch den Erlass ständig neuer Edikte und Reglements in der Praxis unterlaufen.[42] Das linksrheinische Neupreußen hielt 1815 auch nach der Vertreibung der Franzosen an deren Code Civil beharrlich fest.[43] Von der Rechtswissenschaft wurde das Landrecht abgelehnt und wissenschaftlich lange Zeit nicht bearbeitet. Sie widmete sich auch weiterhin der Erforschung des römischen Rechts, die schließlich in der Historischen Rechtsschule[44] unter Friedrich Carl von Savigny ihren Höhepunkt erlangte.[45] Im Prinzip galt das Landrecht schon bevor es in Kraft trat, seinem Geiste nach als überholt[46], da es letztlich in seinen Grundzügen ein Gesetzbuch des Anciene Regime darstellte[47].

---

[41] *Kleinheyer*, Das Allgemeine Landrecht für die Preußischen Staaten , S. 14 ff; *Müller*, Zur Geschichte der bindenden Gesetzesauslegung, S. 21 ff.
[42] *Eckert*, Der Gesetzesbegriff des ALR in Theorie und Praxis, S. 51.
[43] *Hucko*, Zum 200. Geburtstag des Allgemeinen Landrechts, in: NJW 94, S. 1449.
[44] Zum Aufstieg der Historischen Rechtsschule, siehe: *Koschaker*, Europa und das römische Recht, S. 254 ff; *Ebel/Thielmann*, Rechtsgeschichte, S. 325 ff.
[45] *Thieme*, Die preußische Kodifikation, S. 409 ff; *Koselleck*, Preußen zwischen Reform und Revolution, S. 23, *Hattenhauer*, Europäische Rechtsgeschichte, S. 472; *Conrad*, Aufklärung und Gesetzgebung, in: JZ 69, S. 309.
[46] *Eckert*, Der Gesetzesbegriff des ALR in Theorie und Praxis, S. 49.
[47] *Coing*, Europäisches Privatrecht, Band II, S. 10.
Das Allgemeine Landrecht wird mitunter auch als ein janusköpfiges Gesetzbuch bezeichnet, da es inhaltlich zwischen zwei Welten steht. Fortschrittlich sind die in ihm enthaltenen naturrechtlichen Elemente. Andererseits verharrt das Landrecht beim Stände- und Polizeistaat

Im Hinblick auf die Bedeutung und Anwendung des Allgemeinen Landrechts in der richterlichen Praxis fehlen noch, trotz umfangreicher Forschung zum Preußischen Landrecht[48], gesicherte wissenschaftliche Erkenntnisse.[49] Über die Auswirkung der Einführung des Allgemeinen Landrechts auf die Spruchpraxis der preußischen Gerichte bestehen bisher nur Vermutungen. Wieacker mutmaßt eine Unterdrückung der schöpferischen Rechtsprechung infolge des dem Allgemeinen Landrecht zugrunde liegenden strengen Gesetzesabsolutismus, der die preußischen Richter zu bloßen Subsumtionsautomaten degradiere.[50] Im Gegensatz dazu steht die Annahme Thiemes, die davon ausgeht, dass die Richter im Einklang mit den Lehren des späten Naturrechts sich über die ihnen auferlegte strenge Bindung an das Gesetz hinweggesetzt und dadurch die richterliche Rechtsfortbildung langsam zurückerobert hätten.[51] Thiemes Vermutung stützt sich auf eine Untersuchung zur Entwicklung der Spruchpraxis unter dem österreichischen ABGB.[52] Letztlich vermag jedoch nur eine aktenmäßige Untersuchung Licht in das Dunkel der Spekulationen zu bringen. Für das preußische Landrecht steht eine solche Untersuchung bisher aber noch aus. Daher soll durch eine Analyse von richterlichen Urteilen ein Beitrag zu diesem Thema geleistet werden, um die vorhandene wissenschaftliche Lücke zu verkleinern. Grundlage der Analyse sind die Urteile des Oberappellationssenats des Preußischen Kammergerichts auf dem Gebiet des Gewährleistungsrechts. Die Gerichtsentscheidungen liegen in sog. Sentenzenbüchern vor und sind im Brandenburger Landeshauptarchiv Potsdam archiviert.

---

und einer merkantelistischen Wirtschaftsordnung. vgl. *Dilcher*, Die janusköpfige Kodifikation, S. 447 ff; *Mitteis/Lieberich*, Deutsches Privatrecht, S. 18; *Koselleck*, Preußen zwischen Reform und Revolution, S. 24 f.

[48] vgl. nur die Literaturempfehlungen bei *Eckert*, 200 Jahre Allgemeines Landrecht für die Preussischen Staaten, Zur neueren Literatur; in: Der Staat, S. 622 ff.

[49] Die auf diesem Gebiet bisher unzureichende Forschung haben bereits Eckert und Thieme beklagt. Siehe *Eckert*, Der Gesetzesbegriff des ALR in Theorie und Praxis, S. 54; *Thieme*, Die Zeit des späten Naturrechts, S. 262.

[50] *Wieacker*, Privatrechtsgeschichte der Neuzeit, S. 331 f.

[51] *Thieme*, Die Zeit des späten Naturrechts, S. 262 ff.

[52] vgl. Das allgemeine bürgerliche Gesetzbuch in der Praxis der obersten Justizstelle bis 1820, in: Festschrift zur Jahrhundertfeier des AGBGB, Erster Teil, S. 582 ff.

## B. Aufbau der Arbeit und Quellenlage

Die Frage nach der Bedeutung des Allgemeinen Landrechts in der richterlichen Spruchpraxis lässt sich nicht allein aus der Analyse der einzelnen Urteile beantworten. Sie ist vielmehr von verschiedenen Faktoren abhängig.
Um den Einfluss und die Bedeutung eines Gesetzbuches beurteilen zu können, ist es zunächst erforderlich, seine Entstehungsgeschichte näher zu betrachten. Dies gilt für das Allgemeine Landrecht um so mehr, als die Initiatoren des Gesetzgebungsauftrags mit der Kodifikation eines „gewissen Rechts" die Hoffnung verbanden, die in der preußischen Justiz zu Beginn des 18. Jahrhunderts beklagten Mängel zu beseitigen, insbesondere die Prozesse zu beschleunigen. Aus diesem Grunde beschäftigt sich das erste Kapitel mit den für die Entstehung des Allgemeinen Landrechts bestimmenden Ursachen und den damit verbundenen Reformen.
Ebenso unerlässlich für die Beantwortung der eingangs gestellten Frage ist die Untersuchung des Gesetzesbegriffs sowie des Richterbildes. Sie ist Thema des zweiten Kapitels. Ein Gesetzgeber, der seine Richter einem strengen Gesetzesbegriff unterwirft, verfolgt damit die Intention, das Auslegungs- und Interpretationsrecht weitestgehend einzuschränken bzw. zu unterbinden. In den Urteilsanalysen möglicherweise festgestellte Analogiebildungen und Begriffsinterpretationen könnten in diesem Zusammenhang darauf hindeuten, dass die Richter in der Spruchpraxis dem Gesetzbuch wenig Beachtung geschenkt haben.

Die sich im dritten Kapitel anschließende Darstellung des Gewährleistungsrechts der Konsensualverträge nach dem Allgemeinen Landrecht soll ein besseres Verständnis der in den Urteilen enthaltenen rechtlichen Würdigung ermöglichen. Die Darstellung des preußischen Gewährleistungsrechts wurde jedoch dadurch erschwert, dass die wissenschaftliche Auseinandersetzung mit dem Allgemeinen Landrecht erst verhältnismäßig spät begann, und daher die meisten der benutzten Bücher und Kommentare aus der Zeit von Mitte bis Ende des 19. Jahrhunderts stammen. Aufgrund des Einflusses der Historischen Rechtsschule enthält die Literatur zum preußischen Recht daher zum Teil schon wieder romanistische Einschläge. Für eine authentische Darstellung des preußischen Rechts eignen sich somit eigentlich nur die Materialien zur Entstehung des Preußischen Allgemeinen Landrechts. Soweit die Gesetzesmaterialien überhaupt noch bestehen, sind sie aber nur zum Teil veröffentlicht worden. Aufschlussreiche Quellen bilden zum einen die von Friedrich Gotthilf Siewert veröffentlichten „Materialien zur wissenschaftlichen Erklärung der neuesten allgemeinen preußischen Landesgesetze" aus dem Jahre 1806 und die Bände von Schubert/Regge, „Preußische Gesetzrevision". Der von Peter Krause herausgegebene „Entwurf eines allgemeinen Gesetzbuches für die Preußischen Staaten" mit Hinweisen auf das Allgemeine Landrecht und das Allgemeine

Gesetzbuch, erwies sich leider nur als wenig hilfreich, da der das Gewährleistungsrecht enthaltende Band noch nicht vorliegt. Aufgrund der dürftigen Quellenlage sind die Lehrbücher und Abhandlungen zum preußischen Recht, soweit sie keine erkennbaren Abweichungen und Veränderungen zum Allgemeinen Landrecht von 1794 enthalten, bei der Darstellung des Gewährleistungsrechts ebenfalls berücksichtigt und zitiert worden. Ein verzerrtes Bild der Rechtslage ist dadurch aber nicht zu befürchten.

Das vierte Kapitel enthält die eigentliche Rechtsprechungsanalyse der Urteile des Oberappellationssenates des Kammergerichts. Inhaltlich sind die Urteile auf das Gewährleistungsrecht des Kaufs, der Miete und des Werkvertrages beschränkt. Grund für die Auswahl des Gewährleistungsrechts als Untersuchungsgegenstand war zum einen, dass das Gewährleistungsrecht einen häufigen Streitgegenstand zwischen Privatpersonen darstellt und daher die Aussicht auf hinreichend umfassendes Entscheidungsmaterial bestand. Einen weiteren Aspekt bildete der Umstand, dass das preußische Landrecht die rechtliche Behandlung der Gewährleistung bei „lästigen" (synallagmatischen) Verträgen im Vergleich zum gemeinen Recht geändert bzw. umstrukturiert hat. Da das Allgemeine Landrecht gemäß § 6 der Einleitung den Anspruch erhob, einzig verbindliche Rechtsquelle zu sein, ist Aufschluss über die Frage zu erwarten, welches Recht die Richter – gemeines Recht, Allgemeines Landrecht oder sogar beide Rechte – bei ihrer Urteilsfindung zugrunde gelegt haben. Die Analyse der Urteile erstreckt sich auf einen Zeitraum von 1794 bis 1810. Hinsichtlich der Darstellung der Urteile boten sich mehrere Möglichkeiten an. Denkbar wäre einerseits eine Darstellung nach Themenschwerpunkten bzgl. des Gewährleistungsrechts, wie bspw. unter den Rubriken: Fehler, Wandlung, Minderung, Verjährung usw., gewesen. Eine solche Aufteilung erwies sich jedoch als problematisch, da aufgrund des Inhalts der zur Verfügung stehenden Urteile in dem oben genannten Zeitraum eine solche Schwerpunktsetzung nicht möglich war. In Betracht zu ziehen war weiterhin eine Darstellung, die nach dem jeweiligen Vertragstyp – Kaufvertrag, Mietvertrag, Werkvertrag – differenziert. Auch diese Variante erwies sich als nicht praktikabel, da die meisten Urteile zum Gewährleistungsrecht im untersuchten Zeitraum das Kaufrecht betreffen. Darüber hinaus erscheint eine Differenzierung nach dem Vertragstyp wenig sinnvoll, weil das Allgemeine Landrecht ein einheitliches Gewährleistungsrecht für alle Vertragstypen entworfen hat. Als beste Möglichkeit, um die Bedeutung und Anwendung des Allgemeinen Landrechts in der richterlichen Praxis zu untersuchen, erwies sich daher eine zeitliche Aufteilung der Urteile von 1794 bis 1810. Auch im Hinblick auf eine möglicherweise durch Zeitablauf geänderte Praxis der Richter im Umgang mit dem Allgemeinen Landrecht erscheint diese Variante der Darstellung vorteilhafter. Die ursprünglich gewählte Einteilung von zwei Urteilen pro Jahr ließ sich im Verlauf der Recherchen nicht aufrechterhalten, da die Quote der inhaltlich verwertbaren

Urteile in den einzelnen Jahren unterschiedlich stark war. Infolgedessen variiert die Anzahl der in den betreffenden Jahren zitierten Urteile, was jedoch keinen Nachteil für das Gesamtbild darstellt.
Das fünfte Kapitel enthält das Schlusswort, fasst im Rahmen einer Gesamtbetrachtung die in dieser Arbeit gefundenen Ergebnisse zusammen und würdigt abschließend die Bedeutung des Allgemeinen Landrechts in der richterlichen Spruchpraxis.

## C. Kapitel 1: Die Entstehung des Allgemeinen Landrechts von 1794

### I. Der Zustand des Rechtswesens in Preußen im 18. Jahrhundert

Die Entstehung des Allgemeinen Landrechts wurde begünstigt durch die Missstände in der preußischen Justiz zu Beginn des 18. Jahrhunderts[53], die sowohl Reformen im materiellen Recht als auch im Prozessrecht und der Rechtspflege erforderlich machten.

#### 1. Materielles Recht

In Preußen[54] existierte vor dem Inkrafttreten des Allgemeinen Landrechts von 1794 kein einheitliches Recht.[55] Erst die im 18. Jahrhundert einsetzende Entwicklung des brandenburgisch-preußischen Gesamtstaates zu einem Einheitsstaat ebnete auch den Weg für eine Rechtsvereinheitlichung.[56] Mit der Einführung des Königtums im Jahre 1701[57] in Preußen und des Appellationsprivilegs[58] 1750 für alle preußischen Gebiete waren erste wichtige Voraussetzungen im Hinblick auf die Errichtung einer Landesjustizhoheit geschaffen worden.[59] Bedingt durch die Struktur des brandenburgisch-preußischen

---

[53] *Dilthey*, Geschichte der Justizreform bis zum Landrecht, S. 133.

[54] Von einem preußischen Staat kann man erst seit dem Jahre 1701 sprechen, als sich der Kurfürst Friedrich III. von Brandenburg zu Königsberg selbst zum König von Preußen ernannte. vgl. *Erler*, in: HRG, Art. „Preußen", Sp. 1926-1929.

[55] *Krause*, C. G. Svarez, Entwurf eines allgemeinen Gesetzbuches, S. XIX; *Schade*, Die Anfrage bei der Gesetzeskommission, S. 6.

[56] *Giese*, Preußische Rechtsgeschichte, S. 75 f; *Schmidt*, Rechtsentwicklung in Preußen, S. 8.

[57] *Schmidt*, Rechtsentwicklung in Preußen, S. 9.

[58] *Holtze*, Geschichte des Kammergerichts, Dritter Teil, S. 217; *Sonnenschmidt*, Geschichte des königlichen Ober-Tribunals zu Berlin, S. 47 ff; *Giese*, Preußische Rechtgeschichte, S. 77.
Die Appellation war ein ordentliches Rechtsmittel mit suspensiver und devolutiver Wirkung, die dem sog. Appellaten die erneute Verhandlung und Entscheidung eines Rechtsstreites durch den nächst höheren Richter ermöglichte. vgl. dazu: *Buchda*, in: HRG, Art. „Appellation", Sp. 196 ff.
Die Geschichte und Erteilung der Appellationsprivilegien ist eng verbunden mit dem Streben der Fürsten nach territorialer Gerichtshoheit. Durch die Goldene Bulle von 1356 war dem König von Böhmen und den übrigen Kurfürsten des Reichs ein unbeschränktes privilegium de non appellando gewährt worden.
Das Privilegium de non appellando versagte den Prozessparteien, sich nach dem Urteil eines landesherrlichen Gerichts an das Reichskammergericht oder den Reichshofrat zu wenden. Den Privilegierten erwuchs daher die Pflicht, für eigene oberste Appellationsinstanzen zu sorgen. Später wurde die Appellationsfreiheit auch auf nicht zur Kur gehörige Länder und Fürstentümer erweitert, die beschränkte oder unbeschränkte Appellationsprivilegien erhielten. vgl. *Buchda*, in: HRG, Art. „Appellationsprivilegien", Sp. 200.

[59] *Daniels*, System des Preußischen Civilrechts, § 2, S. 3, § 3, S. 4; *Schlosser*, Grundzüge der

Gesamtstaates als ein Gebilde von verfassungs-, verwaltungs- und justizrechtlich selbständigen Ländern, erfolgte die Rechtssetzung bis zum 18. Jahrhundert ausschließlich durch die Kurfürsten und Markgrafen und war somit rein partikularer Natur.[60] Dementsprechend galt aufgrund der territorialen Zersplitterung Preußens in den Gebieten der Mark Brandenburg, der Neumark, Hinterpommerns, des Herzogtums Preußen, der Bistümer Halberstadt und Magdeburg sowie in den niederrheinisch-westfälischen Landesteilen mannigfaltiges Recht.[61]

Neben dem sächsischen Recht[62] existierten die verschiedensten Gewohnheits- und Stadtrechte.[63] Darüber hinaus hatte die seit dem 14. Jahrhundert einsetzende Rezeption des römischen Rechts die bereits bestehende Vielfalt an Rechtsquellen noch vergrößert.[64] Obwohl das aufgenommene römische Recht eigentlich nur subsidiäre Geltung gegenüber den einheimischen Rechten beanspruchte, hatte es in der richterlichen Praxis zunehmend an Bedeutung gewonnen. Ursächlich dafür war mitunter, dass sich die Rechtsprechung von den Schöffenstühlen auf eine juristisch geschulte neue Richterschaft verlagerte, die an den italienischen Universitäten im römischen Recht des Corpus Iuris Civilis ausgebildet worden war.[65] Die Kammergerichtsordnung des Kurfürsten Joachim I. von 1516 ordnete sogar an, dass in Brandenburg künftig nur noch nach römischem Recht – ausgenommen die Fälle des Erbrechts – geurteilt werden sollte.[66] In der Constitutio Joachimica von 1527 wurde die Anwendung des römischen Rechts durch die Einbeziehung des Erbrechts, ausschließlich des Ehegattenerbrechts, noch erweitert.[67] Im Herzogtum Preußen vermochte sich das

---

Neueren Privatrechtsgeschichte, § 3, S. 100; *Schmidt*, Rechtsentwicklung in Preußen, S. 8 f.

[60] *Hintze*, Staat und Gesellschaft unter dem ersten König, in: Regierung und Verwaltung, S. 314; *Daniels*, System des Preußischen Civilrechts, § 2, S. 3; *Krause*, C. G. Svarez, Entwurf eines allgemeinen Gesetzbuches, S. XVI f.

[61] vgl. *Gehrke*, Gesetzgebung im Deutschen Reich, Brandenburg-Preußen, S. 321 ff; *Wieacker*, Privatrechtsgeschichte der Neuzeit, S. 328.

[62] Das sächsische Recht in Form des sog. Sachsenspiegels galt auch über die Grenzen des sächsischen Gebietes hinaus. vgl. *Ebel/Thielmann*, Rechtsgeschichte, S. 148 ff.

[63] *Laspeyres*, Die Reception des Römischen Rechts in der Mark Brandenburg, § 1, S. 3; *Steffenhagen*, Deutsche Rechtsquellen , S. 97.

[64] *Daniels*, System des Preußischen Civilrechts, § 2, S. 3; *Laspeyres*, Die Reception des Römischen Rechts in der Mark Brandenburg, § 1, S. 3 f; *Schmidt*, Rechtsentwicklung in Preussen, S. 8.

[65] *Conrad*, Deutsche Rechtsgeschichte, S. 340 ff; *Stobbe*, Geschichte der deutschen Rechtsquellen, S. 136; *Schmidt*, Rechtsentwicklung in Preußen, S. 11; *Mitteis/Lieberich*, Deutsche Rechtsgeschichte, S. 329 ff; *Coing*, Europäisches Privatrecht, Band I, S. 10/12.

[66] *Laspeyres*, Die Reception des Römischen Rechts in der Mark Brandenburg, § 1, S. 4; *Stobbe*, Geschichte der deutschen Rechtsquellen, S. 356.

[67] *Laspeyres*, Die Reception des Römischen Rechts in der Mark Brandenburg, § 1, S. 7; *Wieacker*, Privatrechtsgeschichte der Neuzeit, S. 196 f; *Steffenhagen*, Deutsche

deutsche Recht jedoch durchzusetzen; hier galt seit 1525 der sog. „Alte Culm“, ein aus kulmischem, Sachsenspiegel und magdeburgischem Stadtrecht hervorgegangenes Recht, welches durch herzogliche Landesordnungen ergänzt worden war.[68] In dem Bestreben, die sich aus dem Dualismus von fremdem (römischem) und einheimischem (deutschem) Recht ergebenden Konflikte zu lösen bzw. auszugleichen, schien eine gesetzgeberische Tätigkeit in Form von Landesordnungen bereits damals notwendig und unumgänglich.[69] 1594 entwarf man in Brandenburg einen Landrechtsentwurf, der allerdings nie in Kraft trat.[70] Aufgrund des legislativen Stillstands erlangte stattdessen eine private Sammlung des J. Schleplitz von 1616 den Status eines Gesetzbuches, die eine Zusammenstellung des märkischen Provinzialrechts aus Gesetzen, Entwürfen des Landrechts, Gerichtsurteilen und anderen Materialien mit Erläuterungen aus dem römischen Recht enthielt.[71] Lediglich im Herzogtum Preußen existierte seit 1620 ein sog. „Landrecht des Herzogthumbs Preußen“, welches mehrmals, 1685 und 1721, revidiert wurde.[72] In anderen Landesteilen gelang nur die umfassendere Regelung einzelner Materien, wie bspw. das Wechselrecht der Kur- und Mark Brandenburg von 1701.[73]

Das materielle Recht blieb letztlich stark zersplittert, was dazu führte, dass innerhalb des Königreichs Preußen zu Beginn des 18. Jahrhunderts römisches Recht, sächsisches Recht, kanonisches Recht sowie eventuell vorhandenes Statuar- und Gewohnheitsrecht nebeneinander galten[74] und somit ein Zustand großer Rechtsunsicherheit sowohl für die Bürger als auch für die Richter bestand.[75]

---

Rechtsquellen, S. 201 ff; *Gehrke*, Gesetzgebung im Deutschen Reich, Brandenburg-Preußen, S. 326.

68 *Stobbe,* Geschichte der deutschen Rechtsquellen, S. 351 ff; *Wieacker*, Privatrechtsgeschichte der Neuzeit, S. 198; *Ebel*, 200 Jahre preußischer Zivilprozeß, S. 6 f.

69 *Schmidt*, Rechtsentwicklung in Preußen, S. 8; *Luig*, Das Privatrecht im Allgemeinen Landrecht, in: AcP 194, S. 523.

70 *Stobbe,* Geschichte der deutschen Rechtsquellen, S. 356 f; *Daniels*, System des Preußischen Civilrechts, § 2, S. 3; *Gehrke*, Gesetzgebung im Deutschen Reich, Brandenburg-Preußen, S. 326.

71 *Stobbe,* Geschichte der deutschen Rechtsquellen, S. 357; *Luig*, Das Privatrecht im Allgemeinen Landrecht, in: AcP 194, S. 523; *Gehrke*, Gesetzgebung im Deutschen Reich, Brandenburg-Preußen, S. 326.

72 *Stobbe*, Geschichte der deutschen Rechtsquellen, S. 354; *Daniels*, System des Preußischen Civilrechts, § 2, S. 3; *Wieacker*, Privatrechtsgeschichte der Neuzeit, S. 198; *Ebel*, 200 Jahre preußischer Zivilprozeß, S. 7; *Euler*, Geschichtliche Einleitung, S. 6.

73 *Schmidt*, Rechtsentwicklung in Preußen, S. 14.

74 *v. Kamptz*, Jahrbücher, 59. Band, S. 83; *Müller*, Zur Geschichte der bindenden Gesetzesauslegung, S. 18; *Euler*, Geschichtliche Einleitung, S. 6; *Schade*, Die Anfrage bei der Gesetzeskommission, S. 6; *Ebel/Thielmann*, Rechtsgeschichte, S. 253, Rn. 355.

75 *Müller*, Geschichte der bindenden Gesetzesauslegung, S. 18; *Schade*, Die Anfrage bei der Gesetzeskommission, S. 6; *Dilthey*, Geschichte der Justizreform bis zum Landrecht, S. 133;

Aufgrund der sich zum Teil widersprechenden Gesetze war unsicher, welches Recht auf einen Rechtsstreit überhaupt anzuwenden war bzw. auf welches Recht sich der Richter bei seiner Entscheidung stützen würde.

## 2. Prozessrecht und Rechtspflege

Mehr noch als durch die im materiellen Recht herrschende Rechtsunsicherheit und Rechtszersplitterung wurde die Diskussion um ein ius certum und die damit verbundene Forderung einer Kodifikation durch den als überaus unbefriedigend empfundenen Zustand des Rechtswesens, namentlich des Prozessrechts, der Gerichtsverfassung und des Rechtspflegepersonals, vorangetrieben.[76]
Der gemeine Zivilprozeß, wie er sich in Deutschland aus dem römisch-kanonischen Recht, der Reichskammergerichtsordnung von 1495 und dem Reichsabschied von 1654 unter Einfluss des sächsischen Rechts entwickelt hatte[77], bildete auch in Preußen die Grundlage des Prozessbetriebes[78], da die Schaffung einer einheitlichen Prozessordnung hier noch ausstand. Insbesondere die vielen Förmlichkeiten des gemeinen Prozesses, welche eine schnelle Abwicklung behinderten und dadurch Kosten und Dauer der Prozesse in die Höhe trieben, gaben immer wieder Anlass zur Klage.[79] Die Schriftlichkeit des Verfahrens über die Instruktion hinaus führte zu einer erheblichen Verzögerung der Prozessführung.[80]
Vielfach wurden die Prozesse auch durch die Zulassung der sog. Urteile „auf besseren Beweis“[81] und die Möglichkeit der Aktenversendung[82] an verschiedene Juristenfakultäten und Schöffenstühle zur Erstellung eines Rechtsgutachtens, künstlich in die Länge gezogen.

---

*Springer*, Die Coccejische Justizreform, S. 5 f; *Finkenauer*, Vom AGB zum ALR, S. 45.
[76] *Busch*, Die Entstehung der Allgemeinen Gerichtsordnung für die Preussischen Staaten, S. 32.
[77] *Rosenthal/Schwab/Gottwald*, Zivilprozessrecht, § 4, S. 20 ff; *Conrad*, Deutsche Rechtsgeschichte, S. 456/459; *Grahl*, Die Abschaffung der Advokatur, S. 11; *Koch*, Der Preußische Civil-Prozeß, S. 14; *Mittermaier*, Der gemeine deutsche bürgerliche Prozeß, § IV, S. 18 ff.
[78] *Ebel*, 200 Jahre preußischer Zivilprozeß, S. 8; *Abegg*, Versuch der Geschichte, S. 126 ff; *Schade*, Die Anfrage bei der Gesetzeskommission, S. 7.
[79] *Neufeld*, Die Friedericianische Justizreform, S. 26 f; *Müller*, Geschichte der bindenden Gesetzesauslegung, S. 9.
[80] *Neufeld*, Die Friedericianische Justizreform, S. 37; *Weissler*, Die Umbildung der Anwaltschaft, S.5 f.
[81] Die sog. „Urteile auf besseren Beweis“ stellten eine Art Zwischenurteil dar, das der unterlegenen Partei bei Auffinden neuer Beweiselemente gestattete, den Prozess von neuem aufzunehmen. vgl. dazu: *Schade*, Die Anfrage bei der Gesetzeskommission, S. 7.
[82] *Grahl*, Die Abschaffung der Advokatur, S. 27; *Neufeld*, Die Friedericianische Justizreform, S. 37; *Springer*, Die Coccejische Justizreform, S. 6; *Schade*, Die Anfrage bei der Gesetzeskommission, S. 8, Fn. 49.

Die Gerichtsverfassung bot ebenso Grund zur Unzufriedenheit. Der Instanzenzug war unübersichtlich und langwierig geregelt.[83] Zudem gab es keine scharfe Trennung zwischen Justiz und Verwaltung, so dass eine Vielzahl an Gerichtsbarkeiten bestand.[84] Neben den ordentlichen Gerichten verfügten auch die Universitäten, das Militär, die Kurie sowie die Konsistorien über eine eigene Gerichtsbarkeit.[85] Zuständigkeitsstreitigkeiten waren somit keine Seltenheit. Schließlich bestanden auch beim Personal der Rechtspflege Defizite und Mängel. Diese waren jedoch weniger in quantitativer[86] als in qualitativer Hinsicht begründet. Das Ansehen der Justiz war insbesondere durch die Arbeit der Richter, Advokaten und Procuratoren in Verrufenheit geraten. Die Richter waren zum Teil gar nicht oder nur unzureichend ausgebildet.[87] Diese Tatsache lag jedoch nicht etwa darin begründet, dass eine Ausbildung der Richter nicht vorgeschrieben gewesen wäre. Das Kammergericht verfügte bereits seit 1693 über eine Ausbildungsordnung, die jedoch nicht umgesetzt wurde.[88] Die fehlende fachliche Eignung der Richter ist vielmehr darauf zurückzuführen, dass es dem Adel durch eine Zahlung an die sog. Rekrutenkasse[89] jederzeit möglich war, Richterämter zu erkaufen.[90] Oftmals erhielten die Richter keine feste Besoldung, sondern waren auf Anteile an den Sporteln[91] bzw. auf die Ausübung von Nebentätigkeiten zur Bewältigung des Lebensunterhaltes angewiesen.[92]

---

[83] *Müller*, Geschichte der bindenden Gesetzesauslegung, S. 7; *Neufeld*, Die Friedericianische Justizreform, S. 30/33.

[84] *Schmidt*, Rechtsentwicklung in Preußen, S. 13; *Hintze*, Preußens Entwicklung zum Rechtsstaat, in: Regierung und Verwaltung, S. 104 ff; *Weissler*, Die Umbildung der Anwaltschaft, S. 3.

[85] vgl. *Neufeld*, Die Friedericianische Justizreform, S. 8 ff.

[86] Viele Gerichte und Kommissionen waren mit Richtern und Justizräten überbesetzt. *Neufeld*, Die Friedericianische Justizreform, S. 60; *Grahl*, Die Abschaffung der Advokatur, S. 28; *Müller*, Geschichte der bindenden Gesetzesauslegung, S. 7.

[87] *Müller*, Geschichte der bindenden Gesetzesauslegung, S. 7; *Dilthey*, Geschichte der Justizreform bis zum Landrecht, S. 133; *Döhring*, Geschichte der Rechtspflege, S. 37 f; *Springer*, Die Coccejische Justizreform, S. 10.

[88] *Schade*, Die Anfrage bei der Gesetzeskommission, S. 9

[89] Die Rekrutenkasse hatte sich aus der vom Großen Kurfürsten errichteten Marinekasse, die der Unterstützung der afrikanischen Handelsgesellschaft diente, entwickelt. Sie wurde später von Friedrich Wilhelm I. zur Vergrößerung seines Potsdamer Grenadierregiments verwendet. vgl. *Neufeld*, Die Friedericianische Justizreform, S. 65.

[90] *Schade*, Die Anfrage bei der Gesetzeskommission, S. 9; *Springer*, Die Coccejische Justizreform, S. 10.

[91] Sporteln waren sog. Gerichtsgebühren. zum Begriff: vgl. *Döhring*, Geschichte der deutschen Rechtspflege, S. 75 ff.

[92] *Neufeld*, Die Friedericianische Justizreform, S. 54; *Müller*, Geschichte der bindenden Gesetzesauslegung, S. 7; *Dilthey*, Geschichte der Justizreform bis zum Landrecht, S. 133; *Grahl*, Die Abschaffung der Advokatur, S. 27; *Mittenzwei/Herzfeld*, Brandenburg-Preußen 1648-1789, S. 312.

Dies wirkte sich wiederum auf die Dauer der Prozesse aus und machte die Richter anfällig für Bestechlichkeit.[93] Mehr noch als in den Richtern wurde das Übel der Justiz in den Advokaten und Procuratoren erblickt.[94] Die Procuratoren waren unstudierte Gehilfen der Advokaten, die es im Laufe der Zeit verstanden hatten, sich zwischen Partei und Advokaten zu schieben, und somit die eigentliche Prozessführung übernahmen.[95] Durch dieses Procedere litt zum einen die Qualität der Prozesse und zum anderen hatten die Parteien doppelte Kosten – für Procuratoren und Advokaten – zu tragen.[96] Letztere genossen ebenfalls keinen guten Ruf; auch sie waren oft nur unzulänglich für ihr Amt qualifiziert und wurden der Geldschneiderei beschuldigt.[97]

## II. Reformen in Preußen im 18. Jahrhundert

Die Reformen in Preußen sind eng verbunden mit den Namen zweier Männer: Samuel v. Cocceji und Johann Heinrich Casimir v. Carmer, die auf Initiative ihrer Könige, Friedrich Wilhelms I., Friedrichs II., Friedrich Wilhelms II., die preußische Rechtsentwicklung entscheidend vorangetrieben haben.

### 1. Reformversuche unter Friedrich Wilhelm I.

Aufgrund des desolaten Zustandes der preußischen Justiz setzte in den preußischen Staaten die Arbeit an einer praktischen Rechtsreform schon verhältnismäßig früh zu Beginn des 18. Jahrhunderts ein. Das Bestreben König Friedrich Wilhelms I., die weit auseinanderliegenden Landesteile des Königreichs zu einer organisatorischen und wirtschaftlich gut funktionierenden Einheit zusammenzufassen, machte neben der Errichtung einer zentralen Verwaltung[98]

---

[93] *Plathner*, Kampf um die richterliche Unabhängigkeit, S. 1.

[94] Cocceji bezeichnete sie als eine wahre Pest in der Justiz. vgl. *v. Kamptz*, Jahrbücher, 59. Bd., S. 81.

[95] *Müller*, Geschichte der bindenden Gesetzesauslegung, S. 11; *Schade*, Die Anfrage bei der Gesetzeskommission, S. 10; *Dilthey*, Geschichte der Justizreform bis zum Landrecht, S. 133 f; *Springer*, Die Coccejische Justizreform, S. 11; *Weissler*, Die Umbildung der Anwaltschaft, S. 4.

[96] vgl. Cocceji, in: *v. Kamptz*, Jahrbücher, 59. Band, S. 81.

[97] *Schade*, Die Anfrage bei der Gesetzeskommission, S. 11; *Grahl*, Die Abschaffung der Advokatur, S. 28; *Weissler*, Die Umbildung der Anwaltschaft, S. 4, 73 ff; *Krusch*, Die Gedanken der Aufklärung, S. 27.

[98] Friedrich Wilhelm I. ließ im Rahmen der Verwaltungsreform von 1723 die Vielzahl der Verwaltungsbehörden des Landes zu großen Zentralbehörden zusammenlegen. Im Zuge dieser Reform errichtete er u. a. die Generalfinanzdirektion als Zentralbehörde der Domänenverwaltung sowie das Generaldirektorium. vgl. dazu: *Euler*, in: HRG, Art. „Preußen", Sp. 1929; *Giese*, Preußische Rechtsgeschichte, S. 88 ff; *Bornhak*, Preußische Staats- und Rechtsgeschichte, § 34, S. 168 ff; *Stölzel*, Brandenburg-Preußens Rechtsverwaltung und

auch die Vereinheitlichung der Justiz sowie die Aufzeichnung des gesamten geltenden Rechts notwendig.[99] In dem Bewusstsein der Bedeutung einer funktionierenden Rechtsordnung hatte sich der König die Reformation des Justizwesens und die Verbesserung des Rechtszustandes durch eine Gesetzgebung sogleich nach seinem Regierungsantritt zur Aufgabe gemacht.

Am 21. Juni 1713 erließ Friedrich Wilhelm I. die „Allgemeine Ordre die Verbesserung des Justizwesens betreffend"[100], mit der gesetzgeberische Reformen für die preußischen Staaten eingeleitet werden sollten.[101]

In Umsetzung dieses Plans erging am 18. Juni 1714 eine Kabinettsordre an die Rechtsfakultät zu Halle, mit dem Auftrag, binnen drei Monaten unter der Leitung von Christian Thomasius[102] einige Konstitutionen zum märkischen Landrecht auszuarbeiten.[103] Das Projekt kam jedoch nicht zur Ausführung.[104]

Einen weiteren Versuch unternahm König Friedrich Wilhelm I. im Jahre 1738, als er den zuvor zum Chef der Justiz ernannten Samuel von Cocceji[105]

---

Rechtsverfassung, S. 94 ff; *Schmidt*, Rechtsentwicklung in Preußen, S. 84 ff.

[99] *Euler*, in: HRG, Art. „Preußen", Sp. 1929; *Wieacker*, Privatrechtsgeschichte der Neuzeit, S. 328; *Dilthey*, Geschichte der Justizreform bis zum Landrecht, S. 134.

[100] *Mylius*, CCM, Bd. I, T. 2, Nr. CXXXI; Acta Borussica, 1. Bd., Nr. 170, S. 515-533.

[101] *Stobbe*, Geschichte der deutschen Rechtsquellen, S. 447; *Förster*, Theorie und Praxis, 1. Bd., Einleitung, S. 3.

[102] Christian Thomasius, der vielfach auch als der Vater der deutschen Aufklärung bezeichnet wird, wurde 1655 in Leipzig geboren und studierte ursprünglich Philosophie. Erst die Lektüre der Schriften von Pufendorf und Grotius führten ihn zum Studium der Rechte. 1679 Promotion in Frankfurt Oder. Ab 1682 akademische Lehrtätigkeit an der Universität Leipzig mit Vorlesungen zum Naturrecht. Durch seine aufklärerischen Schriften als auch durch seinen provokatorischen Unterrichtsstil (Vorlesungen in deutscher Sprache) geriet Thomasius in Konflikt mit der theologischen und philosophischen Fakultät der Universität, und wechselte schließlich 1690 nach Halle. Dort wurde er einer der Gründungsväter der 1694 gegründeten brandenburgisch-preußischen Staatsuniversität. Neben Christian Wolff ist es insbesondere Thomasius gewesen, der in Deutschland die Brücke zwischen Naturrecht und Aufklärung schlug.
zur Person: *Kleinheyer*, Deutsche und europäische Juristen, S. 291 ff; *Stolleis*, Juristen, S. 613 f; ausführlich zu Leben und Werk, siehe: *Schneiders*, Christian Thomasius 1655-1728.

[103] Acta Borussica, 1. Bd., Nr. 251, S. 738-741; *Wieacker*, Privatrechtsgeschichte der Neuzeit, S. 328; *Stobbe*, Geschichte der deutschen Rechtsquellen, S. 447; *Bornhak*, Preussische Staats- und Rechtsgeschichte, § 34, S. 188.

[104] Das Unternehmen scheiterte aber nicht wie lange angenommen an der Untätigkeit der Fakultät aufgrund Bedenkens ihres Beauftragten Thomasius. Die Fakultät zu Halle hatte tatsächlich Konstitutionen ausgearbeitet, die jedoch abhanden gekommen sind. Warum der König die Vorschläge nicht umsetzte, ist bis auf Vermutungen nicht aufzuklären. vgl. dazu: *Krause*, C.G. Svarez, Entwurf eines allgemeinen Gesetzbuches, S. XXIII; *Krause*, Naturrecht und Kodifikation, S. 21; *Lieberwirth*, Thomasius und die Gesetzgebung, S. 183; *Buchda*, Über die verlorenen hallischen Konstitutionen zum Landrecht für die Kurmark Brandenburg (1714), in: ZRG 69 (1952), GA, S. 385 ff.

[105] Samuel von Cocceji (1679-1755) nimmt eine herausragende Rolle in der preußischen

beauftragte, ein „beständiges und ewiges Landrecht" zu verfassen, durch welches „das confuse und theils auf unsere Lande nicht quadrierende Jus Romanum abgeschaffet und die unzählige Menge von Edicten gedachtem Landrecht einverleibt werde".[106] Während die Anstrengungen Friedrich Wilhelm I. zur Reform des materiellen Rechts in der Kabinettsordre von 1714 sich nur provinziell auf die Mark Brandenburg bezogen, hatte der König nun sein Kodifikationsvorhaben auf alle preußischen Staaten erweitert und ein einheitliches Landrecht gefordert.[107] Diesem Plan eines Gesetzbuches war ebenfalls kein Erfolg beschieden. Die Entwürfe konnten nicht in die Tat umgesetzt werden.[108]

## 2. Die Coccejischen Reformen

Erst unter Friedrich II. kam das Reformvorhaben wieder in Gang. Dieser war seit seiner Thronbesteigung 1740 mit vielen Klagen über die Justiz und verschleppte Prozesse überhäuft worden. Mehr noch als sein Vater sah er sich daher in der Verantwortung, die Justizreform voranzutreiben. Am 12. Januar 1746 erließ der König eine Kabinettsordre über die Einrichtung einer kurzen soliden Justiz „nach Vernunft, Recht, Billigkeit und dem Besten des Landes und der Untertanen".[109] Samuel v. Cocceji, der sich seit Beginn seiner Amtszeit im preußischen Staatsdienst der Verbesserung der Justiz gewidmet hatte und dafür bereits unter Friedrich Wilhelm I. zu Rang und Namen gelangt war, nahm dies zum Anlass, Friedrich II. in seinem am 9. Mai 1746 vorgelegten „Unvorgreiflichen Plan zur Verbesserung der Justiz"[110] die Ursachen für die beklagten Missstände aufzuzeigen.[111]

---

Justizpolitik des 18. Jahrhunderts ein. Er studierte Rechtswissenschaften in Frankfurt Oder. Nach einer kurzzeitigen akademischen Tätigkeit an seinem Studienort von 1702-1704, trat er anschließend in den preußischen Justiz- und Verwaltungsdienst ein. König Friedrich Wilhelm I. beauftragte Cocceji u.a. mit der Reorganisation des preußischen Justizwesens. 1731 wurde Cocceji zum Präsidenten des Oberappellationsgerichts und 1738 zum Justizminister ernannt. ausführlich zur Person: *Stolleis*, Juristen, S. 131 f; *Kleinheyer*, Deutsche und europäische Juristen, S. 59 ff; *Sellert*, Samuel v. Cocceji, ein Rechtserneuerer Preußens, in: JuS 1979, S. 770-773; *Krause*, in: Aufklärung und Gesetzgebung, S. 22 f; *Springer*, Die Coccejische Justizreform, 2. Kapitel, S. 13 ff; *Klemm*, Samuel von Cocceji, in: 200 Jahre Dienst am Recht, S. 305-330.

[106] *Stobbe*, Geschichte der deutschen Rechtsquellen, S. 448; *Dilthey*, Geschichte der Justizreform bis zum Landrecht, S. 137.

[107] *Krause*, C. G. Svarez, Entwurf eines allgemeinen Gesetzbuches, S. XXVI f; *Stobbe*, Geschichte der deutschen Rechtsquellen, S. 448.

[108] *Daniels*, System des Preußischen Civilrechts, § 3, S. 4.

[109] *Mylius*, CCM, Bd. III, Nr. 2; *Hattenhauer*, Daten zur Geschichte des ALR, S. 288.

[110] *v. Kamptz*, Jahrbücher, 59. Bd., S. 72 ff (83).

[111] vgl. auch Schriftwechsel des Königs mit Cocceji anlässlich der Kabinettsordre vom 12. Januar 1746, abgedruckt, in: Acta Borussica, 7. Bd., Nr. 4, S. 4-10.

Cocceji kritisierte insbesondere die schlechte Ausbildung der Richter und deren unzureichende Besoldung sowie die Vielzahl und Dauer der Prozesse, die er vor allem auf die Ungewissheit des materiellen Rechts zurückführte: „Die vornehmste Ursach der vielen und langwürigen Prozesse ist, dass kein gewisses Recht in den preußischen Landen eingeführt ist". [112] Cocceji sprach sich dafür aus, das in fremder Sprache geschriebene römische Gesetzbuch abzuschaffen und innerhalb eines Jahres ein deutsches Landrecht auf preussischem Fuß zu verfassen.[113] Daraufhin beauftragte der König mit der Kabinettsordre vom 31. Dezember 1746 Samuel v. Cocceji,

*„... ein Teutsches Allgmeines Landrecht, welches sich bloß auf die Vernunft und Landesverfassungen gründet, zu verfertigen, ... damit einmahl ein gewisses Recht im Lande etabliret und die unzähligen Edicte aufgehoben werden mögen."*[114]

Der Coccejische Plan zur Verbesserung des Justizwesens sah ebenfalls eine Reform des Prozessrechts sowie die Kodifizierung einer Prozessordnung vor. Am 6. Juli 1747 erschien das von Cocceji während einer Dienstreise erarbeitete „Project eines Codicis Fridericiani Pomeranici" zur Abkürzung der Prozesse in Pommern.[115] In Ergänzung der Pommerschen Justizreform folgte ein knappes Jahr später für die Mark das „Project des Codicis Fridericianis Marchici" in Form einer Kammergerichtsordnung, welche anordnete, dass alle Prozesse in einem Jahr durch drei Instanzen zum Abschluss gebracht werden sollen.[116] Die ursprünglich beschränkte Geltung der pommerisch-märkischen Codices wurde schließlich auf alle übrigen Provinzen erweitert, um ein einheitliches Prozessverfahren in ganz Preußen sicherzustellen.[117]

Auch die Reform des materiellen Rechts schien auf einem guten Wege zu sein. In den Jahren 1749/51 wurden erste Landrechtsentwürfe Coccejis, ebenfalls unter dem Titel des „Corpus Iuris Fridericiani", für das Personen- und

---

[112] *Müller*, Geschichte der bindenden Gesetzesauslegung, S. 7/21.

[113] *Stobbe*, Geschichte der deutschen Rechtsquellen, S. 450 f.

[114] *Stobbe*, Geschichte der deutschen Rechtsquellen, S. 451; *Daniels*, System des Preußischen Civilrechts, § 4, S. 5 f; *Förster*, Theorie und Praxis, 1. Band, Einleitung, S. 5; *Euler*, Geschichtliche Einleitung, S. 7 f.

[115] *Abegg*, Versuch einer Geschichte, S. 64/66; *Stölzel*, Brandenburg- Preußens Rechtsverwaltung, Bd. 2, S. 186; *Neufeld*, Die Friedericianische Justizreform, S. 27; *Springer*, Die Coccejische Justizreform, S. 162 ff; *Daniels*, System des Preußischen Civilrechts, § 4, S. 5.

[116] *Neufeld*, Die Friedericianische Justizreform, S. 27; *Springer*, Die Coccejische Justizreform, S. 181 ff; *Daniels*, System des Preußischen Civilrechts, § 4, S. 5; *Bornhak*, Preussische Staats- und Rechtsgeschichte, § 42, S. 247; *Abegg*, Versuch einer Geschichte, S. 66 f.

[117] *Neufeld*, Die Fridericianische Justizreform, S. 27 f; *Stölzel*, Brandenburg-Preußens Rechtsverwaltung, Bd. 2, S. 197/205.

Sachenrecht veröffentlicht.[118] Der Tod Samuel v. Cocceijis im Jahre 1755 und die Wirren des Siebenjährigen Krieges brachten das Reformwerk jedoch zum Stoppen. Nur das zweite und dritte Buch des ersten Teiles des Landrechtes über das Ehe- und Vormundschaftsrecht konnten in einigen Landesteilen Gesetzeskraft erlangen.[119]

Rückblickend mag dies für die preußische Rechtsentwicklung sogar von Vorteil gewesen sein, da Coccejis Werk letztlich nicht den Ideen und Anforderungen der Zeit an ein Gesetzbuch entsprach.[120] Cocceji, ein Schüler des usus modernus, war noch zu sehr dem römischen Recht verhaftet.[121] Seine Versuche einer Kodifikation des materiellen Rechts vermochten es somit nicht, einen tiefer-gehenden Einfluss auf die spätere preußische Kodifikation auszuüben.[122] Trotzdem ist sein unermüdlicher Einsatz für die Reform der Preußischen Justiz von unschätzbarem Wert gewesen. So sind u. a. das Verbot der Aktenversendung[123], die Ausbildung[124] und Besoldung der Richter[125] sowie die Einführung eines geordneten

---

[118] *Stobbe,* Geschichte der deutschen Rechtsquellen, S. 451 f; *Daniels*, System des Preußischen Civilrechts, § 4, S. 6; *Stintzing-Landsberg*, Geschichte der deutschen Rechtswissenschaft, S. 219.

[119] *Hattenhauer*, Einführung , S. 2; *Dilthey*, Geschichte der Justizreform bis zum Landrecht, S. 142; *Daniels*, System des Preußischen Civilrechts, § 4, S. 6.

[120] *Dilthey*, Geschichte der Justizreform bis zum Landrecht, S. 139; *Wieacker*, Privatrechtsgeschichte der Neuzeit, S. 328; *Stintzing-Landsberg*, Geschichte der deutschen Rechtswissenschaft, S. 220.

[121] *Wagner*, Die Wissenschaft des gemeinen römischen Rechts, S. 120 f; *Euler*, Geschichtliche Einleitung, S. 11.

[122] *Müller*, Geschichte der bindenden Gesetzesauslegung, S. 7; *Stölzel*, Brandenburg-Preußens Rechtsverwaltung, Bd. 2, S. 295; *Euler*, Geschichtliche Einleitung, S. 18.

[123] Mit der Kabinettsordre vom 2. April 1746 verbot der König die Aktenversendung an auswärtige Juristenfakultäten und Schöppenstühle und am 20. Juni 1746 auch die Aktenversendung an die inländischen Universitäten und Gerichte. vgl. Acta Borussica, 5. Band, Nr. 22, S. 33; *Bornhak*, Preussische Staats- und Rechtsgeschichte, § 41, S. 237 f; *Dilthey*, Geschichte der Justizreform bis zum Landrecht, S. 139; *Müller*, Geschichte der bindenden Gesetzesauslegung, S. 10; *Stintzing-Landsberg*, Geschichte der deutschen Rechtswissenschaft, S. 217.

[124] § 34 des Ressortreglements vom 19. Juni 1749 ordnete die Einführung eines Examenszwangs für Richter an. *Mylius*, CCM Anhang zu Teil VI, Sp. 172; *Bornhak*, Preussische Staats- und Rechtsgeschichte, § 41, S. 240; *Springer*, Die Coccejische Justizreform, S. 349; *Bake*, Die Entstehung des dualistischen Systems der Juristenausbildung in Preussen, S. 5 ff; *Krusch*, Die Gedanken der Aufklärung, S. 31 f; vgl. auch *Ebert*, Die Normierung der juristischen Staatsexamina und des juristischen Vorbereitungsdienstes in Preußen (1849-1934), S. 20-27.

[125] *Neufeld*, Die Friedericianische Justizreform, S. 56 f, 59, 61 ff; *Ritter*, Friedrich der Große, S. 221; *Hintze*, Preußens Entwicklung zum Rechtsstaat, in: Regierung und Verwaltung, S. 117.

dreistufigen Instanzenzuges[126] das bleibende Verdienst des 1747 sogar zum königlichen Großkanzler ernannten Samuel v. Cocceji.[127]

### 3. Die Friderizianische Justizreform von 1780

#### a. Die Bedeutung des Müller-Arnold-Prozesses

Schließlich war es die „Justizkatastrophe" des Müller-Arnold-Prozesses[128] im Jahre 1779, die der mittlerweile fast tot geglaubten Justizreform zur Auferstehung verhalf. Zwar hatte der schlesische Justizminister v. Carmer[129] bereits zuvor versucht, die Reformen wieder anzukurbeln.[130] Seine Pläne zur Verbesserung der Justiz, welche unter anderem die Einführung der Inquisitionsmaxime im Zivilprozess, die Mündlichkeit des Verfahrens sowie die Abschaffung der Advokatur vorsahen, konnten den König sowie dessen Großkanzler v. Fürst aber nicht überzeugen, und fanden zunächst keine Berücksichtigung.[131] Der König, der seit dem Tode Coccejis wieder zunehmend mit Beschwerden über schleppende Prozesse konfrontiert worden war, sah in

---

126 *Müller*, Geschichte der bindenden Gesetzesauslegung, S. 8, 10; *Hintze*, Preußens Entwicklung zum Rechtsstaat, in: Regierung und Verwaltung, S. 117.

127 *Bornhak*, Preussische Staats- und Rechtsgeschichte, § 36, S. 211.

128 vgl. zum Müller-Arnold-Prozeß: *Sendler*, Friedrich der Große und der Müller Arnold, in: JuS 1986, S. 759 f; *Dießelhorst*, Die Prozesse des Müllers Arnolds und das Eingreifen Friedrich des Großen, S. 6 ff ; *Holtze*, Geschichte des Kammergerichts, Dritter Teil, S. 296 ff; *Gose*, in: Aufklärung und Gesetzgebung, S. 33 ff; *Bornhak*, Preussische Staats- und Rechtsgeschichte, § 43, S. 253 ff; *Eckert*, Vom Fürstendiener zum unabhängigen Richter, S. 40 ff.

129 Johann Heinrich Casimir v. Carmer ist am 29. 12. 1721 in Kreuznach geboren. Nach dem Studium der Rechtswissenschaften in Gießen, Jena und Halle (1739- 1743), trat er 1749 in den preußischen Staatsdienst ein. Im Jahre 1750 begleitete er Cocceji auf eine Visitationsreise nach Schlesien, wo er als Rat der Oberamtsregierung in Oppeln blieb. Ein Jahr später, 1751, wurde er Direktor der Oberamtsregierung in Breslau. 1768 wurde v. Carmer zum schlesischen Justizminister ernannt. Nach der Justizkatastrophe des Müller-Arnold-Prozesses berief in der König zum Großkanzler und Chef der Justiz. Johann Heinrich Casimir v. Carmer schied 1798 aus dem preußischen Staatsdienst aus und verstarb 1801.
zur Person: *Winterberg*, in: HRG, Art. „Carmer, Johann Heinrich Casimir von", Sp. 591 ff; *Pätzold*, Johann Heinrich Casimir v. Carmer, in: 200 Jahre Dienst am Recht, S. 331 ff; *Gose*, in: Aufklärung und Gesetzgebung, S. 38 f; *Hattenhauer*, Einführung, S. 6.

130 18. August 1174: „Plan zur Verbesserung der Justiz"; 1775: „Ausarbeitung über eine verbesserte Prozessordnung"; vgl. *Abegg*, Versuch einer Geschichte, S. 84; *Hattenhauer*, Daten zur Geschichte des ALR, S. 288 f; *Stobbe*, Geschichte der deutschen Rechtsquellen, S. 454; *Euler*, Geschichtliche Einleitung, S. 13 f.

131 *Hattenhauer*, Einführung, S. 4; *Kleinheyer*, ALR für die preußischen Staaten von 1794, S. 7; *Bornhak*, Preussische Staats- und Rechtsgeschichte, § 43, S. 257 f; *Ebel*, 200 Jahre preußischer Zivilprozeß, S. 12.

dem Prozess des Müllers Arnold schließlich sein seit jeher gehegtes Misstrauen gegen die preußische Justiz bestätigt.

Der Müller Arnold betrieb eine Mühle in Erbpacht. Er behauptete, dass sein Gutsherr, der Graf von Schmettau, durch einen Graben zum Anlegen von Karpfenteichen das Wasser abgeleitet habe und ihm dadurch der Betrieb der Mühle unmöglich geworden sei. Den von dem Gutsherrn eingeforderten Pachtzins ist der Arnold daher schuldig geblieben. In dem daraufhin folgenden Prozess wurde durch das Urteil der Regierung zu Küstrin dem Müller Arnold die Mühle entzogen. Nachdem das von ihm angerufene Kammergericht das erstinstanzliche Urteil bestätigt hatte, wandte er sich schließlich an den König mit der Bitte um Hilfe. Der König vermutete in den beiden Urteilen eine grobe Ungerechtigkeit und zudem eine Parteilichkeit der Richter zugunsten des Adels. Er kassierte daher die angefochtenen Entscheidungen durch einen Machtspruch[132] zum Vorteil des Müllers Arnold. Die mit dem Fall befassten Kammergerichtsräte wurden ihres Amtes enthoben und in Haft genommen.

Die Früchte der Coccejischen Reformen[133] schienen in den Augen des Königs verdorben. Friedrich II. sah sich zum Handeln gezwungen. Er entließ zunächst seinen Großkanzler v. Fürst und ernannte Johann Casimir v. Carmer am 11. Dezember 1779 zu dessen Nachfolger.[134] v. Carmer, der sich dem König bereits durch Reformvorschläge und deren erfolgreiche Umsetzung in Schlesien empfohlen hatte, wurde mit der Durchführung einer erneuten Justizreform beauftragt.

---

[132] Als Machtspruch bezeichnet man den Eingriff des Monarchen in die Rechtspflege durch Entscheidung eines Rechtsfalles in der Sache selbst oder durch Anweisung an das Gericht, in einem bestimmten Sinne zu vefahren oder eine bestimmte Entscheidung zu fällen.
Der Machtspruch steht begrifflich im Gegensatz zum Rechtsspruch, wobei der Unterschied rein formal-institutioneller Natur ist. Der Rechtsspruch geht von einem Gericht aus und erfolgt im Rahmen eines justizförmigen Verfahrens, während der Machtspruch ohne justizförmiges Verfahren durch den Landesherrn oder den Träger der obersten Staatsgewalt aus allerhöchster Machtvollkommenheit erfolgt. vgl. *Ogris*, in: HRG, Art. „Machtspruch“, Sp. 126 f.

[133] Hinsichtlich der Verbesserung und Steigerung des Niveaus des Justizpersonals waren die Coccejischen Reformen erfolgreich. vgl. *Schade*, Die Anfrage bei der Gesetzeskommission, S.28; *Schubert*, Einführung, Allgemeine Gerichtsordnung für die Preußischen Staaten, Nachdruck 1994, S. X; *Ogris*, Friedrich der Große und das Recht, S. 84.

[134] *Stölzel*, Brandenburg-Preußens Rechtsverwaltung und Rechtsverfassung, Bd. 2, S. 285; *Ebel*, 200 Jahre preußischer Zivilprozeß, S. 11.

## b. Project des Corpus Iuris Fridericianum von 1781

Die Grundzüge der Justizreform waren in der Kabinettsordre Friedrich II. vom 14. April 1780[135] festgelegt. Die Reform sollte sich vor allem auf die Gerichtsverfassung und das Prozessrecht erstrecken.[136]
So entstand bereits am 26. April 1781[137], aufbauend auf den Coccejischen und v. Carmerschen Reformentwürfen[138], eine allgemeine Prozessordnung, die als erstes Buch des Corpus Iuris Fridericianum[139] erschien und später 1793 in novellierter Fassung als Allgemeine Gerichtsordnung[140] veröffentlicht wurde.[141] Das Corpus Iuris Fridericianum führte zu einer grundlegenden Umgestaltung des preußischen Zivilprozesses.[142] Die Inquisitionsmaxime, die bis dahin nur im Strafprozess galt, wurde auch im Zivilprozess eingeführt.[143] Der Richter hatte den Tatsachenstoff nunmehr von Amts wegen zu ermitteln.[144] Der gesamte Prozessbetrieb, der nach gemeinem Prozessrecht noch Aufgabe der Parteien war, fiel im Corpus Iuris Fridericianum in den alleinigen Kompetenzbereich des Richters.[145] Das ganze Prozessverfahren wurde von den vielen Förmlichkeiten des gemeinen Prozesses befreit.[146] Anstelle eines unbeschränkten Novenrechts in der Appellationsinstanz, sollten alle Prozesse innerhalb eines Jahres beendet werden.[147] Infolgedessen fand die Appellation nur noch gegen erstinstanzliche Urteile und die Revision nur noch gegen zweitinstanzliche Urteile statt.

---

[135] Allerhöchste Königliche Cabinetts-Ordre, die Verbesserung des Justiz-Wesens betreffend vom 14. 4. 1780, Acta Borussica, 16. Bd, Zweiter Teil, Nr. 465, S. 602-607.

[136] *Stobbe,* Geschichte der deutschen Rechtsquellen, S. 456; *Hattenhauer*, ALR im Widerstreit, S. 34 f; *Schade*, Die Anfrage bei der Gesetzeskommission, S. 28.

[137] *Mylius*, NCC, Bd. VII, Sp. 249 ff.

[138] *Stölzel*, Brandenburg-Preußens Rechtsverwaltung, Bd. 2., S. 294; *Ebel*, 200 Jahre preußischer Zivilprozeß, S. 11.

[139] vgl. Nachdruck bei *Schubert*, Corpus Iuris Fridericianum.

[140] vgl. Nachdruck bei *Schubert*, Allgemeine Gerichtsordnung.

[141] *Wieacker*, Privatrechtsgeschichte der Neuzeit, S. 329; *Stobbe,* Geschichte der deutschen Rechtsquellen, S. 456 f; *Bornhak*, Preussische Staats- und Rechtsgeschichte, § 46, S. 265; *Abegg*, Versuch der Geschichte, S. 110.

[142] Zum Gang des Verfahrens nach der neuen Prozessordnung, vgl. *Ebel*, 200 Jahre preußischer Zivilprozeß, S. 13-15.

[143] *Eckert*, Die Entstehung der Allgemeinen Gerichtsordnung, S. 104; *Grahl*, Die Abschaffung der Advokatur, S. 136 ff; *Muscheler*, Schopenhauer, S. 19 ff; *Schade*, Die Anfrage bei der Gesetzeskommission, S. 28; *Schwartz*, 400 Jahre deutscher Zivilprozeß-Gesetzgebung, S. 498; *Abegg*, Versuch der Geschichte, S. 102.

[144] *Ebel*, 200 Jahre preußischer Zivilprozeß, S. 13.

[145] *Eckert*, Die Entstehung der Allgmeinen Gerichtsordnung, S. 103; *Schade*, Die Anfrage bei der Gesetzeskommission, S. 29; *Schwartz*, 400 Jahre deutscher Zivilprozeß-Gesetzgebung, S. 498.

[146] vgl. dazu insbesondere *Nörr*, Naturrecht und Zivilprozeß, S. 29.

[147] *Eckert*, Die Entstehung der Allgemeinen Gerichtsordnung, S. 104.

Darüber hinaus wurde im Corpus Iuris Fridericianum die vielfach kritisierte Societät der Advokatur abgeschafft und durch sog. Assistenzräte ersetzt.[148] Die Assistenzräte waren fest besoldete und beamtete Richter, die nicht mehr allein den Prozessparteien zugeordnet waren, sondern als Gehilfen des Richters fungierten.[149] Sie sollten den Richter bei der Ermittlung der Wahrheit unterstützen, gleichzeitig aber auch die Parteien verteidigen und eventuelle Fehler des Gerichts anzeigen.[150] Diese eigenartige Doppelstellung der Assistenzräte als Richtergehilfen und Parteibeiständen dürfte in der Praxis nur schwerlich umzusetzen gewesen sein.[151]

### c. Entwurf eines Allgemeinen Gesetzbuches

Zugleich hatte die Kabinettsordre aber auch den Auftrag zum Inhalt, ein in deutscher Sprache verfasstes, gegenüber den Provinzialrechten subsidiarisches Gesetzbuch zu schaffen.[152] So heißt es unter anderem in der Ordre vom 14. April 1780:

*„Was endlich die Gesetze betrifft so finde ich es sehr unschicklich, daß solche größtentheils in einer Sprache geschrieben sind, welche diejenigen nicht verstehen, denen sie doch zu ihrer Richtschnur dienen sollen. ...*

*Ihr müßt also vorzüglich dahin sehen, daß alle Gesetze für Unsere Staaten und Unterthanen in ihrer eigenen Sprache abgefaßt, genau bestimmt, und vollständig gesammlet werden. ...*

*Es muß aslo nur das Wesentliche mit dem Natur- Gesetz und der heutigen Verfassung Übereinstimmende aus demselben (römischen Recht) abstrahiert; das Unnütze weggelassen; Unsere eigene Landes-Gesetze am gehörigen Orte eingeschaltet, und solchergestalt ein subsidiarisches Gesetz-Buch, zu welchem*

---

[148] *Grahl*, Die Abschaffung der Advokatur, S. 115; *Eckert*, Die Entstehung der Allgemeinen Gerichtsordnung, S. 103; *Nörr*, Naturrecht und Zivilprozeß, S. 28; *Weissler*, Die Umbildung der Anwaltschaft, S. 73 ff; *Muscheler*, Schopenhauer, S. 24- 27; *Schwartz*, 400 Jahre deutscher Zivilprozeß-Gesetzgebung, S. 499.

[149] *Ebel*, 200 Jahre preußischer Zivilprozeß, S. 13; *Weissler*, Die Umbildung der Anwaltschaft, S. 79; *Krusch*, Die Gedanken der Aufklärung, S. 37.

[150] vgl. *Svarez*, Unterricht über die Gesetze, in: Vorträge über Recht und Staat, VII, S. 25, *Schade*, Die Anfrage bei der Gesetzeskommission, S. 30; *Eckert*, Die Entstehung der Allgemeinen Gerichtsordnung, S. 103.

[151] *Nörr*, Naturrecht und Zivilprozeß, S. 28, *Eckert*, Die Entstehung der Allgemeinen Gerichtsordnung, S. 103. In der 1793 fertiggestellten AGO sind die Assistenzräte auch wieder aus dem Prozessbetrieb verschwunden. *Ebel*, 200 Jahre preußischer Zivilprozeß, S. 17.

[152] *Daniels*, System des Preußischen Civilrechts, § 6, S. 9; *Förster*, Theorie und Praxis, Bd. 1, Einleitung, § 2, S. 6 f.

*der Richter beym Mangel der Provinzial-Gesetze recurriren kann, angefertigt werden."* [153]

Konkretisiert wurde der Gesetzgebungsauftrag in der Kabinettsordre vom 27. Juli 1780:

*„Da nun gegenwärtig der Sache näher getreten und mit der Arbeit an dem neuen Gesetz- Buche der würckliche Anfang gemacht werden soll; So finden Höchstgedachte Se Königliche Majestät für nöthig, nachstehende allgemeinen Grundsätzen des Vefahrens bey diesem wichtigen Geschäfte festzusetzen.*

*1. Die Intention Sr Königlichen Majestät geht nicht so wohl dahin, daß neue Gesetze gemacht, als vielmehr nur, daß die bereits vorhandnen gesammlet; in Ordnung gebracht; deutlich und allgemein verständlich vorgetragen; dabey aber auch revidirt, und wo es nöthig, den gegenwärtigen Zeiten, Sitten, Gebräuchen, Religions- und Landes- Verfassungen, so wie dem Recht der Natur und der Billigkeit, gemäßer eingerichtet werden sollen.*

*2. Das gantze Corps der Gesetze soll bestehen*

*I. Aus den Sammlungen der speciellen Rechte, welche in jeder der verschiedene Königlichen Provintzen gelten;*

*II. Aus einem allgemeinen subsidiarischen Gesetz- Buche, welches in allen durch die Provintzial-Rechte nicht entschiedene Fällen zur Richtschnur diene.*

*3. Eine Abfassung des allgemeinen Gesetz- Buches soll das Corpus Iuris vom Kayser Justinian zum Grunde gelegt werden; weil dasselbe in Sr Königlichen Majestät Landen als ein subsidiarisches Recht durchgehends angenommen; an und für sich das Vollständigste; auch in den meisten Seiner Entscheidungen dem Rechte der Natur und der Billigkeit gemäß ist."* [154]

Die Ausarbeitung des Gesetzbuches konnte nach Ansicht des Königs aber nicht das Werk eines einzelnen Mannes sein. Die Arbeiten an dem Gesetzbuch sollten daher unter den „geschicktesten und redlichsten Leute(n)" verteilt, die Mitarbeiter schließlich „in ein Collegium zusammen[gezogen]" und alles mit „gemeinschaftlichem Rath regulir(t)" werden.[155] Daraufhin wurde ein Arbeitsstab unter v. Carmers Direktion gebildet, dem der Kammergerichtsrat Baumgarten, der Oberamtsregierungsrat Carl Gottlieb Svarez, der schlesische General-Fiscal Pachaly und der Dr. jur. Volkmar als Assistenten sowie der

---

[153] abgedruckt in: *Gose/Würtemberger*, Aufklärung und Gesetzgebung, S. 104; *Hattenhauer/Bernert*, Allgemeines Landrecht für die Preussischen Staaten von 1794, S. 43 ff.

[154] „Plan nach welchem bey Ausarbeitung des neuen Gesetzbuchs verfahren werden soll." Genehmigt durch Kabinettsordre Friedrichs II. vom 27. Juli 1780, *Mylius*, NCC 1780, Nr. XIII, Sp. 1935; abgedruckt in: *Gose/Würtemberger*, Aufklärung und Gesetzgebung, S. 106.

[155] Kabinettsordre vom 14. April 1780, siehe *Hattenhauer/Bernert*, Allgemeines Landrecht für die Preussischen Staaten von 1794, S. 46.

Geheime Ober-Revisions- und Kammergerichtsrat v. Kircheisen, der Assessor beim Breslauer Stadtgericht, Ernst Ferdinand Klein, und der Kammergerichtsrat Gossler als Hilfsarbeiter angehörten. [156] Als die eigentlichen Kodifikatoren des Allgemeinen Landrechts gelten jedoch neben v. Carmer Carl Gottlieb Svarez[157] und Ernst Ferdinand Klein[158], wobei Svarez die hauptsächliche Arbeit übernommen und v. Carmer eher die Rolle des Überwachers und Deligierenden inne hatte.[159]

Durch königliches Patent vom 29. Mai 1781[160] ließ der König eine eigens für das Kodifikationsvorhaben errichtete Behörde, die sog. Gesetzkommission, ins Leben rufen, deren Aufgabe die gutachtliche Äußerung zu neuen Gesetzesvorschlägen sowie die Auslegung und Entscheidung von strittigen Rechtsfragen bildete.[161] Die Richtlinien für die Ausarbeitung eines allgemeinen Landrechts, die von v. Carmer und seinen Mitarbeitern entworfen und dem König sozusagen in die Feder diktiert wurden[162], enthielten bereits den Schliff des aufgeklärten Absolutismus: das Recht sollte in einer dem Volk verständlichen Sprache geschrieben sowie vollständig und bestimmt sein, um Streitigkeiten der Rechtsgelehrten zu verhindern.[163] Dennoch bestehende Zweifel sollten nicht durch die Richter, sondern durch eine Gesetzkommission entschieden werden. Obwohl die Kabinettsordres faktisch lediglich die „Modernisierung" des

---

[156] *Gose*, in: Aufklärung und Gesetzgebung, S. 78 ff; *Stobbe*, Geschichte der deutschen Rechtsquellen, S. 460; *Barzen*, Zur Entstehung des Entwurfs, S. 89; *Daniels*, System des Preußischen Civilrechts, § 6, S. 9 f; *Sonnenschmidt*, Geschichte des königlichen Ober-Tribunals zu Berlin, S. 117.

[157] Carl Gottlieb Svarez (1746- 1796) aus Schweidnitz hörte 1763/64 bei Darjes Naturrecht. 1765 trat er bei der Oberamtsregierung in Breslau in die praktische Justizausbildung ein, wo er bereits als Referendar die rechte Hand v. Carmers bildete. 1771 wurde er nach Abschluss des großen Staatsexamens Rat bei der Oberamtsregierung in Breslau.
ausführlich zur Person: siehe *Stölzel*, C. G. Svarez, Ein Zeitbild; *Kleinheyer*, Deutsche und europäische Juristen, S. 279; *Stolleis*, Juristen, S. 598; *Hattenhauer*, Einführung, S. 6; *Krause*, in: Aufklärung und Gesetzgebung, S. 41 ff; *Ebert*, Carl Gottlieb Svarez, in: 200 Jahre Dienst am Recht, S. 367-396.

[158] Ernst Ferdinand Klein (1744- 1810) war Beisitzer des Breslauer Stadtgerichtes und später als Anwalt und Oberjustizrat tätig. Ebenso besaß er eine Professur für Strafrecht in Halle.
zur Person: vgl. *Wieacker*, Privatrechtsgeschichte der Neuzeit, S. 329; *Hattenhauer*, Einführung, S. 7.

[159] *Wieacker*, Privatrechtsgeschichte der Neuzeit, S. 330; *Gose*, in: Aufklärung und Gesetzgebung, S. 39/41; *Finkenauer*, Vom AGB zum ALR, S. 48 f.

[160] *Mylius*, NCCM, Bd. VII, Sp. 337, Nr. 26.

[161] *Conrad*, Die geistigen Grundlagen des ALR, S. 15; *Euler*, Geschichtliche Einleitung, S. 19 und Fn. 26 auf S. 20.

[162] *Hattenhauer*, ALR im Widerstreit, S. 34.

[163] *Wieacker*, Privatrechtsgeschichte der Neuzeit, S. 329; *Hattenhauer*, ALR im Widerstreit, S. 35 f; *Conrad*, Die geistigen Grundlagen des ALR, S. 13 f.

römischen Rechts[164] und nicht die Schaffung einer neuen Kodifikation anordneten, schwebte ihren Beauftragten entgegen der Erwartung des Königs weitaus mehr als nur praktische Rechtsbereinigung zum Zwecke der Beschleunigung der Prozesse vor.[165] In diesem Sinne erwirkte v. Carmer am 16. September 1780 die Zustimmung des Königs, das allgemeine Gesetzbuch gemeinsam mit der Prozessordnung als zweites Buch des „Corpus Iuris Fridericianum" in einem Werk zusammenzufassen[166]. Während die Kabinettsordre vom 14. April 1780 ursprünglich die Ausarbeitung eines Allgemeinen Gesetzbuches erst nach Fertigstellung der in jeder Hinsicht vorrangigen Provinzialgesetzbücher und nur zur Ausfüllung ihrer Lücken vorsah, bewirkte dieser Plan v. Carmers faktisch die Genehmigung zu dessen vorgezogener Fertigstellung und somit die Umkehrung der zeitlichen Reihenfolge des Gesetzgebungsplans. [167]

Die Kodifikatoren machten sich sogleich an die Arbeit[168] und fertigten in den Jahren von 1780 bis 1782 Auszüge aus dem Corpus Iuris nach einer systematischen, natürlichen Ordnung an.[169] Auf der Grundlage dieser Exzerpte, die mit den gesammelten Provinzialrechten und Judikaten abgeglichen wurden, entstand 1784 ein „legislatorischer Vorentwurf".[170] Nach Versendung zur Beratung an die Gesetzkommission und nochmaligem Überarbeiten wurde dieser in den Jahren 1784-1788 in sechs Abteilungen unter dem Titel „Entwurf eines Allgemeinen Gesetzbuchs für die Preußischen Staaten" König Friedrich II. vorgelegt.[171] Dieser zeigte sich von dem Umfang des Gesetzgebungswerks überrascht, und verlieh seiner Enttäuschung und Unzufriedenheit durch einen eher knappen Kommentar: „es ist aber Sehr Dicke und Gesetze müssen kurtz und nicht Weitläufig seindt"[172] Ausdruck.[173] Angesichts der Kritik Friedrichs II.

---

[164] Das neue Gesetzbuch sollte laut Kabinettsordre Friedrich II. vom 14. April 1780 auf dem Fundament des Corpus Iuris stehen. *Wagner*, Die Wissenschaft des gemeinen römischen Rechts, S. 122; *Hattenhauer*, Einführung, S. 8; *Euler*, Geschichtliche Einleitung, S. 22; *Hucko*, Zum 200. Geburtstag des Allgemeinen Landrechts, in: NJW 94, S. 1450.

[165] *Hattenhauer*, Das ALR im Spiegel von Erwartung, Lob und Kritik, S. 101; *Krause*, Das gemeine Recht und seine Kodifikation, S. 79.

[166] *Stobbe*, Geschichte der deutschen Rechtsquellen, S. 457 f; *Krause*, Das gemeine Recht und seine Kodifikation, S. 79.

[167] *Barzen*, Zur Entstehung des Entwurfs, S. 90.

[168] vgl. zur Redaktionsgeschichte: *Hattenhauer*, Einführung, S. 8 ff.

[169] *Bornemann*, Systematische Darstellung des Preussischen Civilrechts, S. 107; *Stobbe*, Geschichte der deutschen Rechtsquellen, S. 461; *Euler*, Geschichtliche Einleitung, S. 22 f; *Wagner*, Die Wissenschaft des gemeinen römischen Rechts, S. 123.

[170] *Euler*, Geschichtliche Einleitung, S. 25 f.

[171] *Wieacker*, Privatrechtsgeschichte der Neuzeit, S. 330; *Hattenhauer*, ALR im Widerstreit, S. 41; *Bornemann*, Systematische Darstellung des Preussischen Civilrechts, S. 106 f.

[172] *Stölzel*, C. G. Svarez, S. 239.

[173] Dieses Problem hat auch Svarez gesehen. Seiner Meinung nach hätte man eigentlich zwei Gesetze gebraucht: eines, das in Prinzipien gefasst sei und in die Hände jedes Bürgers gehöre,

und des zunehmenden Protests der Stände, von den Gesetzgebungsarbeiten völlig ausgeschlossen zu sein, wurde der Entwurf 1787 der deutschen und europäischen Öffentlichkeit mit der Bitte um Einsendung von Monita zugänglich gemacht.[174]

## 4. Vom Allgemeinen Gesetzbuch zum Allgemeinen Landrecht

Seit dem Tode Friedrichs II. im August 1786 hatten sich die Fronten gegen das Gesetzgebungswerk und ihre Kodifikatoren zunehmend verhärtet. Seinem Amtsnachfolger, König Friedrich Wilhelm II., war zwar ebenfalls an der Fortführung des Gesetzgebungsauftrags und der Umsetzung von Reformen gelegen, entgegen seinem Vorgänger ließ er sich jedoch mehr von dem Widerstand der Stände und der Kritik aus den Reihen des Justizministeriums und des Kammergerichts[175] beeinflussen.[176] Er ordnete daher im August 1786 die Beteiligung der Stände[177] bei den Kodifikationsarbeiten sowie drei Monate später die Rehabilitierung der von Friedrich II. verurteilten Richter des Müller-Arnold-Prozesses[178] an.

Trotz der zunehmend schwindenden Unterstützung für das Kodifikationsvorhaben schritt dessen Entwicklung voran. Das umfangreiche, eingesendete Material zum Entwurf des Gesetzbuches – darunter zustimmende wie kritische Äußerungen – wurde in den Jahren 1787-1790 gewissenhaft ausgewertet und von Svarez für die Umarbeitung eines letzten Entwurfs („Svarezsche Revision" 1790/1791) genutzt.[179] Am 20. März 1791 reichte v. Carmer das Publikationspatent für das „Allgemeine Gesetzbuch für die Preußischen Staaten" ein, dessen

---

und ein zweites mit genauen Einzelvorschriften, das den Richter bindet. Um letzterem Kriterium gerecht werden zu können, haben sich die Kodifikatoren des Allgemeinen Landrechts dafür entschieden, zahlreiche Einzelregelungen aufzustellen, die für möglichst viele Lebenssachverhalte eine Antwort parat halten sollten, um die richterliche Freiheit weitestgehend einzuschränken.

siehe dazu: *Svarez*, Inwiefern können und müssen Gesetze kurz sein ?, in: Vorträge über Recht und Staat, S. 627 ff; vgl.auch: *Conrad*, Richter und Gesetz im Übergang vom Absolutismus zum Verfassungsstaat, S. 18 f.

174 *Wieacker*, Privatrechtsgeschichte der Neuzeit, S. 330; *Euler*, Geschichtliche Einleitung, S. 27 ff; *Finkenauer*, Vom AGB zum ALR, S. 50 ff.

175 Durch die Kabinettsordre vom 3. November 1781 wurde die gesamte Gerichtsaufsicht in die Hand des Großkanzlers v. Carmer gelegt. Somit war dem Großkanzler neuerdings auch das Kammergericht unterstellt. *Hattenhauer*, ALR im Widerstreit, S. 38 f.

176 *Finkenauer*, Vom AGB zum ALR, S. 54 ff.

177 *Stölzel*, Brandenburg-Preußens Rechtsverwaltung, Bd. 2, S. 299; *Daniels*, System des Preußischen Civilrechts, § 6, S. 12; *Euler*, Geschichtliche Einleitung, S. 29.

178 *Stölzel*, Brandenburg-Preußens Rechtsverwaltung, Bd. 2, S. 300.

179 *Wieacker*, Privatrechtsgeschichte der Neuzeit, S. 330; *Euler*, Geschichtliche Einleitung, S. 30.

Inkrafttreten für den 1. Juni 1792 geplant war.[180] Der Antrag des schlesischen Justizministers Danckelmann auf Suspension des Allgemeinen Gesetzbuches vom 18. April 1792 verhinderte dies jedoch.[181] Mit der Kabinettsordre vom 18. April 1792 verschob König Friedrich Wilhelm II. die Geltung des Allgemeinen Gesetzbuches bis auf weiteres, um „befürchteten Nachteilen einer übereilten Einführung" zu begegnen.[182] Tatsächlich versteckten sich aber hinter der Suspension des Allgemeinen Gesetzbuches politische Gründe.[183] Das fertiggestellte Allgemeine Gesetzbuch beinhaltete neben dem Zivilrecht auch das Strafrecht und das öffentliche Recht. Letzteres war sogar von nicht unwesentlicher Bedeutung. Aufgrund der im Allgemeinen Gesetzbuch enthaltenen Regelungen bzgl. der Rechte und Pflichten des Königs und seiner Staatsdiener sowie des Polizeiwesens erlangte das Allgemeine Gesetzbuch fast den Status einer Verfassung für die Preußischen Staaten.[184] Dies wiederum machte das Gesetzbuch politisch anfällig. Von den Eindrücken der Französischen Revolution geprägt, fürchtete man auch in Preußen um die Aufrechterhaltung des absolutistischen Staates und ständischer Privilegien. [185] Insbesondere der Adel stand dem Gesetzbuch wegen seiner aufklärerischen Tendenz sehr skeptisch gegenüber. Zudem hatte der Machtspruch Friedrich Wilhelms II. in dem Prozeß des Zopfschulzen[186] den Konflikt zwischen dem

---

[180] *Hattenhauer*, Daten zur Geschichte des ALR, S. 290.

[181] *Finkenauer*, Vom AGB zum ALR, S. 88 f; *Euler*, Geschichtliche Einleitung, S. 32.

[182] *Daniels*, System des Preußischen Civilrechts, § 6, S. 13; *Finkenauer*, Vom AGB zum ALR, S. 89.

[183] *Hattenhauer*, Einführung, S. 16; *Stölzel*, C. G. Svarez, S. 355 f.

[184] *Hattenhauer*, ALR im Widerstreit, S. 41; vgl.auch: *Vierhaus*, Das Allgemeine Landrecht für die Preussischen Staaten als Verfassungsersatz?, S. 4 ff; *Conrad*, Das allgemeine Landrecht von 1794 als Grundgesetz des friderizianischen Staates, S. 26; *Schwennicke*, Zum zweihundertsten Geburtstag des Preußischen Allgemeinen Landrechts, in: JuS 94, S. 458 f.

[185] *Stölzel*, C. G. Svarez, S. 322 f; *Finkenauer*, Vom AGB zum ALR, S. 72 f.

[186] zum „Zopfschulzen-Prozeß" siehe: *Tradt*, Der Religionsprozeß gegen den Zopfschulzen (1791-1799), Kapitel 2; *Hülle*, Der Religionsprozeß des preußischen Kammergerichts gegen den „Zopfschulzen" (1792), S. 529 ff; *Stölzel*, C. G. Svarez, S. 325 ff, *Finkenauer*, Vom AGB zum ALR, S. 79 ff; *Bornhak*, Preussische Staats- und Rechtsgeschichte, § 46, S. 268 ff; *Eckert*, Vom Fürstendiener zum unabhängigen Richter, S. 43 ff.
Der Prediger Schulz wurde beschuldigt, Irrlehren verbreitet zu haben. Er war wegen des Verstoßes gegen das Wöllner'sche Relegionsedikt angeklagt. Der Prozess gegen den als Zopfschulzen bezeichneten Prediger wurde vor dem Kammergericht unter der Leitung des Kammergerichtspräsidenten Kircheisen verhandelt. Obwohl sich die Verhandlungen für den Schulz günstig entwickelten, wollten der Kultusminister Wöllner und der König diesen verurteilt wissen und sendeten an das Kammergericht die Instruktion, in dem Prozess alsbald zu einer Entscheidung zu gelangen. Anlässlich eines Besuchs des Kronprinzen beim Kammergericht hielt Kircheisen eine Rede, die mitunter die Frage aufwarf: „ob der Landesherr selbst sich mit Entscheidung der Rechtsstreite bei uns unmittelbar zu befassen habe". In einem Brief an seinen Großkanzler v. Carmer erboste sich der König über die

uneingeschränkten Herrschaftsanspruch des Königs und den aufgeklärten, staatsrechtlichen Idealen v. Carmers und Svarez' bereits offen zu Tage treten lassen.
Der Kultusminister Wöllner und der schlesische Justizminister Danckelmann, denen das Gesetzbuch seit langem ein Dorn im Auge war, wussten die Gunst der Stunde zu nutzen. Die dem König angetragene Suspension mit der offiziellen Begründung, „das Publikum hätte noch nicht genügend Zeit gehabt, sich mit dem Gesetzbuch vertraut zu machen", war von vornherein auf dessen Verhinderung gerichtet.[187] Ausschlaggebend für die Suspension war vielmehr die dem Allgemeinen Gesetzbuch zugrunde liegende aufklärerische Staatstheorie – Beschränkung des königlichen Rechts von Machtsprüchen – sowie dessen rechtsstaatliche Terminologie.[188]
Dass es schließlich doch noch zum Inkrafttreten des Allgemeinen Gesetzbuches kam, rührte eher aus einer verwaltungstechnischen, praktischen Notwendigkeit heraus, als aus einem gewandelten politischen Glaubensbekenntnis. Die zweite Teilung Polens, mit der dem Königreich zusätzlich 55. 000 qkm Land zufielen, brachte das Problem mit sich, wie diese Gebiete zu regieren seien.[189] Da besann sich der König auf das Allgemeine Gesetzbuch zurück und ordnete die Revision[190] des Gesetzbuches mit der Maßgabe an, „alle das innere Staatsrecht und die Regierungsform betreffenden Sätze, welche nicht Gegenstand richterlicher Entscheidung sein könnten, auszuscheiden".[191] Schließlich trat das Allgemeine Gesetzbuch unter geändertem Titel am 1. Juni 1794 als Allgemeines

---

Anmaßung des Kammergerichts, die Verbindlichkeit königlicher Edikte für die Richter in Frage zu stellen. Der König verlangte, dass im Prozess des Predigers Schulz innerhalb von vier Wochen ein Urteil ergehen möge und fügte in einem Zusatz seine Entscheidung gleich hinzu: „Christlicher Prediger kan Schultz nicht seindt". Das Kammergericht hingegen kam zu dem Ergebnis, dass Schulz zwar kein protestantisch-lutherischer, wohl aber ein christlicher Prediger sei und somit im Amte verbleiben könne. Der König kassierte das Urteil. Anlässlich dieser Widersetzung des Kammergerichts gegen seine Weisung, griff der König nicht nur persönlich in den Gang des Verfahrens ein, sondern suspendierte zugleich das neue Gesetzbuch, da es die Machtsprüche des Königs als wirkungslos hinstellte.

[187] *Stölzel*, C.G. Svarez, S. 356.

[188] *Wieacker*, Privatrechtsgeschichte der Neuzeit, S. 331; *Finkenauer*, Vom AGB zum ALR, S. 95 ff; *Koselleck*, Preußen zwischen Reform und Revolution, S. 30 ff.

[189] Zum Einfluss der zweiten Teilung Polens auf die Verkündung des Allgemeinen Landrechts, siehe: *Janicka*, Das Allgemeine Landrecht und Polen, S. 437 ff.

[190] Der Revision fielen u.a. folgende Regelungen zum Opfer: das Verbot von Machtsprüchen des König; die Einschränkung der Gültigkeit vorläufiger Verfügungen; die Einschränkung des königlichen Rechts zur Gewährung von Privilegien; die Unverbindlichkeitserklärung von Gesetzen, die ohne Beteiligung der Gesetzeskommission ergehen; die Unverbindlichkeitserklärung von Gesetzen, welche die Bürgerfreiheit mehr als erforderlich einschränken; vgl. *Hattenhauer*, ALR im Widerstreit, S. 43; *Euler*, Geschichtliche Einleitung, S. 34 f.

[191] *Daniels*, System des Preußischen Civilrechts, § 6, S. 13; *Stölzel*, C. G. Svarez, S. 371 ff; *Euler*, Geschichtliche Einleitung, S. 33.

Landrecht für alle Preußischen Staaten in Kraft. Die vom König angeordnete Änderung des Titels bezweckte unter dem Vorzeichen der Eliminierung jeglicher aufklärerischer Elemente die Klarstellung, dass das Landrecht nicht ein Gesetzbuch für den gemeinen Mann, sondern als Adressatenkreis nur dem Juristenstand vorbehalten sei.[192]
Seinem Inhalte nach war das Gesetzgebungswerk jedoch kein Landrecht im traditionellen Sinne, wie bspw. das Landrecht für das Herzogtum Preußen von 1620, sondern vielmehr eine umfangreiche Landesordnung, die in über 19000 Paragraphen über das Privatrecht hinaus die ganze Welt des preußischen Staats und seiner Rechtsbereiche zu regeln versuchte.[193]
Nach § I des Einführungspatents des Allgemeinen Landrechts für die Preussischen Staaten sollte das neue Gesetzbuch an die Stelle des bisherigen gemeinen Rechts treten.
*„Das gegenwärtige allgemeine Landrecht soll an die Stelle der in Unsern Landen bisher aufgenommenen gewesenen Römischen, gemeinen Sachsen= und andrer fremden subsidiarischen Rechte und Gesetze treten; also, dass von dem oberbemerkten Zeitpunkte, dem 1 ten Junius1794 an, auf diese bisherigen subsidiarischen Gesetze und Rechte nicht mehr zurückgegangen, sondern in vorkommenden spätern Fällen nur nach den Vorschriften des gegenwärtigen Landrechts in allen Unsern unmittelbaren und mittelbaren Gerichtshöfen erkannt werden soll.“*[194]

Während Friedrich Wilhelm II. dem Allgemeinen Gesetzbuch noch argwöhnisch gegenüberstand, hatte sich seine Haltung gegenüber dem revidierten Allgemeinen Landrecht gewandelt. Nicht nur, dass er die Geltung des Allgemeinen Landrechts sogar über die polnischen Gebiete hinaus auf alle preußischen Staaten erweitert hatte, ordnete er durch die Kabinettsordre vom 22. August 1798 an, dass bei der Ausarbeitung der Provinzialgesetzbücher das neue Allgemeine Landrecht als Leitfaden dienen solle.
*„Die Provincial-Landrechte müssen mit dem Allgemeinen Landrecht ein Ganzes ausmachen. Letzteres dient überall zum Leitfaden, und die Provincial-Landrechte können nur Zusätze, Ausnahmen oder nähere Bestimmungen liefern.“*[195]

---

192 *Hattenhauer*, Einführung, S. 18 f; *Stölzel*, C G. Svarez, S. 395 ff.
193 *Ebel*, Geschichte der Gesetzgebung, S. 76 f; *Ebel/Thielmann*, Rechtsgeschichte, S. 257, Rn. 360.
194 Patent wegen Publication des neuen allgemeinen Landrechts für die Preussischen Staaten, abgedruckt bei *Hattenhauer/Benert*, Allgemeines Landrecht für die Preußischen Staaten von 1794, S. 48 ff.
195 Kabinettsordre vom 22. 8. 1798, vgl. *Hattenhauer*, ALR im Widerstreit, S. 44.

Die Aufwertung des Allgemeinen Landrechts von einem ursprünglich nur subsidiarischen Gesetzbuch zu einer allgemein verbindlichen Kodifikation, hatte die Provinzialrechte in die Subsidiarität verdrängt.[196]

[196] *Hattenhauer*, Das ALR im Widerstreit, S. 44; vgl. auch: *Koselleck*, Preußen zwischen

## D. Kapitel 2: Gesetzesbegriff und Richterbild im Allgemeinen Landrecht

### I. Die geistesgeschichtlichen Grundlagen

Das Leitbild des Gesetzgebers vom Gesetz wie vom Richter ist nicht unbeeinflusst von den jeweiligen gesellschaftspolitischen Gegebenheiten und Wertvorstellungen der Zeit.[197] Daher erscheint es angemessen, sich zunächst die geistesgeschichtlichen Grundlagen zu vergegenwärtigen, um Aussagen über den Gesetzesbegriff und das Richterbild im Preußischen Allgemeinen Landrecht treffen zu können.

Die Kodifikatoren des Allgemeinen Landrechts waren von zwei ganz unterschiedlichen Ideen beeinflusst, die die Diskussion über die Gesetzgebungskunst im Europa des 18. Jahrhunderts prägten, sich aber in Theorie und Praxis nur schwer miteinander vereinbaren ließen[198]; das Vorbild der älteren, systematischen Naturrechtsrichtung war die Mathematik, während das jüngere Naturrecht sich an der Philosophie orientierte.[199]

#### 1. Das ältere, systematische Naturrecht

Mit der Entdeckung der Naturgesetzlichkeit des Weltbildes durch Galilei und der Erschütterung der metaphysisch begründeten Weltanschauung des Mittelalters vollzog sich in der abendländischen Wissenschaft des 17. Jahrhunderts ein grundlegender Wandel.[200] In den Mittelpunkt der Forschung rückte eine anthropologische, naturwissenschaftliche Betrachtungsweise. Mathematiker, Physiker und Philosophen versuchten die Welt als ein mathematisch-mechanisches System von Naturgesetzmäßigkeiten darzustellen, welches auf alle Wissenschaften übertragbar schien.[201]

Insbesondere die Rechtswissenschaft, welche durch die Autorität des römischen Rechts an vorgegebene Texte gebunden und weitestgehend in der Überlieferung erstarrt war, zeigte sich für die naturwissenschaftliche Denkmethode empfänglich.[202]

---

Reform und Revolution, S. 44 ff (50).

[197] vgl. *Thieme*, Die Zeit des späten Naturrechts, S. 205 ff; *Hattenhauer*, Preußens Richter und das Gesetz, S. 38, Fn. 4 und die dort angegebenen Zitierungen.

[198] *Eckert*, Gesetzesbegriff und Rechtsanwendung im späten Naturrecht, S. 572.

[199] so die Gegenüberstellung *Thiemes*, in: Die Zeit des späten Naturrechts, S. 221.

[200] *Conrad*, Deutsche Rechtsgeschichte, S. 374; *Caroni*, in: HRG, Art. „Kodifikation", Sp. 913; *Voppel*, Der Einfluss des Naturrechts auf den Usus modernus, S. 22.

[201] *Conrad*, Deutsche Rechtsgeschichte, S. 374; *Dilcher*, Gesetzgebungswissenschaft und Naturrecht, in: JZ 69, S. 2.

[202] *Dilcher*, Gesetzgebungswissenschaft und Naturrecht, in: JZ 69, S. 2; *Conrad*, Deutsche Rechtsgeschichte, S. 375.

In dem Glauben, menschliches Verhalten auf Naturgesetze zurückführen zu können, übertrug man sie auch auf die Rechtswissenschaft und erhob sie zu einem sog. juristischen Naturrecht.
Das Naturrecht ist jedoch nicht erst von der neuzeitlichen Rechtswissenschaft entdeckt worden. Der Naturrechtsgedanke stammt bereits aus der Antike. Es waren die griechischen Philosophen wie Platon und Aristoteles, die aus dem ursprünglich nur für die polis bestimmtem Naturrechtsgedanken die Idee eines allgemeinen, universalen Rechts entwickelten.[203] An diese antiken Grundlagen anknüpfend, hat das Frühchristentum die Naturrechtslehre weiterentwickelt. Ihre klassische Ausprägung erhielt das christliche Naturrecht in der mittelalterlichen Scholastik unter Aurelius Augustinus und Thomas v. Aquin.[204] Sie begründeten das Naturrecht metaphysisch. Das Naturrecht stellte sich danach als eine Form des ius divinum dar, dem das menschliche Recht trotz der Anerkenntnis der Vernunft untergeordnet war.[205]

Hatte die Antike natürliches und positives Recht nebeneinander gestellt, kam es im christlichen Naturrecht zu einer Dreiteilung in gesetztes Recht, menschliches Recht und göttliches Recht.[206] Die Renaissance der naturrechtlichen Sozialphilosophie im 17. Jahrhundert führte allmählich zu einer Säkularisation des Naturrechts und somit zur Begründung eines modernen, neuzeitlichen Naturrechtsbegriffs.[207] Oberste Prämisse dieses modernen, von der Moraltheologie losgelösten, neuzeitlichen Naturrechts bildete die Vernunft, die zum Maßstab jeglichen menschlichen Handelns wurde und die Grundlagen für die Neuordnung der staatlichen Gemeinschaft schuf. [208]
Die Naturrechtssystematiker des 17. Jahrhunderts, wie Hugo Grotius, Samuel Pufendorf und Gottfried Wilhelm Leibniz, die von Hause aus eigentlich Mathematiker und Philosophen waren, entwickelten mit Hilfe der mathematische Methode der demonstratio more geometrico[209] vernunftrechtliche Systeme, die

[203] *Conrad*, Deutsche Rechtsgeschichte, S. 375; *Mitteis/Lieberich*, Deutsches Privatrecht, S. 15; *Ebel/Thielmann*, Rechtsgeschichte, S. 252, Rn. 349.
[204] vgl. *Specht*, Historisches Wörterbuch der Philosophie, Art. „Naturrecht", Sp. 571-574.
[205] *Conrad*, Deutsche Rechtsgeschichte, S. 375; *Mitteis*, Deutsches Privatrecht, S. 15 f; *Wieacker*, Privatrechtsgeschichte der Neuzeit, S. 265.
[206] *Ebel/Thielmann*, Rechtsgeschichte, S. 252, Rn. 351.
[207] *Thieme*, Naturrecht und europäische Privatrechtsgeschichte, S. 16; *Wieacker*, Privatrechtsgeschichte der Neuzeit, S. 249; *Krause*, Naturrecht und Kodifikation, S. 7; *Dilcher*, Gesetzgebungswissenschaft und Naturrecht, in: JZ 69, S. 1.
[208] *Zippelius*, in: HRG, Art. „Naturrecht", Sp. 936 f; *Hügli*, Historisches Wörterbuch der Philosophie, Art. „Naturrecht", Sp. 582; *Bühler*, Die Naturrechtslehre und Christian Thomasius, S. 1- 3 der Einleitung; *Dann*, Naturrecht-Spätaufklärung-Revolution, S. 1; *Schröd*er, Recht als Wissenschaft, S. 100/101 f; *Wieacker*, Privatrechtsgeschichte der Neuzeit, S. 249 ff; *Scattola*, Das Naturrecht vor dem Naturrecht, S. 178 ff.
[209] vgl. dazu: *Röd*, Geometrischer Geist und Naturrecht, Kapitel I, S. 10 f.

eine vollständige Sammlung und systematische Anordnung des gesamten geltenden Rechts im Wege deduktiv-logischer Schlussfolgerungen beinhalteten.[210] Mit letzter Konsequenz ist diese Methode in den Lehren Christian Wolffs[211] durchgeführt.[212]

Die von der modernen Naturrechtslehre ausgehenden Impulse beflügelten auch die Diskussion um eine Kodifikation, die im 18. Jahrhundert unter dem Einfluss der Aufklärung wieder auflebte. Gegenüber der kaum noch überschaubaren gemeinrechtlichen Kontroversenliteratur des usus modernus pandectarum, bot das Naturrecht die Möglichkeit eines widerspruchsfrei, rational und systematisch zu kodifizierenden Rechts an.[213]

---

[210] *Thieme*, Die Zeit des späten Naturrechts, S. 222 ff; *Dilcher*, Gesetzgebungswissenschaft und Naturrecht, in: JZ 69, S. 2; *Röd*, Geometrischer Geist und Naturrecht, Kapitel IV, S. 100; *Busch*, Die Entstehung der AGO für die Preussischen Staaten, S. 15.

[211] Christian Wolff (1679-1754) studierte 1694 in Jena Philosophie, Mathematik und Theologie. 1703 habilitierte er sich in Leipzig. Wolff verfolgte mit großem Interesse die Lehren Pufendorfs zum Naturrecht. Aufgrund der Anschuldigungen der theologischen Fakultät zu Halle, Irrlehren zu verbreiten, wurde er 1723 von Friedrich Wilhelm I. „bei Strafe Stranges“ des Landes verwiesen. Erst nach der Thronbesteigung Friedrich II. kehrte Wolff auf dessen Wunsch in Ehren nach Halle zurück. Er übernahm einen Lehrstuhl für Natur-, Völkerrecht und Mathematik. Wolff betrachtete das Recht nicht als eine selbständige Wissenschaft, sondern verband sie mit anderen wissenschaftlichen Disziplinen, wobei er insbesondere die mathematische Denkmethode auf das Recht übertrug. 1749 schloss er in Halle seine „Institutiones iuris naturae et gentium“ ab, eine Zusammenfassung seiner in acht Bänden des „Ius naturae“ entwickelten Rechtslehre. Wolff entwickelte eine allgemeine Pflichtenlehre von guten und schlechten Handlungen. Seine Naturrechtssätze, die letztlich eine Normierung von Menschen- und Bürgerpflichten beinhalten, führten jedoch wieder zu einer Aufhebung der von Thomasius entwickelten Trennung von Recht und Moral. Wolffs Methode der Ableitung von Naturrechtssätzen ist gekennzeichnet durch die strenge Deduktion aus obersten Prämissen. Mit seinem logisch-geschlossenen, demonstrativen Rechtssystem gilt Wolff als der geistige Vater der Begriffsjurisprudenz des 19. Jahrhunderts.
vgl. *Stolleis*, Juristen, S. 675 f; *Kleinheyer*, Deutsche und europäische Juristen, S. 446 ff; *Buchholz*, in: HRG, Art. „Christian Wolff“, Sp. 1512- 1516; *Wieacker*, Privatrechtsgeschichte der Neuzeit, S. 318 ff; Schneiders, Christian Wolff 1679-1754, Interpretationen zu seiner Philosophie und deren Wirkung.

[212] „Institutiones iuris naturae et gentium“, vgl. *Thieme*, Die Zeit des späten Naturrechts, S. 224 ff; *Link*, Das Gesetz im späten Naturrecht, S. 158 f; *Bachmann*, Zur Wolffschen Naturrechtslehre, S. 161 ff; vgl. auch: *Hartung*, Die Naturrechtsdebatte, S. 126 ff/138 ff; *Röd*, Geometrischer Geist und Naturrecht, Kapitel V, S. 117 ff; *Stintzing-Landsberg*, Geschichte der deutschen Rechtswissenschaft, S. 198.

[213] *Hübner*, Kodifikation und Entscheidungsfreiheit, S. 25; *Eckert*, Gesetzesbegriff und Rechtsanwendung im späten Naturrecht, S. 574.

Zu Beginn des 18. Jahrhunderts setzte daher eine intensive wissenschaftliche Beschäftigung mit den Grundsatzfragen der Gesetzgebung ein, die sich über die Landesgrenzen hinaus zu einer europäischen Gesetzgebungswissenschaft entwickelte.[214]

Als oberster Grundsatz galt, dass Gesetze systematisch, knapp und klar gefasst sein müssen.[215] Sie sollten allgemeine Regeln und Prinzipien aufstellen und nicht wie im Corpus Iuris Fälle entscheiden. Diesen Vorstellungen entsprechend, dachte man sich den Code als ein Gesetzgebungswerk von Dauer, der allgemeingültig und lückenlos alle erdenklichen Lebenssachverhalte abschließend regeln sollte.[216] Darüber hinaus wurde gefordert, die Gesetze an Stelle von Lateini in der jeweiligen Volkssprache abzufassen, um sie dem mündigen Bürger zugänglich zu machen.[217] Das entworfene Leitbild der Kodifikation, das nicht nur die Aufzeichnung bestehenden Rechts, sondern eine erschöpfende Neuordnung und Systematisierung des gesamten Rechtsstoffes vorsah, fand in den von den Naturrechtssystematikern entworfenen Gesetzes-modellen eine äußere Form.[218] Insbesondere die von Christian Wolff entwickelten logisch-geschlossenen, demonstrativen Rechtssysteme haben maßgeblichen Einfluss auf die Ausarbeitung und den Aufbau der modernen Kodifikationen genommen.[219] Aus diesem Systempositivismus resultierte ein dem Naturrecht eigener Gesetzesbegriff, der infolge der theoretischen Vollständigkeit der Rechtssysteme die absolute und ausschließliche Geltung des geschriebenen Gesetzes proklamierte. Dem sog. Gesetzesabsolutismus fiel folglich auch das Gewohnheits- und Präjudizienrecht zum Opfer. Charakteristisch für das systematische Naturrecht

---

[214] *Dilcher*, Gesetzgebungswissenschaft, in: JZ 69, S. 1; *Benthaus*, Eine „Sudeley" ?, S 19.

[215] *Coing*, Europäisches Privatrecht, Band I, S. 78; ders., Europäisches Privatrecht, Band II, S. 9; *Benthaus*, Eine „Sudeley" ?, S. 29 ff; *Dilcher*, Gesetzgebungswissenschaft und Naturrecht, in: JZ 69, S. 3.

[216] *Coing*, Europäisches Privatrecht, Band II, S. 8; *Caroni*, in: HRG, Art. „Kodifikation", Sp. 914; vgl. auch: *Bentham*, „Legislator of the world", S. 189 ff; ders., in: „Of Laws in general", S. 1-18; *Fenderlin*, Gedanken über die Verabfassung eines allgemeinen Gesetzbuches, S. 7 ff; *Claproth*, Ohnmasgeblicher Entwurf, S. 451 ff.

[217] *Dilcher*, Gesetzgebungswissenschaft und Naturrecht, in: JZ 69, S. 3; *Coing*, Europäisches Privatrecht, Band I, S. 77 f; *Caroni*, in: HRG, Art. „Kodifikation", Sp. 914 f.
John Locke betrachtete den Code als die „standig rule to live by" oder wie Jeremy Bentham formulierte: „Every man his own lawyer".

[218] Das Hauptinteresse der Naturrechtssystematiker galt eigentlich dem Staats- und Völkerrecht. Ihre Bedeutung für die Idee der Kodifikation und der Geschichte der Privatrechtsgesetzgebung liegt jedoch darin, dass sie den Systematisierungsgedanken aus der Naturwissenschaft auf das Recht übertragen haben. *Busch*, Die Entstehung der AGO für die Preussischen Staaten, S. 15.

[219] *Eckert*, Gesetzesbegriff und Rechtsanwendung im späten Naturrecht, S. 572; *Wieacker*, Aufstieg, Blüte und Krisis der Kodifikationsidee, S. 41 ff; *Stölzel*, Brandenburg-Preußens Rechtsverwaltung, Bd. 2, S. 141.

war somit die strenge Bindung des Richters an das Gesetz.[220] Da jeder Rechtssatz auf der Grundlage der Vernunft stand und das Naturrecht vollkommen schien, galten die Gesetze als nicht interpretationsbedürftig. Dieser Ideologie entsprechend, beinhaltete das Gesetzesverständnis des systematischen Naturrechts ein Verbot der Auslegung und Kommentierung von Gesetzen[221] sowie eine Vorlagepflicht der Richter an eine übergeordnete Stelle[222] für gesetzlich nicht geregelte Fälle.[223] Das systematische Naturrecht begriff die Aufgabe des Richters als die eines bloßen Entscheidungs- und Subsumtionsautomaten, dessen Freiheit der Auslegung fast gänzlich beschnitten wurde.[224]
Ein großer Verfechter dieses in der systematischen Phase des Naturrechts vorherrschenden strengen Richterbildes war Cesare Beccaria[225]. In seinem Buch „Von Verbrechen und Strafe"[226] sprach er dem Richter jegliches Auslegungsrecht ab und verwies ihn auf das Verfahren wörtlicher Anwendung des Gesetzes im Wege des Vernunftschlusses.[227]
Anderenfalls würde nach Meinung Beccaria's: *„der Geist und die Absicht eines Gesetzes der Erfolg einer guten oder schlechten Logik des Richters sein. Dessen gesunde oder verdorbene Säfte, ein aufwallender Sturm seiner Leidenschaften, die Schwäche und Dürftigkeit des Angeklagten, des Richters Verbindungen mit dem beleidigten Teile und die übrigen gering scheinenden Ursachen, welche das veränderte Gemüt des Menschen wie Wellen herumtreiben, würden auf dieses wichtige Geschäft des Richters widrige Einflüsse verbreiten."* [228]

Die Befugnis, Gesetze auszulegen, sollte allein dem Staatssouverän obliegen, welcher die potestas legislatoria als das alleinige Recht, Gesetze zu geben,

---

220 *Hübner*, Kodifikation und Entscheidungsfreiheit, S. 25; *Eckert*, Gesetzesbegriff und Rechtsanwendung im späten Naturrecht, S. 574; *Ogorek*, Richterkönig oder Subsumtionsautomat, S. 48 f.

221 *Coing*, Europäisches Privatrecht, Band II, S. 8; *Wieacker*, Privatrechsgeschichte der Neuzeit, S. 332; *Thieme*, Die Zeit des späten Naturrechts, S. 228 f, 240 f; *Hübner*, Kodifikation und Entscheidungsfreiheit, S. 23 f.

222 *Eckert*, Gesetzesbegriff und Rechtsanwendung im späten Naturrecht, S. 574.

223 Vertreter dieser Gesetzesideologie waren Montesquieu und Bentham. vgl. *Eckert*, Gesetzesbegriff und Rechtsanwendung im späten Naturrecht, S. 574.

224 *Thieme*, Die Zeit des späten Naturrechts, S.228.

225 zur Person: *Stolleis*, Juristen, S. 72 f; *Esselborn*, Über Verbrechen und Strafen von Cesare Beccaria, S. 1-59; über Beccarias Leben und Werk: vgl. *Deimling*, Cesare Beccaria: Werk und Wirkung.

226 *Hommel*, Des Herrn Marquis von Beccaria unsterbliches Werk von Verbrechen und Strafen, S. 42 ff.

227 *Hattenauer*, Preußens Richter und das Gesetz, S. 41; *Ogorek*, Richterkönig oder Subsumtionsautomat?, S. 39 ff.

228 *Hommel*, Des Herrn Marquis von Beccaria unsterbliches Werk von Verbrechen und Strafen, S. 42.

wieder aufzuheben und zu interpretieren, für sich in Anspruch nahm.[229] Das Auslegungs- und Kommentierungsverbot der Richter resultierte zum einen aus dem aufgeklärten Herrschaftsverständnis des Fürsten, zum anderen aber auch aus dem Unmut der Zeit gegen den Richterstand, dem man die hauptsächliche Schuld für die Mängel in der Rechtspflege zuwies.[230] Diese Sichtweise spiegelt auch folgender Kommentar Beccaria's wieder: „Unerträglicher als ein einzelner absoluter Herrscher sei eine Menge von kleineren Tyrannen und Unterobrigkeiten, die den Bürger zum Sklaven des Richters machten." [231]

## 2. Das jüngere, philosophische Naturrecht

Die Überzeugung, mit Hilfe der Vernunft ein für alle Menschen allgemeingültiges und absolutes Recht schaffen zu können, erwies sich jedoch als Utopie. In der zweiten Hälfte des 18. Jahrhunderts zeichnete sich daher ein Umdenken in der Naturrechtslehre ab. An die Stelle einer rein rationalistischen Verfahrens– und Sichtweise trat nun die Anwendung naturrechtlichen Denkens auf den empirischen Einzelfall.[232] Die Philosophie war an die Stelle der Mathematik getreten. Die Naturrechtslehre vollzog sozusagen einen Wandel von der „Deduktion zur Empirie".[233] Entscheidenden Einfluss auf diesen Wandel hatte das Werk Montesquieus „Vom Geist der Gesetze", in dem er die Absage an die Idee eines zu allen Zeiten und bei allen Völkern gleichen einheitlichen Naturrechts, das sich unmittelbar aus der Natur des Menschen ableiten lasse, verkündete.[234]

---

[229] *Eckert*, Gesetzesbegriff und Rechtsanwendung im späten Naturrecht, S. 572; *Mohnhaupt*, Potestas legislatoria und Gesetzesbegriff im Ancien Regime, S. 220; *Link*, Das Gesetz im späten Naturrecht, S. 157; *Ebel*, Geschichte der Gesetzgebung in Deutschland, S. 78.

[230] vgl. *Hattenhauer*, Preußens Richter und das Gesetz, S. 40 ff.

[231] abgedruckt in: *Hattenhauer*, Preußens Richter und das Gesetz, S. 41; *Hommel*, Des Herrn Marquis von Beccaria unsterbliches Werk von Verbrechen und Strafen, S. 42.

[232] *Eckert*, Gesetzesbegriff und Rechtsanwendung im späten Naturrecht, S. 574; *Thieme*, Die Zeit des späten Naturrechts, S. 221 f; *Dilcher*, Gesetzgebungswissenschaft und Naturrecht, in: JZ 69, S. 3.

[233] *Thieme*, Die Zeit des späten Naturrechts, S. 231. Anhänger dieses historisch-philosophischen Naturrechtsverständnisses waren Johann Friedrich Reitemeier, Johann Georg Heinrich Feder, Anton Friedrich Justus Thibaut, vgl. *Eckert*, Gesetzesbegriff und Rechtsanwendung im späten Naturrecht, S. 574; siehe auch: *Reitemeier*, Das Gemeine Recht in Deutschland, Vorrede, S. 1 ff; *v. Kirchmann*, Die Wertlosigkeit der Jurisprudenz als Wissenschaft, S. 25.

[234] *Thieme*, Die Zeit des späten Naturrechts, S. 231; *Eckert*, Gesetzesbegriff und Rechtsanwendung im späten Naturrecht, S. 575; *Dilcher*, Naturrecht und Gesetzgebungswissenschaft, in: JZ 69, S. 3.

*„Das Gesetz ganz allgemein, ist die menschliche Vernunft, sofern sie alle Völker der Erde beherrscht; und die Staats- und Zivilgesetze jedes Volkes sollen nur die einzelnen Anwendungsfälle dieser menschlichen Vernunft sein.*
*Sie müssen dem Volk, für das sie geschaffen sind, so genau angepasst sein, dass es ein sehr großer Zufall wäre, wenn sie auch einem anderen Volke angemessen wären.*
*Sie müssen der Natur und dem Prinzip der bestehenden oder erst zu errichtenden Regierungsform entsprechen, mögen sie nun die Regierung prägen, wie die Strafgesetze, oder aufrechterhalten, wie die bürgerlichen Gesetze.*
*Sie müssen weiter der Natur des Landes entsprechen, seinem kalten, heißen oder gemäßigten Klima, der Beschaffenheit des Bodens, seiner Lage und Größe, der Lebensweise der Völker, ob Ackerbauer, Jäger oder Hirten; sie müssen dem Grad von Freiheit entsprechen, der sich mit der Verfassung verträgt; der Religion der Bewohner, ihren Neigungen, ihrem Reichtum, ihrer Zahl, ihrem Handel, ihren Sitten und Gebräuchen. Schließlich stehen sie in Beziehung zueinander: zu ihrem Entstehungsgrund, dem Willen des Gesetzgebers und der Ordnung der Dinge, für die sie bestimmt sind. Von all diesen Gesichtspunkten aus muß man sie betrachten.*
*Dies soll die Aufgabe des vorliegenden Werkes sein. Alle diese Beziehungen will ich untersuchen: sie alle zusammen bilden den Geist der Gesetze."* [235]

Montesquieu war also der Ansicht, dass die Gesetze dem Volk, für das sie gelten, so eigentümlich seien, dass sie nur durch einen großen Zufall auch einem anderen Volk gemäß sein können. Er betrachtete das Recht nicht nur als positives Recht, sondern maß dieses an einem außerhalb des Rechts liegenden Maßstab. Montesquieu hatte somit einen theoretischen Ausgangspunkt bzgl. der Ausarbeitung und Beschaffenheit eines Codes geschaffen, der an die natürlichen volkstümlichen Gegebenheiten anknüpfen sollte.[236] Erst die „Trivialisierung“ des Naturrechts aus einem idealen Menschenrecht zu einem historischen Naturrecht realer staatlicher Gesellschaften schuf die geistige Situation, die die Verwirklichung der Kodifikationsidee möglich erscheinen ließ, und den Weg für die Entstehung der ersten naturrechtlichen Kodifikationen in Preußen, Frankreich und Österreich ebnete.[237]
Die Abkehr von einem mathematisch-systematischen hin zu einem empirisch-historischen Naturrechtsdenken wirkte sich auch auf das Verständnis der Gesetzgebung und des Richterleitbildes aus. Die historische Richtung der Naturrechtslehre dachte sich die Gesetze als kultur- und zeitbedingt und daher einer ständigen Modifikation, Durchsicht, Überarbeitung und Ergänzung durch

---

[235] Des Herrn von Montesquieu Werk vom Geist der Gesetze, Bd. 1, S. 16.
[236] *Dilcher*, Gesetzgebungswissenschaft und Naturrecht, in: JZ 69, S. 3.
[237] *Wieacker*, Privatrechtsgeschichte der Neuzeit, S. 323; *Link*, Das Gesetz im späten Naturrecht, S. 156/161; *Dilcher*, Gesetzgebungswissenschaft, in: JZ 69, S. 1, 3.

den Gesetzgeber unterworfen.[238] Dem Richterbild des späten Naturrechts entsprach auch nicht mehr die Vorstellung eines bloßen Entscheidungsautomaten und Vollzugsorgans. Das ausgehende 18. Jahrhundert begriff die Tätigkeit des Richters mehr als eine schöpferische Tätigkeit.[239] Überall, wo das positive Recht nicht ausreichte, sollte sich der Richter an das Naturrecht halten und mit Hilfe der Vernunft und Billigkeit argumentieren und auslegen.[240]

## II. Die Justizpolitik Friedrichs II.

Trotz der sich in ganz Europa ausbreitenden Diskussion um die Gesetzgebungskunst und der Herausbildung naturrechtlicher Denkmodelle kann nach Hattenhauer von einer für alle europäischen Gesetzgeber einheitlichen Gesetzestheorie nicht die Rede sein: „jedenfalls sollte man sich davor hüten, für alle europäischen Gesetzgeber eine einheitliche Gesetzestheorie anzunehmen, es muss für Österreich wie für Bayern, Frankreich und Preußen im Einzelfall nach der theoretischen Grundlage der Gesetzgebung gefragt werden".[241] Aus diesem Grunde empfiehlt es sich, die Justizpolitik Friedrich II. näher zu beleuchten, da dieser mit der Kabinettsordre von 1780 nicht nur den Gesetzgebungsauftrag zur Ausarbeitung des Allgemeinen Landrechts gegeben, sondern auch eigene Überlegungen beigesteuert hat.
Möglicherweise durch Montesquieus 1748 erschienenes Werk „De l'esprit des lois" inspiriert, schrieb Friedrich II. in seiner Dissertation „Sur les raisons établir ou d'abroger les lois " folgende Gedanken über die Notwendigkeit von Gesetzen nieder:
„*Ein vollkommenes Gesetzbuch wäre das Meisterstück des menschlichen Verstandes im Bereiche der Regierungkunst. Man müsste darin Einheit des Planes und so genaue angemessene Bestimmungen finden, dass ein nach ihnen regierter Staat einem Uhrwerk gliche, in dem alle Triebfedern nur einen Zweck haben. Man fände darin ferner tiefe Kenntnis des menschlichen Herzens und des Nationalcharakters. Die Strafen wären mäßig, so dass sie die guten Sitten bewahrten, ohne zu streng oder zu milde zu sein. Die einzelnen Bestimmungen müssten so klar und genau sein, dass jeder Streit um die Auslegung ausgeschlossen wäre. Sie würden in einer erlesenen Auswahl des Besten*

---

[238] *Eckert*, Gesetzesbegriff und Rechtsanwendung im späten Naturrecht, S. 575 f; *Thieme*, Die Zeit des späten Naturrechts, S. 57 ff; vgl. auch: *Reitemeyer*, Encyklopädie und Geschichte der Rechte in Deutschland, S. LVI.
[239] *Thieme*, Die Zeit des späten Naturrechts, S. 238 ff; *Hübner*, Kodifikation und Entscheidungsfreiheit, S. 23 f; *Eckert*, Gesetzesbegriff und Rechtsanwendung im späten Naturrecht, S. 575; vgl. auch: *Filangieri*, System der Gesetzgebung, 1. Bd., S. 144.
[240] *Thieme*, Die Zeit des späten Naturrechts, S. 239 f; *Eckert*, Gesetzesbegriff und Rechtsanwendung im späten Naturrecht, S. 575.
[241] *Hattenhauer*, Preußens Richter und das Gesetz, S. 38.

*bestehen, was die bürgerlichen Gesetze ausgesprochen haben, und in einfacher und sinnreicher Weise den heimischen Gebräuchen angepasst sein. Alles wäre vorausgesehen, alles in Einklang gebracht, nichts würde zu Unzuträglichkeiten führen. Aber das Vollkommene liegt außerhalb der menschlichen Spähre."*[242]

Diese Äußerungen Friedrichs II. zeigen, dass der König sich ebenfalls mit den Idealen der Gesetzgebung beschäftigte, deren Umsetzung in die Praxis jedoch für unrealistisch befand. Während seiner Regierungszeit wandte er sein Hauptaugenmerk daher nicht auf die Gesetzgebungskunst, sondern vielmehr auf die „praktische Regierungskunst".[243]

In seiner Schrift „Über Regierungsformen und Herrscherpflichten"[244] machte Friedrich II. darüber eingehende Ausführungen.[245] Dem Aufklärungsideal verbunden, betrachtete er seine Position als Monarch durch die naturrechtliche Theorie vom Staatsvertrag als legitimiert und bezeichnete sich als „ersten Diener des Staates", mit den Pflichten eines ersten Richters, ersten Feldherrn, ersten Finanzbeamten und ersten Ministers der „Gemeinschaft", deren „Mitbürger" er sei.[246] Sein Interesse an der Justiz, welches vielfach überbewertet wird[247], beschränkte sich in seinen staatstheoretischen Reflexionen hauptsächlich auf die Verbesserung der Justizpflege und die Moralisierung der Richter. Als Ausdruck der Mäßigung seiner absolutistischen Macht begriff er sein Amt als oberster Richter nicht in dem Sinne, Recht zu sprechen, sondern mehr als „Hüter" des Rechts.[248]

So schrieb Friedrich II. in seinem politischen Testament von 1752:

*„Ich habe mich entschlossen, niemals in den Ablauf der Gerichtsverfahren einzugreifen: in den Gerichten sollen die Gesetzes sprechen und der Herrscher hat zu schweigen; aber von Zeit zu Zeit hat mich dieses Schweigen doch nicht gehindert, die Augen offen zu halten und über die Führung der Richter zu wachen, und es ist eingeführt worden, dass zwei Räte des Obersten Gerichts alle*

---

[242] Die Werke Friedrich des Großen, 8. Band, Philosophische Schriften, S. 32.

[243] *Hattenhauer*, Preußens Richter und das Gesetz, S. 39.

[244] Die Werke Friedrich des Großen, 7. Band, Antimachiavell und Testamente, S. 225 ff

[245] *Birtsch*, Reformabsolutismus und Gesetzesstaat, S. 49; *Ogris*, Friedrich der Große und das Recht, S. 53.

[246] *Birtsch*, Reformabsolutismus und Gesetzesstaat, S. 49; *Krusch*, Die Gedanken der Aufklärung, S. 17; *Ogris*, Friedrich der Große und das Recht, S. 55 ff; vgl. auch: Friedrich der Große, Versuch über Beherrschungsformen und Regentenpflichten. S. 7.

[247] Gegenüber der Justiz hat Friedrich die Verwaltung und das Herr vorgezogen. *Hattenhauer*, Preußens Richter und das Gesetz, S. 38; *Birtsch*, Reformabsolutismus und Gesetzesstaat, S. 50.

[248] *Busch*, Die Entstehung der AGO für die Preussischen Staaten, S. 26; *Birtsch*, Reformabsolutismus und Gesetzesstaat, S. 52; *Ritter*, Friedrich der Große, S. 222; *Kern*, Der gesetzliche Richter, S. 66; vgl. auch: Friedrich der Große, Antimachiavell, in: Die Werke Friedrich des Großen, 7. Band, S. 1-114 (6).

*drei Jahre eine Tour durch die Provinzen machen, um die Haltung der Richter zu prüfen und sie anzuzeigen, wenn sich unter ihnen Schuldige befinden. Man darf kein Erbarmen mit den Pflichtvergessenen haben. Die Stimme der Witwen und Waisen fordert Vergeltung, und es ist Sache des Fürsten, die Richter zu ihrer Pflicht zurückzuführen durch Beispiele von Strenge gegen die, welche Missbrauch mit seiner Autorität getrieben und das öffentliche Vertrauen unter dem Schein des Rechts und der Rechtsprechung getäuscht haben. Es sind nur solche Fälle von Pflichtvergessenheit, gegen die ich mich nicht enthalten kann, zu extremer Härte zu raten; der Grund dafür ist, dass der Herrscher in gewisser Weise zum Komplizen des Verbrechens wird, wenn er es nicht bestraft. "* [249]

Die Justizpolitik Friedrichs II. war ersichtlich geprägt von der Annahme, dass alles Übel in der Justiz auf Mängel in der Rechtspflege und deren Personal zurückzuführen sei.[250] Friedrich II. konzentrierte seine Reformtätigkeit daher auf die Disziplinierung der Justiz.[251] Anstelle von Gesetzen hielt er eine Verbesserung des Justizwesens nur durch eine regelmäßige und strenge Visitation der Gerichte und Richter für erreichbar.[252] Hinsichtlich der Ausarbeitung eines Gesetzbuches äußerte sich Friedrich der Große eher zurückhaltend:
*„Die Gesetze sind in diesem Land weise genug gemacht. Ich glaube nicht, dass man nötig hat, daran etwas zu ändern; aber man muß alle drei Jahre eine Visitation der Gerichtshöfe in den Provinzen durchführen, um Aufsichtsbeamte zu haben, die sich über die Führung der Richter und Advokaten informieren, damit man diese bestrafen kann, wenn man sie bei Fehlern ertappt. Da jedoch die Parteien und die Advokaten die besten Gesetze zu umgehen suchen, ist es notwendig, dass man alle zwanzig Jahre überprüft, durch welche Raffinessen sie die Prozesse verschleppen, und wenn dies geschieht, ihnen einen Riegel vorzuschieben, damit die Prozesse nicht in die Länge gezogen werden, worunter die Parteien schwer zu leiden haben. "*[253]

Ein weiterer Beleg dafür, dass Friedrich II. mit den im Lande bestehenden Gesetzen im Grunde zufrieden war und die Ausarbeitung eines Gesetzbuches zunächst im Hintergrund stand, sind seine die Justizreform einleitenden Kabinettsordres vom 14. April und 27. Juli 1780 deren Hauptanliegen die Reform des Gerichts- und Prozesswesens bildete.[254] Die Reform des Gerichts-

---

[249] *Dietrich*, Die politischen Testamente der Hohenzollern, S. 256 ff.

[250] *Ogris*, Friedrich der Große und das Recht, S. 80.

[251] *Hattenhauer*, Preußens Richter und das Gesetz, S. 39 ff; *Birtsch*, Reformabsolutismus und Gesetzesstaat, S. 48; *Ogris*, Friedrich der Große und das Recht, S. 82.

[252] *Hattenhauer*, ALR im Widerstreit, S. 31; *Birtsch*, Reformabsolutismus und Gesetzesstaat, S. 48; *Krusch*, Die Gedanken der Aufklärung, S. 30 f.

[253] *Dietrich*, Die politischen Testamente der Hohenzollern, S. 707.

[254] *Birtsch*, Reformabsolutismus und Gesetzestaat, S. 57; *Hattenhauer*, Preußens Richter und

verfahrens beinhaltete die Abschaffung der Advokatur und deren Umwandlung in eine Beamtenschaft von Assistenzräten sowie die Errichtung einer Gesetzkommission, der allein die Auslegung der Gesetze obliegen sollte, um die Durchsetzung des königlichen Willens zu gewährleisten und die gefürchtete richterliche Willkür zu beenden. Eine Kodifikation des materiellen Rechts schien Friedrich II. nur im Hinblick auf eine Gesetzessammlung und Rechtsbereinigung sinnvoll, und sollte daher auch der Ausarbeitung einer allgemeinen Gerichtsordnung zeitlich nachfolgen.[255]
Im Übrigen ist es wohl auch eher die Justizkatastrophe des Müller-Arnold-Prozesses gewesen, die Friedrich II. überhaupt dazu bewegte, den Auftrag zur Ausarbeitung eines Gesetzbuches zu erteilen, als der Geist der Aufklärung selbst.[256]

## III. Die Vorgaben der Einleitung des Allgemeinen Landrechts

Die Kodifikatoren des Allgemeinen Landrechts hatten die schwere Aufgabe, die zum Gesetzesbegriff und Richterbild vertretenen naturrechtlichen Theorien praktisch miteinander in Einklang zu bringen sowie des Königs Ideale zu berücksichtigen. Das Ergebnis ihrer Arbeit findet sich in der Einleitung zum Allgemeinen Landrecht. Für die Untersuchung des Gesetzesbegriffs und Richterbildes des Allgemeinen Landrechts sind insbesondere die Bestimmungen über die Rechtsquellen, §§ 1-6 Einl. ALR, die Bestimmungen über Abfassung, Publikation und Aufhebung der Gesetze, §§ 7-3, 59-62 Einl. ALR, sowie die Bestimmungen über die Auslegung von Gesetzen, §§ 46-53 Einl. ALR, relevant.

### 1. §§ 1-6 Einl. ALR

In den §§ 1-6 der Einleitung ist der Geltungsbereich des Allgemeinen Landrechts geregelt. Nach § 1 Einl. stellt das Allgemeine Landrecht die einzig verbindliche Rechtsquelle für die Herleitung von Rechten und Verbindlichkeiten der Einwohner des Staates dar, soweit nicht in besonderen Gesetzen abweichende Regelungen getroffen sind. Die „besonderen Gesetze" gehen in diesem Fall dem Allgemeinen Landrecht vor, welches insoweit nur nachrangig gilt. Mit dieser Subsidiaritätsregelung des Allgemeinen Landrechts gegenüber den partikularen Rechten haben sich die Kodifikatoren für die ständische

---

das Gesetz, S. 40.

[255] *Hattenhauer*, Preußens Richter und das Gesetz, S. 42 ff; *Birtsch*, Reformabsolutismus und Gesetzesstaat, S. 57.

[256] *Birtsch*, Reformabsolutismus und Gesetzestaat, S. 47 f. Birtsch wendet sich gegen die Annahme Theodor Schieders, derzufolge es die von der Aufklärung ausgehenden Impulse waren, die die friderizianische Rechtsreform nicht ruhen ließen. vgl. *Schieder*, Friedrich der Große, S. 292.

Struktur des preußischen Staates entschieden.[257] Motiv für diese Entscheidung mag zum einen die Lehre Montesquieus sein, nach dessen Idealvorstellung die Gesetze den örtlichen Gegebenheiten angepasst sein sollen. Schwennicke[258] dagegen, sieht den maßgeblichen Beweggrund für diese adelsfreundliche, konservative Haltung des Allgemeinen Landrechts in dem eigenartigen Zweckbündnis, welches das Verhältnis von Adel und Krone im Preußen des 18. Jahrhunderts kennzeichnet[259], begründet.

*§ 1 Einl. ALR:*
*Das allgemeine Gesetzbuch enthält die Vorschriften nach welchen die Rechte und Verbindlichkeiten der Einwohner des Staats, so weit dieselben nicht durch besondere Gesetze bestimmt worden, zu beurtheilen sind.*

Die §§ 2 und 3 der Einleitung machen jedoch die Geltung „besonderer", partikularer Gesetze und Rechte von deren Bestätigung durch den Landesherrn und ihre Aufnahme in besondere „Provinzialgesetzbücher" abhängig.

*§ 2 Einl. ALR:*
*Besondre Provinzialverordnungen, Statuten einzelner Gemeinheiten und Gesellschaften erhalten nur durch die Landesherrliche Bestätigung die Kraft der Gesetze.*

*§ 3 Einl. ALR:*
*Gewohnheitsrechte und Observanzen, welche in den Provinzen und einzelnen Gemeinheiten gesetzliche Kraft haben sollen, müssen den Provinzial-Gesetzbüchern einverleibt seyn.*

Die §§ 2 und 3 der Einleitung entsprechen somit der von der Kabinettsordre vom 14. April 1780[260] aufgestellten Forderung, es müsse von den bisherigen Rechten „das Wesentliche mit dem Naturgesetz und der heutigen Verfassung übereinstimmende ... abstrahirt; das Unnütze weggelassen [und] Unsere eigene Landes=Gesetze am gehörigen Orte eingeschaltet" und für jede der Provinzen ein eigenes Provinzialgesetzbuch angefertigt werden.[261]

---

[257] *Schwennicke*, Die Entstehung der Einleitung des ALR von 1794, S. 70; *Birtsch*, Eigentum und ständische Gesellschaft im 18. Jahrhundert, S. 67 f; *Finkenauer*, Vom AGB zum ALR, S. 47 f; *Koselleck*, Preußen zwischen Reform und Revolution, S. 38.

[258] vgl. *Schwennicke*, Die Entstehung der Einleitung des ALR von 1794, S. 92.

[259] Zur allgemeinen Staatsverfassung des Preußischen Reiches und seiner Struktur als Dreiständestaat, vgl. *Ritter*, Friedrich der Große, S. 194 ff; *Koselleck*, Preußen zwischen Reform und Revolution, S. 52 ff.

[260] Acta Borussica, 16. Bd., Nr. 465, S. 605.

[261] *Schwennicke*, Die Entstehung der Einleitung des ALR von 1794, S. 91 f.

In den §§ 5, 6 der Ein-leitung ist festgelegt, dass sowohl Einzelfallentscheidungen des Landesherrn als auch Meinungen von Rechtsgelehrten und Präjudizien der Gerichte nicht unter den Gesetzesbegriff fallen.

*§ 5 Einl. ALR:*
*Die von dem Landesherrn in einzelnen Fällen, oder in Ansehung einzelner Gegenstände, getroffenen Verordnungen können in andern Fällen, oder bey andern Gegenständen, als Gesetze nicht angesehen werden.*

*§ 6 Einl. ALR:*
*Auf Meinungen der Rechtslehrer, oder ältere Aussprüche der Richter, soll bey künftigen Entscheidungen, keine Rücksicht genommen werden.*

Die Anordnung der Überführung allen Rechts in die Gestalt gesetzesförmigen Schriftrechts, die Verwerfung des Gewohnheitsrechts und der gelehrten wie richterlichen Autoritäten sind Ausdruck eines strengen Gesetzesabsolutismus, dem zufolge nur das geschriebene Recht als rechtsverbindlich anzusehen ist. Der Grundsatz des Gesetzesabsolutismus wurde trotz der Suspendierung der §§ 6, 7 und 9 der Einleitung des Allgemeinen Gesetzbuches, die die Geltung von Machtsprüchen, einstweiligen Verfügungen des Königs und Rechte Dritter verletzender Privilegien beschränkten, im Allgemeinen Landrecht von 1794 von den Kodifikatoren ohne Einschränkung weiter aufrechterhalten.

## 2. §§ 7-13, 59-62 Einl. ALR

Die Vorschriften der Einleitung des Allgemeinen Landrechts über die Gesetzespublikation beschäftigen sich mit der Frage der Normdurchsetzung. [262] Nach § 10 der Einleitung galten die Gesetze erst von ihrer Bekanntmachung an, deren Form § 11 Einl. in Gestalt der Gesetzespublikation durch öffentlichen Anschlag und Veröffentlichung in den „Intelligenzblättern der Provinz“ festlegte. Diese Regelung stellte eine formelle Abweichung von der bisherigen Rechtslage und Staatspraxis Brandenburg-Preußens dar, nach der eine wiederholte Verlesung von der Kanzel als Gesetzespublikation ausgereicht hatte.[263]

---

[262] *Schwennicke*, Die Entstehung der Einleitung des ALR von 1794, S. 189.

[263] *Hubrich*, Die Entwicklung der Gesetzespublikation in Preußen, S. 16; *Willoweit*, Gesetzespublikation und verwaltungsinterne Gesetzgebung, S. 603 f; *Schwennicke*, Die Entstehung der Einleitung des ALR von 1794, S. 190; *Eckert*, Gesetzesbegriff und Rechtsanwendung im späten Naturrecht, S. 579.

*§ 10 Einl. ALR:*
*Das Gesetz erhält seine rechtliche Verbindlichkeit erst von der Zeit an, da es gehörig bekannt gemacht worden.*

*§ 11 Einl. ALR:*
*Es müssen daher alle gesetzliche Verordnungen, ihrem völligen Inhalte nach, an den gewöhnlichen Orten öffentlich angeschlagen, und im Auszuge in den Intelligenzblättern der Provinz, für welche sie gegeben sind, bekannt gemacht werden.*

Die §§ 59, 60 der Einleitung sind von besonderer Bedeutung im Hinblick auf die Geltungsdauer der Gesetze, da diese nicht durch untergesetzliche Normen außer Kraft gesetzt werden durften. Eine Aufhebung der Gesetze sollte allein dem Gesetzgeber selbst möglich sein. Das Allgemeine Landrecht verwarf damit die bis dahin allgemein akzeptierte gemeinrechtliche Regel, wonach ein Gesetz seine Geltung verlieren könne, wenn sein Zweck wegfalle, und sprach sich gegen die Aufhebung geschriebener Gesetze durch derogierendes Gewohnheitsrecht, Präjudizien und Reskripte aus.[264]

*§ 59 Einl. ALR:*
*Gesetze behalten solange ihre Kraft, bis sie von dem Gesetzgeber ausdrücklich wieder aufgehoben werden.*

*§ 60 Einl. ALR:*
*So wenig durch Gewohnheiten, Meinungen der Rechtslehrer, Erkenntnisse der Richter, oder durch die in einzelnen Fällen ergangenen Verordnungen neue Gesetze eingeführt werden; eben so wenig können schon vorhandne Gesetze auf dergleichen Art wieder aufgehoben werden.*

Die Paragraphen der Einleitung bzgl. Publikation und Aufhebung der Gesetze betonen die bereits in den §§ 1-6 Einl. postulierte absolute Vorherrschaft des geschriebenen Gesetzes und unterstreichen gleichzeitig die Souveränität des Königs sowie seines landesherrlichen Gesetzgebungsmonopols.[265]

---

[264] *Schwennicke*, Die Entstehung der Einleitung des ALR von 1794, S. 200; *Eckert*, Gesetzesbegriff und Rechtsanwendung im späten Naturrecht, S. 597.

[265] *Willoweit*, Gesetzespublikation und verwaltungsinterne Gesetzgebung, S. 604 ff; *Schwennicke*, Die Entstehung der Einleitung des ALR von 1794, S. 190; *Eckert*, Gesetzesbegriff und Rechtsanwendung im späten Naturrecht, S. 578.

### 3. §§ 46-53 Einl. ALR

Die Prärogative des landesherrlichen Gesetzgebungsmonopols erlegte auch den Bestimmungen über die Auslegung von Gesetzen ihre Schranken auf. Die Verpflichtung zur strikten Interpretation einerseits sowie die Verhinderung richterlicher Rechtssetzung unter dem Vorwand von Lücken oder Unklarheiten der Gesetzgebung andererseits bildeten daher die obersten Prämissen, um die Durchsetzung des königlichen Willens praktisch nicht zu unterlaufen.[266]
Das Allgemeine Landrecht unterschied zwischen der authentischen[267] Interpretation durch den Gesetzgeber (§ 15), der doktrinellen[268] Auslegung der Gesetze durch den Richter (§§ 46, 49) sowie der Gesetzesinterpretation durch die Gesetzkommission (§§ 47, 48).[269]
Die Auslegung war dem Richter nicht wie noch im Corpus Iuris Fridericianum[270] und der Kabinettsordre von 1780 untersagt, sondern wurde sogar unter Einhaltung methodisch enger Grenzen, im Allgemeinen Landrecht angeordnet.[271]
Das Auslegungs- und Interpretationsverbot der Richter, wie es im Corpus Iuris Fridericianum und der Kabinettsordre von 1780 vorgeschrieben war, beruhte auf der kontinuierlich von Friedrich II. verfolgten Justizpolitik, die ganz im Sinne der Mäßigung der Richtermacht stand, und in der Gesetzeslehre von Beccaria[272] und Montesquieu[273] ihre theoretische Stütze fand. Dem Gesetzesideal der Aufklärung entsprechend, forderten Beccaria und Montesquieu, Gesetze so klar und präzise zu verfassen, dass keine andere als die wörtliche Auslegung des Gesetzes von Nöten sei. Sie trennten klar zwischen der grammatischen Auslegung durch den Richter und der logischen Auslegung, die in den alleinigen Kompetenzbereich des Souveräns fallen sollte.[274]

---

266 *Schwennicke*, Die Entstehung der Einleitung des ALR von 1794, S. 271.

267 Unter der authentischen Interpretation ist die Auslegung durch den Gesetzgeber zu verstehen. Gesetzgeber ist derjenige, der die Gesetzgebungskompetenz inne hat, und muss nicht identisch mit dem Verfasser des Gesetzestextes sein. *Schröd*er, Recht als Wissenschaft, S. 162. vgl. die ausführlichen Abhandlungen zur authentischen Interpretation von: *Droste-Lehnen*, Die authentische Interpretation, S. 124 ff sowie *Brändle*, Die authentische Interpretation.

268 Die doktrinale Interpretation versucht auf wissenschaftlichem Wege die Bedeutung und den Sinn einer Rechtsnorm zu ergründen. Sie bedient sich dabei der Hilfsmittel der grammatischen und logischen Auslegung. *Brändle*, Die authentische Interpretation, S. 2; *Schröd*er, Recht als Wissenschaft, S. 140.

269 *Landwehr*, Das allgemeine Landrecht in der Rechtspraxis seiner ersten Jahre, S. 76.

270 Corpus Iuris Fridericianum von 1749, Pars I, Lib. I, Tit. II, §§ 7, 8.

271 *Hattenhauer*, Preußens Richter und das Gesetz, S. 48; *Schade*, Die Anfrage bei der Gesetzeskommission, S. 56; *Schott*, Rechtsgrundsätze und Gesetzeskorrektur, S. 37.

272 *Hommel*, Des Herrn Marquis von Beccaria unsterbliches Werk von Verbrechen und Strafen, S. 42 ff.

273 *Montesquieu*, „Vom Geist der Gesetze", 16. Kapitel im XXIX. Buch.

274 *Hattenhauer*, Preußens Richter und das Gesetz, S. 40 f.; *Coderch*, Die logische Auslegung,

Die Einleitung zum Entwurf des Allgemeinen Gesetzbuches umfasste daher in unmittelbarer Umsetzung dieser Kriterien das Verbot der logischen Auslegung in der Hand des Richters.[275]

*§ 34 Einl. AGB:*
*Der Richter darf bei Entscheidung streitiger Fälle den Gesetzen keinen Sinn beilegen, der nicht durch die Worte, den Zusammenhang und den Gegenstand des Gesetzes deutlich bestimmt ist.*

*§ 35 Einl. AGB:*
*Findet der Richter den Sinn des Gesetzes zweifelhaft, so muß er vor Abfassung des Urteils die Erklärung der Gesetzkommission einholen.*

Die bedeutendste Reaktion auf die Veröffentlichung des Entwurfs des Allgemeinen Gesetzbuches erfolgte von Johann Georg Schlosser. In seinen „Briefen über die Gesetzgebung“ [276] kritisierte, man könnte fast sagen, verspottete er die von den Kodifikatoren ersonnene Regelung. Die Beschränkung des Auslegungsrechts des Richters auf den Wortlaut war nach Ansicht Schlossers praktisch nicht durchzuhalten. Er forderte daher in Anlehnung an die Lehrtradition des ius commune[277] neben der grammatischen auch die Einbeziehung der logischen Auslegung in das Subsumtionsurteil des Richters.[278]
Die Regelung der §§ 34-36 des Entwurfs wurde im Allgemeinen Gesetzbuch – vermutlich aufgrund der Kritik Schlossers[279] – korrigiert und deren neue Fassung unverändert in die Einleitung zum Allgemeinen Landrecht übernommen.

---

S. 248.

[275] *Schott*, Rechtsgrundsätze und Gesetzeskorrektur, S. 40; *Coderch*, Die logische Auslegung, S. 249.

[276] *Schlosser*, Briefe über die Gesetzgebung überhaupt und den Entwurf des preußischen Gesetzbuchs insbesondere, S. 201 ff (211); bzgl. der Reaktion der Kodifikatoren auf die Kritik Schlossers, vgl. *Klein*, Nachricht von den Schlosserschen Briefen über die Gesetzgebung, in: Annalen der Gesetzgebung und Rechtsgelehrsamkeit, 4. Bd. (1790), S. 326 ff (382 f).

[277] Zur Lehrtradition des ius commune und den Grundsätzen der Gesetzesauslegung im 18. Jahrhundert, vgl. *Glück*, Ausführliche Erläuterungen der Pandecten, 1. Band, § 29, s. a. § 34 ff.

[278] *Coderch*, Die logische Auslegung, S. 246 f; *Schott*, Rechtsgrundsätze und Gesetzeskorrektur, S. 42.

[279] So jedenfalls *Schott*, Rechtsgrundsätze und Gesetzeskorrektur, S. 40/43. Hingegen bezweifelt Jens Schade, dass die Kritik Schlossers die Änderungen am Text des AGB bewirkt hat. Er geht vielmehr von einem Eigenantrieb der Verfasser aus. vgl. *Schade*, Die Anfrage bei der Gesetzeskommission, S. 60 ff.

*§ 46 Einl. ALR:*
*Bey Entscheidungen streitiger Rechtsfälle darf der Richter den Gesetzen keinen anderen Sinn beylegen, als welcher aus den Worten, und dem Zusammenhange derselben in Beziehung auf den streitigen Gegenstand, oder aus dem nächsten, unzweifelhaften Grunde des Gesetzes, deutlich erhellet.*

Dem Richter war nunmehr neben der grammatischen Interpretation „aus den Worten und dem Zusammenhange derselben in Beziehung auf den streitigen Gegenstand" auch die logische Interpretation „aus dem nächsten unzweifelhaften Grunde des Gesetzes" erlaubt.[280] Von einer Erweiterung der Kompetenzen des Richters bzw. einer Lockerung der Bindung an das Gesetz ist jedoch nur insoweit zu sprechen, als der Richter die ratio bzw. die causa proxima des Gesetzes kannte. War der „nächste unzweifelhafte Grund" des Gesetzes dem Richter jedoch zweifelhaft[281], so musste dieser gem. § 47 der Einleitung noch während des laufenden Verfahrens seine Zweifel der Gesetzkommission anzeigen und gem. § 48 der Einleitung ihre Entscheidung abwarten. Da die Materialien und Motive allerdings nicht wie im Corpus Iuris Civilis im Gesetzeswerk enthalten waren, dürfte dies recht häufig der Fall gewesen sein.[282]

*§ 47 Einl. ALR:*
*Findet der Richter den eigentlichen Sinn des Gesetzes zweifelhaft, so muß er, ohne die prozessführenden Parteyen zu benennen, seine Zweifel der Gesetzcommißion anzeigen, und auf deren Beurtheilung antragen.*

*§ 48 Einl. ALR:*
*Der anfragende Richter ist zwar schuldig, den Beschluß der Gesetzcommißion bey seinem folgenden Erkenntniß in dieser Sache zum Grunde zu legen; den Parteyen bleiben aber die gewöhnlichen Rechtsmittel dagegen unbenommen.*

---

[280] *Landwehr*, Das Allgemeine Landrecht in der Rechtspraxis seiner ersten Jahre, S. 76 f; *Coderch*, Die logische Auslegung, S. 252. Teilweise wird in dem „nächsten unzweifelhaften Grunde des Gesetzes" auch die Befugnis zu einer eingeschränkten historischen Auslegung gesehen. vgl. *Hattenhauer*, Preußens Richter und das Gesetz, S. 49 f; Andere wiederum, sehen in der Neufassung des § 46 Einl. ALR keine Erweiterung der Befugnisse der Richter gegenüber § 34 der Einl. zum Entwurf des AGB. vgl. *Schade*, Die Anfrage bei der Gesetzeskommission, S. 67 f.

[281] Zur Disskussion der objektiven oder subjektiven Zweifelhaftigkeit, vgl. *Schwennicke*, Die Entstehung der Einleitung des ALR von 1794, S. 274; *Schade*, Die Anfrage bei der Gesetzeskommission, S. 58.

[282] *Coderch*, Die logische Auslegung, S. 247; *Schade*, Die Anfrage bei der Gesetzeskommission, S. 57.

Die Gesetzkommission wurde durch das Patent vom 29. Mai 1781[283] ins Leben gerufen. Ihr gehörten gem. § 2 des Patents Rechtsgelehrte sowie Praktiker aus Politik und Wirtschaft an. Aufgabe der Kommission war die Entscheidung zweifelhafter Rechtsfragen, die Visitation der Gerichte und der gutachtliche Vorschlag neuer Gesetze.[284] Durch die Gesetzkommission sollte die authentische Interpretation des königlichen Willens sichergestellt werden.[285] Die Idee einer solchen Institution bestand schon bei Beccaria und war bereits im Entwurf Coccejis von 1749[286] enthalten, der dem Richter eine Anfrage bei dem Justizdepartment "frey" stellte.[287] Eine Verpflichtung zur Anfrage bei der für die authentische Interpretation zuständigen Gesetzkommission wurde allerdings erstmals in der Kabinettsorder von 1780 festgeschrieben.[288] Die Errichtung der Gesetzkommission entsprach demzufolge dem rechtspolitischen Verständnis des 18. Jahrhunderts, wonach die Befugnis zur authentischen Interpretation ein aus der „potestas legislatoria" abgeleitetes, dem Herrscher vorbehaltenes Majestätsrecht war.[289]

Rechtsfragen, die im Gesetzbuch keine Regelung erfahren hatten, durfte der Richter gem. § 49 der Einleitung selbständig im Wege der Analogie entscheiden, während der Entwurf zum Allgemeinen Gesetzbuch ihm diese Befugnis noch bestritten hatte[290]. Hierbei handelte es sich nicht um einen Mangel des Gesetzes, der den Richter zur Anfrage bei der Gesetzkommission verpflichtete, sondern um einen Gesetzesmangel i. S. d. Fehlen eines Gesetzes.[291]

*§ 49 Einl. ALR:*
***Findet der Richter kein Gesetz, welches zur Entscheidung des streitigen Falles dienen könnte, so muß er zwar nach den in dem Gesetzbuche angenommenen***

---

[283] Bereits in der Prozessordnung von 1783 war das Interpretationsmonopol der Gesetzkommission (II, 1, § 20) festgelegt.
[284] *Hattenhauer*, Preußens Richter und das Gesetz, S. 50; *Schade*, Die Anfrage bei der Gesetzeskommission, S. 86 f.
[285] *Schwennicke*, Die Entstehung der Einleitung des ALR von 1794, S. 280; *Müller*, Zur Geschichte der bindenden Gesetzesauslegung, S. 15.
[286] Corpus Iuris Fridericianum, 1749, pars .I, lib. I, tit. II, § 7.
[287] *Schwennicke*, Die Entstehung der Einleitung des ALR von 1794, S. 279; *Schott*, Rechtsgrundsätze und Gesetzeskorrektur, S. 37 f.
[288] *Schwennicke*, Die Entstehung der Einleitung des ALR von 1794, S. 280.
[289] *Mohnhaupt*, Potestas legislatoria und Gesetzesbegriff im Ancien Regime, S. 220; *Schwennicke*, Die Entstehung der Einleitung des ALR von 1794, S. 276 ff.
[290] *Schwennicke*, Die Entstehung der Einleitung des ALR von 1794, S. 295; *Schade*, Die Anfrage bei der Gesetzeskommission, S. 58.
[291] *Coderch*, Die logische Auslegung, S. 252; *Wagner*, Die Wissenschaft des gemeinen römischen Rechts, S. 146 f.

*allgemeinen Grundsätzen, und nach den wegen ähnlicher Fälle vorhandnen Verordnungen, seiner besten Einsicht gemäß, erkennen.*

*§ 50 Einl. ALR:*
*Er muß aber zugleich diesen vermeintlichen Mangel der Gesetze dem Chef der Justitz so fort anzeigen.*

Die Konzeption der §§ 46-49 der Einleitung ist Ausdruck der von Svarez vertretenen Gesetzeslehre, die von einem doppelten System des Gesetzbuches ausgeht.[292] In dem Bewusstsein, nicht alle Rechtsfragen gesetzlich regeln zu können – ohne sie jedoch gleichzeitig der richterlichen Willkür preisgeben zu wollen – sprach sich Svarez dafür aus, allgemeine Prinzipien in Gesetze zu fassen, mit deren Hilfe der Richter im Wege diskursiver, logischer Akte die im Gesetzbuch enthaltene Lücke schließen solle. Svarez dachte sich das Gesetzbuch also einerseits als ein vollständiges, deduktives System. Andererseits könne sich das Gesetzbuch durch positive Vorschriften außerhalb dieses natürlichen Systems, die u.a. sogar zu ihm in Widerspruch stehen, auch als unvollständig erweisen und der Richter daher nicht in der Lage sein, mit deduktiven Argumenten und rationalem Verstand diesen Konflikt zu lösen. Vermag daher weder die grammatische noch die logische Auslegung den Sinn des Gesetzes zu ermitteln, so habe der Richter auf eine Entscheidung zu verzichten und die Zweifelsfrage der Gesetzkommission vorzulegen.

Das Svarezsche Modell schlug jedoch fehl.[293] Insbesondere die Gesetzkommission konnte sich in der Praxis nicht bewähren und verlor zusehends an Bedeutung. Durch die Kabinettsordre vom 8. März 1798[294] wurde die Anfragepflicht der Richter bei der Gesetzkommission aufgehoben. Um die Prozesse zu beschleunigen und durch die Anfragen nicht unnötig in die Länge zu ziehen, sollten die Richter ihre Zweifel der Gesetzkommission erst nach Ablauf des Verfahrens antragen und im anstehenden Prozess selbst entscheiden. Überraschenderweise war es der König selbst, der das Todesurteil über die

---

[292] *Svarez*, „Inwiefern müssen Gesetze kurz sein?", in: Vorträge über Recht und Staat, S. 627 ff; *Coderch*, Die logische Auslegung, S. 50 f.

[293] *Landwehr*, Das ALR in der Rechtspraxis seiner ersten Jahre, S. 78; *Conrad*, Richter und Gesetz im Übergang vom Absolutismus zum Verfassungsstaat, S. 17 ff. „Grundlage des [*Svarez*'schen Gesetzessystems] ist die stillschweigende Annahme, dass der Richter immer weiß, ob ein auf den Streitfall anwendbares Gesetz vorhanden ist oder nicht, aber dass er möglicherweise nicht weiß, was dieses anzuwendende Gesetz sagen will. Diese Annahme ist falsch: Wenn das Gesetz mangelhaft abgefasst ist, so wird der Richter in vielen Fällen gerade nicht wissen, ob es auf den gegebenen Verhandlungsfall anwendbar ist oder nicht." *Coderch*, Die logische Auslegung, S. 252.

[294] Kabinettsordre vom 8. 3. 1798 und Reskript vom 21. 3. 1798, *Mylius*, NCC, Bd. X, Sp. 1609 ff.

Gesetzkommission sprach; obwohl gerade sie die ihm obliegende authentische Interpretation der Gesetze sicherstellen sollte. Der König hielt die Gesetzkommission „in Ansehung der Gesetze so gut dem Irrthum unterworfen, als es die Gerichtshöfe bei ihren Entscheidungen sind". Daher sei es nicht einzusehen, „warum die Richter nicht eben so gut zweifelhafte Gesetze sollten erklären können, wie sie Fälle entscheiden müssen, worüber es an einem Gesetze ganz ermangelt."[295]
1803 führte der Erste Anhang zum Allgemeinen Landrecht eine Vorschrift in das Gesetzbuch ein, welche in Umsetzung der Kabinettsordre von 1798 die Vorschriften der §§ 47, 48 der Einleitung des Allgemeinen Landrechts außer Kraft setzte.
*„Findet der Richter den Sinn des Gesetzes zweifelhaft, so liegt es ihm zwar ob, den vorliegenden Fall nach den allgemeinen Regeln wegen Auslegung der Gesetze zu entscheiden, und findet die Anfrage an die Gesetz- Commission während des Laufs des Prozesses nicht mehr statt. Er muß aber die vermeinte Dunkelheit des Gesetzes dem Chef der Justiz zum Behuf der künftigen Legislation anzeigen."* [296]

Friedrich Wilhelm III. erlaubte den Richtern somit die Auslegung der Gesetze nach den allgemeinen Regeln. Welche Regeln dies sind, wurde gesetzlich jedoch nicht festgelegt. Der Rechtslehre des 18. Jahrhunderts nach waren hierunter die deklaratorische, die restriktive sowie die extensive Auslegung zu verstehen.[297]

## IV. Zusammenfassung

Im Hinblick auf den Zeitpunkt des Inkrafttretens des Allgemeinen Landrechts, 1794, liegt die Annahme nahe, dass das Allgemeine Landrecht insbesondere die im jüngeren, philosophischen Naturrecht herrschenden Lehren zum Gesetzesbegriff wie zum Richterbild verinnerlicht hat. Wie anhand der oben dargestellten Vorschriften der Einleitung zum Allgemeinen Landrecht ersichtlich, ist dem jedoch nicht so. Vielmehr ist das Allgemeine Landrecht durch einen strengen Gesetzesabsolutismus und eine enge Bindung des Richters an das Gesetz gekennzeichnet.[298] Grund für das Festhalten der Kodifikatoren an der Theorie des Gesetzesabsolutismus ist sicherlich das absolutistische System des preussischen Staates im 18. Jahrhundert[299], obwohl die Idee eines dauerhaften,

[295] *Mylius*, NCC, Bd. X, Sp. 1609 ff.
[296] abgedruckt bei: *Coderch*, Die logische Auslegung, S. 253; Erster Anhang worin die bisher ergangenen Abänderungen und Ergänzungen des allgemeinen Landrechts verkürzt gesammlet sind, Berlin 1803.
[297] *Landwehr*, Das ALR in der Rechtspraxis seiner ersten Jahre, S. 83.
[298] *Stintzing-Landsberg*, Geschichte der deutschen Rechtswissenschaft, S. 474.
[299] *Ogris*, Friedrich der Große und das Recht, S. 88.

vollständigen Gesetzbuches durch die Lehre Montesquieus bereits als überwunden galt. Der König, der den Gesetzgebungsauftrag erteilt hatte, wollte durch die Autorität des geschriebenen Gesetzes seine Souveränität und die Durchsetzung seines alleinigen Gesetzgebungsmonopols gewährleistet wissen. Für die Kodifikatoren stand die Ausarbeitung einfacher und klarer Gesetze, welche die Bürgerfreiheit und das Bürgerglück garantieren sollten, im Vordergrund, um somit das Ziel des Kodifikationsvorhabens, die bestehende Rechtszersplitterung zu beseitigen und Rechtssicherheit zu schaffen, verwirklichen zu können.[300]

Dieser Gesetzesabsolutismus spiegelte sich auch im Verhältnis des Richters zum Gesetz wider. Diesbezüglich haben sowohl die Justizpolitik Friedrichs II. als auch die Lehren Cesare Beccarias großen Einfluss auf Svarez und v. Carmer gehabt.[301] Allerdings hat die Tätigkeit des Richters im Allgemeinen Landrecht durch die Zulassung von grammatischer und logischer Auslegung in der Hand des Richters auch eine Aufwertung erfahren. Dieses Zugeständnis an die Richter darf jedoch nicht darüber hinwegtäuschen, dass das Auslegungsmonopol – zumindest theoretisch – bei der Gesetzkommission lag, um die authentische Interpretation der Gesetze und somit des königlichen Willens sicherzustellen. In Anbetracht der Entstehungsgeschichte der Vorschriften über die Auslegung von Gesetzen - rücksichtlich ihrer Modifikationen vom Entwurf des Allgemeinen Gesetzbuches bis hin zum Allgemeinen Landrecht - war das Bild des Richters zwar nicht mehr nur das eines reinen Subsumtionsautomaten wie unter der Herrschaft des systematischen Naturrechts aber auch noch nicht das eines freien Urteilsfinders, wie es den Vertretern des relativen Naturrechts vorschwebte.[302] Die Kodifikatoren sahen in der Person des Richters immer noch den preußischen Beamten, vor dessen Willkür die Bürger durch Zurückdrängung des Richterrechts geschützt werden sollten.[303]

Der Gesetzesbegriff und das Richterbild des Allgemeinen Landrechts basieren daher noch weitestgehend auf den im systematischen Naturrecht vertretenen Auffassungen.[304] Das Allgemeine Landrecht von 1794 blieb somit, wie Eckert es formuliert, hinsichtlich des Naturrechtsdenkens deutlich hinter dem wissenschaftlichen Gedankengut seiner Zeit zurück.[305]

---

[300] *Svarez*, in: Vorträge über Recht und Staat, S. 3/269; *Eckert*, Gesetzesbegriff und Rechtsanwendung im späten Naturrecht, S. 578; *Thieme*, Die preußische Kodifikation, S. 396; *Koselleck*, Preußen zwischen Reform und Revolution, S. 25.

[301] *Eckert*, Gesetzesbegriff und Rechtsanwendung im späten Naturrecht, S. 577.

[302] *Thieme*, Die preußische Kodifikation, S. 397.

[303] *Thieme*, Die preußische Kodifikation, S. 398; *Eckert*, Gesetzesbegriff und Rechtsanwendung im späten Naturrecht, S. 579.

[304] *Thieme*, Die Zeit des späten Naturrechts, S. 229, *Eckert*, Gesetzesbegriff und Rechtsanwendung im späten Naturrecht, S. 578.

[305] *Eckert*, Gesetzesbegriff und Rechtsanwendung im späten Naturrecht, S. 578.

## E. Kapitel 3: Das Gewährleistungsrecht der Konsensualverträge nach dem Preußischen Allgemeinen Landrecht

Nach der Kabinettsordre vom 14. April 1780 sollte, *„nur das Wesentliche mit dem Natur=Gesetz und der heutigen Verfassung übereinstimmende aus demselben [Corpus Iuris] abstrahirt; das Unnütze weggelassen; Unsere eigene Landes=Gesetze am gehörigen Orte eingeschaltet, und solchergestalt ein subsidiarisches Gesetz=Buch, zu welchem der Richter beym Mangel der Provincial= Gesetze recurriren kann, angefertigt werden."* [306]

Anstelle einer grundlegenden Rechtserneuerung favorisierte der König lediglich die Modernisierung des altbewährten Rechts. Das preußische Gesetzbuch stellt demzufolge eine Rechtsaufzeichnung und Zusammenfassung der verschiedenen in Preußen geltenden Rechte dar, und basiert insbesondere auf dem gemeinen Recht.[307]

### I. Die Grundlagen des gemeinen Rechts

#### 1. Der Begriff des gemeinen Rechts

Andreas Daniel bezeichnet das gemeine Recht als ein „gesamteuropäisches Phänomen, welches einem zu verschiedenen Zeiten mit unterschiedlichen Funktionen und Inhalten entgegentritt".[308] Diese Beschreibung lässt bereits vermuten, wie schwierig sich die Definition und Darstellung des gemeinen Rechts gestaltet, zumal seine Begrifflichkeit keineswegs als eindeutig geklärt gilt, und hier und dort in unterschiedlichem Zusammenhang verwendet wird. Auf die vielseitigen Erscheinungsformen des Begriffes des gemeinen Rechts und dessen Auslegung soll im Rahmen dieser Darstellung jedoch nicht eingegangen werden. Diesbezüglich ist auf die Arbeit Andreas Daniels zu verweisen, der den Begriff des gemeinen Rechts systematisch-funktionell einzuordnen und zu erklären versucht.

Der Ausdruck gemeines Recht (lat. = ius commune ) existierte bereits in der Antike. Dort bezeichnete er einerseits das bei allen Völkern gleichmäßig geltende ius gentium als auch das den Bürgern ein und desselben Staates gemeinsame Recht im Gegensatz zum Sonderrecht, dem sog. Partikularrecht.[309]

---

[306] Allerhöchste Königliche Cabinetts= Ordre die Verbesserung des Justiz= Wesens betreffend vom 14. April 1780, *Mylius*, NCC, Bd. VI, Sp. 1935- 1944; abgedruckt, in: *Hattenhauer/Bernert*, Allgemeines Landrecht für die Preussischen Staaten von 1794, S. 46.

[307] *Krause*, Das gemeine Recht und seine Kodifikation, S. 69; *Schwennicke*, Zum zweihundertsten Geburtstag des Preußischen Allgemeinen Landrechts, in: JuS 94, S. 459.

[308] *Daniel*, Gemeines Recht, S. 17.

[309] *Thieme*, in: HRG, Art. „Gemeines Recht", Sp. 1506.

Auch bei den Römern erfasste das gemeine Recht rechtstechnisch etwas Allgemeines im Gegensatz zum Besonderen.[310]
Ungefähr seit dem 13. Jahrhundert hatte sich jedoch die Bedeutung des in der einheimischen Rechtssprache[311] vereinzelt bereits seit längerem gebräuchlichen Begriffs des gemeinen Rechts verändert und wurde bis zum 17. Jahrhundert fast synonym für das römische Recht in der Gestalt des durch die italienischen Glossatoren und Kommentatoren bearbeiteten justinianischen Rechts verwendet.[312] Diese Erscheinung ist insbesondere auf den Geltungsrund des römischen Rechts in den deutschen Gebieten zurückzuführen. Bis zum 17. Jahrhundert herrschte lange Zeit der Glaube, dass das römische Recht durch eine Rezeption in complexu als gemeines Kaiserrecht für ganz Deutschland verbindlich sei. Diese Annahme folgte aus der Fiktion der sog. translatio imperii, nach der die Fortgeltung des römischen Rechts in Deutschland auf der Rechtsnachfolge der deutschen Kaiser in die Stellung der römischen Imperatoren beruhte.[313] Die Richtigkeit dieser Annahme sowie die Geltung und Rezeption des römischen Rechts wurde jedoch im 17. Jahrhundert zunehmend hinterfragt und bezweifelt. Spätestens seit der Untersuchung Hermann Conrings „De origine iuris germanici" galt die Theorie von der translatio imperii und der Lothar-Legende[314] als widerlegt.[315] Das römische Recht hatte vielmehr durch seine wissenschaftliche Bearbeitung im Mittelalter in Italien und durch die dort geschulten Juristen als Träger der Rezeption in den Territorien örtliche Verbreitung und gewohnheitsrechtliche Anwendung gefunden.[316] Demnach konnte das römische Recht aber nicht in einem einheitlichen Umfang Eingang in die Rechtspraxis der Territorien gefunden haben und nahm somit nur noch den Rang eines partikularen Rechts neben den anderen gewohnheitsrechtlich anerkannten Rechten ein.[317] Aufgrund des gewandelten Verständnisses des Geltungsgrundes des römischen Rechts verstand man unter dem Begriff des gemeinen Rechts im 18. Jahrhundert ein Rechtsquellensystem, das sich aus römischem Recht, kanonischem Recht, langobardischem Lehnsrecht und einheimischem Recht zusammensetzte.[318] Im usus modernus pandectarum, diese

---

[310] *Daniel*, Gemeines Recht, S. 217.
[311] vgl. hierzu ausführlich *Thieme*, in: HRG, Art. „Gemeines Recht", Sp. 1506.
[312] *Daniel*, Gemeines Recht, S. 86.
[313] *Mitteis/Lieberich*, Deutsche Rechtsgeschichte, S. 327 ff.
[314] zur sog. „Lothar- Legende": vgl. *Wieacker*, Privatrechtsgeschichte der Neuzeit, S. 145, Fn. 72.
[315] *Daniel*, Gemeines Recht, S. 106 f; *Luig*, Ungestörter Gebrauch der Freiheit, S. 19 f; *Ebel*, Geschichte der Gesetzgebung in Deutschland, S. 63.
[316] *Daniel*, Gemeines Recht, S. 108 ff; *Luig*, Ungestörter Gebrauch der Freiheit, S. 19.
[317] *Daniel*, Gemeines Recht, S. 122 f; *Ebel*, Geschichte der Gesetzgebung in Deutschland, S. 63.
[318] *Daniel*, Gemeines Recht, S. 98; *Coing*, Europäisches Privatrecht, Band I, S. 34 ff; *Caroni*, in: HRG, Art. „Kodifikation", Sp. 910 ff. Die Rechtsquellen des positiven gemeinen Rechts

Epoche erstreckte sich vom Ende der Rezeptionszeit im 16. Jahrhundert bis hin zur Entstehung der ersten Naturrechtskodifikationen im 18. Jahrhundert, versuchte die Rechtswissenschaft das römische Recht den einheimischen Rechten anzupassen und dem zeitgemäßen Gebrauch entsprechend weiterzubilden.[319] Die deutsche Rechtswissenschaft und Rechtspraxis im 17. und 18. Jahrhundert bezeichnete diesen „zeitgemäßen Gebrauch" des römischen Rechts mit dem Begriff des sog. „ius commune".[320] Gegenüber den zahlreichen Partikularrechten galt das römische Recht in Gestalt des ius commune jedoch nur subsidiär.[321]

## 2. Die für das Gewährleistungsrecht relevanten gemeinrechtlichen Rechtsquellen

Die Kodifikatoren hatten demnach die schwere Aufgabe zu bewältigen, die verschiedenen gemeinrechtlichen Rechtsquellen miteinander in Einklang zu bringen, und im usus modernus pandectarum diskutierte Rechtsstreitigkeiten durch eine Kodifizierung in Gestalt des Allgemeinen Landrechts zu entscheiden.[322]

Im Bereich der Rechtsmängelhaftung standen sich das römischrechtliche Eviktionsprinzip und der germanische Gedanke der Schirmungspflicht gegenüber. Im römischen Recht umfasste die Erfüllungspflicht des Verkäufers nur, dem Käufer durch die Übergabe den ungestörten Besitz an der Kaufsache, nicht aber das Recht an der Sache, das Eigentum, zu verschaffen. Der Verkäufer hatte dem Käufer somit nur das „uti frui habere licere", das faktische Haben der Sache, zu gewährleisten.[323] Der Käufer einer fremden Sache konnte nicht allein aus dem Grunde gegen den Verkäufer vorgehen, weil er nicht Eigentümer der Sache geworden war. Die Haftung des Verkäufers für Rechtsmängel setzte erst dann ein, wenn dem Käufer die Sache von einem Dritten aufgrund eines besseren Rechts evinziert, d. h. im Prozesswege (rei vindicatio des Eigentümers) erfolgreich abgestritten worden war.[324] Die römische Eviktionshaftung ist somit

---

wurden jedoch nicht als losgelöste und voneinander unabhängige Rechtsmaterien aufgefasst, sondern bildeten in ihrer Gesamtheit den Gegenstand eines einzigen gemeinen Rechts mit universellen Charakter. *Daniel*, a.a.O.

319 *Luig*, in: HRG, Art. „Usus modernus", Sp. 628-636; *Voppel*, Der Einfluss des Naturrechts auf den Usus modernus, § 2, S. 7 ff.

320 *Daniel*, Gemeines Recht, S. 87; *Dellert*, Der „nach dem Vertrage" vorausgesetzte Gebrauch, S. 29; *Windscheid*, Lehrbuch des Pandektenrechts, Bd. 1, § 1, Fn. 1 sowie § 2, S. 4 ff.

321 *Krause*, Das gemeine Recht und seine Kodifikation, S. 70; *Dellert*, Der "nach dem Vertrage" vorausgesetzte Gebrauch, S. 29.

322 *Krause*, Das gemeine Recht und seine Kodifikation, S. 78.

323 *Kaser/Knütel*, Römisches Recht, § 41, S. 260, Rn. 17; *Honsell*, Römisches Recht, § 45, S. 131.

324 *Kaser/Knütel*, Römisches Recht, § 41, S. 260, Rn. 17; *Honsell*, Römisches Recht, § 45, S.

eine Haftung für den Bestand des „habere licere“, nicht für den Bestand rechtsmängelfreien Eigentums, gewesen.[325]
Nach germanischem Recht traf den Verkäufer eine Gewährschaftspflicht. Das System der Rechtsmängelhaftung hatte sich hier aus der germanischen Anefangsklage[326] entwickelt.[327] Nahm ein Dritter den Käufer auf Herausgabe der gekauften Sache in Anspruch, so konnte der Käufer als Beklagter im Anefang den Verkäufer als Gewähren benennen.[328] Der Verkäufer musste dann auf förmliche Ladung seitens des belangten Käufers vor Gericht erscheinen, und soweit er sich zur Gewährschaft bekannte, den Prozess des Beklagten übernehmen, um durch siegreiche Durchführung des Rechtsstreits dem Beklagten die Gewere der Sache zu erhalten.[329] Es bestand jedoch kein prozessualer Zwang zur Übernahme der Verteidigung (Schirmung).[330] Der ausgebliebene Verkäufer setzte sich jedoch dem Diebstahlsvorwurf aus und hatte dem Käufer den Kaufpreis der zurückzugebenden Sache zu erstatten.[331] Der Erwerber hingegen konnte sich durch den Zug auf seinen Gewähren gleichzeitig vom Vorwurf des Diebstahls befreien.[332] Hatte der Verkäufer den übernommenen Rechtsstreit verloren, war er gegenüber dem Käufer schadensersatzpflichtig.[333]

---

131; *Enneccerus/Lehmann*, Recht der Schuldverhältnisse, Bd. II, § 106, S. 423; *Ernst*, Rechtsmängelhaftung, S. 8.

[325] *Kaser/Knütel*, Römisches Recht, § 41, S. 260, Rn. 17; *Ernst*, Rechtsmängelhaftung, S. 8.

[326] Der Anefang bedeutet das rechtsförmliche Anfassen einer abhanden gekommenen und wiedergefundenen Sache unter Behauptung des Eigentums. Seine Anfänge reichen in die germanische Zeit zurück. Das Anefangsverfahren bildete das wichtigste Mittel der gerichtlichen Fahrnisverfolgung der fränkischen Zeit und des Mittelalters. Es war ein Sonderverfahren, das sowohl zivilrechtliche als auch strafrechtliche Elemente enthielt. Das Anefangsverfahren verfolgte den Zweck, die gestohlene, geraubte oder sonst abhanden gekommene Sache wiederzugewinnen sowie den Täter ausfindig zu machen und einer Buße zuzuführen. vgl. ausführlich: *Werkmüller*, in: HRG, Art. „Anefang“, Sp. 159-163.

[327] *Greiser*, Der Kauf nach deutschen Landrechten der Rezeptionszeit, S. 87.

[328] *Scherner*, in: HRG, Art. „Kauf“, Sp. 677 f; *Gierke*, Deutsches Privatrecht, Band III, § 193, S. 458.

[329] *Hübner*, Grundzüge des deutschen Privatrechts, § 83, S. 525 f; *Gudian*, in: HRG, Art. „Gewährschaftspflicht“, Sp. 1642; *Mitteis/Lieberich*, Deutsches Privatrecht, S. 152 f; *Rabel*, Die Haftung des Verkäufers wegen Mangels im Rechte, S. 166 ff.

[330] *Scherner*, in: HRG, Art. „Kauf“, Sp. 678; *Hübner*, Grundzüge des deutschen Privatrechts, § 83, S. 526.

[331] *Hübner*, Grundzüge des deutschen Privatrechts, S. 526.

[332] *Gudian*, in: HRG, Art. “Gewährschaftspflicht”, Sp. 1642; *Scherner*, in: HRG, Art. „Kauf“, Sp. 678.

[333] *Hübner*, Grundzüge des deutschen Privatrechts, § 83, S. 526; *Gudian*, in: HRG, Art. „Gewährschaftspflicht“, Sp. 1642.

Die Glossatoren des Mittelalters haben aus der im römischen Recht vorherrschenden rein materiellrechtlichen Haftung des Verkäufers für das „habere licere“ unter dem Einfluss der germanischen Rechtsanschauung vom Zug auf den Gewähren eine prozessuale Defensionspflicht des Verkäufers entwickelt, die der Käufer mittels der litis denuntatio geltend machen musste bzw. einklagen konnte.[334] Diese Lehre galt in Deutschland bis in das 17. Jahrhundert und wurde teilweise auch noch im 18. Jahrhundert vertreten.[335]
Für die Sachmängelhaftung erwies sich das Zusammentreffen von römischem und deutschem Recht als problematischer. Das deutsche Recht kannte im allgemeinen keine Haftung des Verkäufers für Mängel der Sache.[336] Zwar lag auch dem deutschen Recht der Grundsatz der bona fides zugrunde, d. h. der Kaufgegenstand musste die vereinbarten Eigenschaften haben und ohne Fehler sein. Hatte der Käufer die Ware aber besehen und angenommen, konnte er aus später auftretenden Mängeln keine Rechte herleiten.[337] Seine Annahme galt als Billigung, die ihm das Recht späterer Rüge entzog. Ausnahmen von dieser milden Haftung des Verkäufers bestanden nur beim Viehkauf oder wenn der Verkäufer Mängel arglistig verschwiegen hatte.[338] Beim Handel mit Vieh galt ausnahmsweise zugunsten des Käufers die Besonderheit, dass er wegen bestimmter, besonders schwerer, sogenannter Hauptmängel, die ihm verborgen geblieben waren, innerhalb einer kurzen Frist Wandlung verlangen konnte.[339]
Nach römischem Recht hatte der Verkäufer hingegen auch für die nach der Übergabe aufgetretenen sog. „heimlichen“ Mängel einzustehen. Die strenge Haftung des Verkäufers nach dem sog. ädilizischen Edikt[340] gewährte dem

---

[334] *Hübner*, Grundzüge des deutschen Privatrechts, § 83, S. 526; *Wesenberg/Wesener*, Neuere deutsche Privatrechtsgeschichte, S. 130; *Scherner*, in: HRG, Art. „Kauf“, Sp. 682; *Mitteis/Lieberich*, Deutsches Privatrecht, S. 152 f; *Greiser*, Der Kauf nach deutschen Landrechten der Rezeptionszeit, S. 88.

[335] *Wesenberg/Wesener*, Neuere deutsche Privatrechtsgeschichte, S. 130; *Scherner*, in: HRG, Art. „Kauf“, Sp. 682.

[336] *Hübner*, Grundzüge des deutschen Privatrechts, § 83, S. 527; *Mitteis/Lieberich*, Deutsches Privatrecht, S. 153; Greiser, Der Kauf nach deutschen Landrechten der Rezeptionszeit, S. 114 f.

[337] *Hübner*, Grundzüge des deutschen Privatrechts, § 83, S. 527; *Mitteis/Lieberich*, Deutsches Privatrecht, S. 153.

[338] *Hübner*, Grundzüge des deutschen Privatrechts, § 83, S. 528/529; *Mitteis/Lieberich*, Deutsches Privatrecht, S. 153; *Greiser*, Der Kauf nach deutschen Landrechten der Rezeptionszeit, S. 117 f.

[339] *Wesenberg/Wesener*, Neuere deutsche Privatrechtsgeschichte, S 131; *Hübner*, Grundzüge des deutschen Privatrechts, § 83, S. 529; *Greiser,* Der Kauf nach deutschen Landrechten der Rezeptionszeit, S. 119.

[340] Die außvertragliche Haftung für Sachmängel nach dem ädilizischen Recht entwickelte sich aus den Edikten der kurulischen Ädilen. Die Ädilen, sog. Magistrate, hatten kraft ihrer Marktjurisdiktion in Rom zunächst besondere Edikte für Sklavenverkäufe, später auch für Verkäufe von Spannvieh, erlassen. Die kurulischen Ädilen sahen beim Auftreten von

Käufer wahlweise ein Wandlungs- bzw. ein Minderungsrecht, das er mittels der actio redhibitoria oder der actio quanti minoris geltend machen konnte.[341] Für den Fall besonderer Zusagen oder sonstigen schuldhaften Verhaltens des Verkäufers stand dem Käufer zusätzlich die Kontraktsklage, die actio empti, auf Schadensersatz zur Verfügung.[342]

Im Bereich der Sachmangelhaftung hatte sich das deutsche Recht, außer beim Viehkauf, gegenüber dem römischen Recht nicht behaupten können; die meisten der deutschen Land- und Stadtrechte haben hinsichtlich der Haftung für verborgene Mängel die römische Regelung aufgenommen.[343]

Rechtsanwendungsschwierigkeiten ergaben sich im usus modernus pandectarum jedoch nicht nur aus dem Aufeinandertreffen von römischem und deutschem Recht, sondern auch innerhalb des rezipierten römischen Rechts, aus der Konkurrenz der actio empti mit den ädilizischen Klagen.[344] Problematisch war insbesondere die Verschiedenheit der Verjährungsfristen. Sollten die kurzen Verjährungsfristen des Edikts ihre Bedeutung nicht völlig verlieren, musste entweder die Kontraktsklage der actio empti aus dem Anwendungsbereich der Sachmängelgewährleistung herausgenommen oder die dreißigjährige Verjährungsfrist den kurzen Verjährungsfristen (sechs Monate bei der actio redhibitoria und ein Jahr bei der actio quanti minoris) angepasst werden.

Der überwiegende Teil im Schrifttum[345] des usus modernus vernachlässigte daher die actio empti und sah den Schwerpunkt der Sachmängelgewährleistung in den ausführlichen Regelungen des ädilizischen Edikts begründet.[346]

---

verborgenen Mängeln sowie bei nichtzutreffenden Zusagen zwei Klagen für den Käufer vor: die actio redhibitoria (Wandlungsklage) und die actio quanti minoris (Wandlungsklage). Die Jurisprudenz der Kaiserzeit Justinians wandte die Edikte der kurulischen Ädilen auf alle Verkäufe an und bestimte hiernach die Haftung des Verkäufers wegen Zusagen und verborgener Mängel. vgl. *Dernburg*, Pandekten, 2. Teil, § 357, S. 761; *Kaser/Knütel*, Römisches Privatrecht, § 41, S. 268.

[341] *Kaser/Knütel*, Römisches Privatrecht, § 41, S. 268 f; *Honsell*, Römisches Recht, § 46, S. 121 ff; *Klischies*, Die geschichtliche Entwicklung der Sachmängelhaftung, S. 32 ff; *Klempt*, Die Grundlagen der Sachmängelhaftung des Verkäufers im Vernunftrecht und Usus modernus, S. 9 ff; *Mitteis*, Deutsches Privatrecht, S. 154; *Wesenberg/Wesener*, Neuere deutsche Privatrechtsgeschichte, S. 131; *Hübner*, Grundzüge des deutschen Privatrechts, § 83, S. 528.

[342] *Kaser/Knütel*, Römisches Privatrecht, § 41, S. 271; *Honsell*, Römisches Recht, § 46, S. 125; *Windscheid*, Pandekten II, § 393, S. 685 f; *Hübner*, Grundzüge des deutschen Privatrechts, § 83, S. 528; *Klischies*, Die geschichtliche Entwicklung der Sachmängelhaftung, S. 32 f; *Mugdan*, Materialien II, S. 126.

[343] *Greiser*, Der Kauf nach deutschen Landrechten der Rezeptionszeit, S. 118.

[344] *Wesenberg/Wesener*, Neuere deutsche Privatrechtsgeschichte, S. 131; *Klempt*, Die Grundlagen der Sachmängelhaftung des Verkäufers, S. 52.

[345] vgl. *Boehmer*, Doctrina de actionibus, sect. 2, cap. 8, § 77; *Hellfeld*, Jurisprudentia forensis, lib. 19, tit. 1, § 1040.

[346] *Wesenberg/Wesener*, Neuere deutsche Privatrechtsgeschichte, S. 131; ausführlich dazu:

Die Gewährleistung bei Miet- und Werkverträgen beurteilte sich im gemeinen Recht nach den Grundsätzen der römischen locatio conductio.[347] Die locatio conductio war ein umfassender, einheitlicher Vertragstyp, der verschiedene wirtschaftliche Sachverhalte wie die Wohnungsmiete, die Sachmiete und die Landpacht sowie auch Werk- und Arbeitsdienstverträge erfasste.[348] Ihr weites Anwendungsgebiet behielt die locatio conductio auch im ius commune. Die strukturellen Unterschiede zwischen Miet-, Werk- und Dienstvertrag wurden im usus modernus nur in den verschiedenen Klagformeln zum Ausdruck gebracht: locatio conductio rei für Miete und Pacht, locatio conductio operis für den Werkvertrag, und locatio conductio operam für den Dienstvertrag.[349] Im übrigen galten die Sätze der Quellen zur locatio conductio ohne große Änderungen im gemeinen Recht fort.[350] Die Haftung für Mängel der Mietsache bzw. des bestellten Werkes war eine Verpflichtung zur Erfüllung des Vertrages und unterlag daher nicht der kurzen Verjährungsfrist des ädilizischen Edikts.[351] Einige Autoren[352] des usus modernus warfen jedoch die Frage auf, inwiefern die ädilizischen Klagen auch auf andere Verträge, insbesondere die Miete, Anwendung finden können.[353]

## II. Die Auswirkungen der Naturrechtslehre

Der Einfluss der Naturrechtslehre[354] auf die modernen neuzeitlichen Kodifikationen erschöpft sich nicht allein darin, mit ihrem Systempositivismus die theoretischen Grundlagen für den Aufbau und die äußere Form von Gesetzbüchern geschaffen zu haben.

---

*Klempt*, Die Grundlagen der Haftung des Verkäufers im Vernunftrecht und Usus modernus, S. 52 ff.

347 *Coing*, Europäisches Privatrecht, Band I, S. 456.

348 *Kaser/Knütel*, Römisches Privatrecht, § 42, S. 274; *Mayer-Maly*, Römisches Recht, § 29, S. 142 f; *Honsell*, Römisches Recht, § 48, S. 128 f.

349 *Coing*, Europäisches Privatrecht, Band I, S. 456.

350 *Coing*, Europäisches Privatrecht, Band I, S. 457.

351 *Mugdan*, Materialien II, S. 208; *Dernburg*, Das Obligationenrecht Preußens und des Reichs, S. 569.

352 *Schilter*, Praxis juris Romani in foro Germanico, Jenae 1698, lib. 21, tit. 1, § 9; *Meier*, Collegium Argentoratense, Argentorati 1657, p. 1195.

353 *Wesenberg/Wesener*, Neuere deutsche Privatrechtsgeschichte, S. 131; *Klempt*, Die Sachmängelhaftung des Verkäufers im Vernunftrecht und Usus modernus, S. 64 ff.

354 Die Naturrechtstheorien von Grotius, Pufendorf und Wolff hinsichtlich der Begründung einer Sach- und Rechtsmängelgewährleistung sollen hier jedoch nur in Grundzügen erörtert werden, um die Auswirkungen auf die Kodifikation des Allgemeinen Landrechts herauszustellen. Eine ausführliche Darstellung diesbezüglich findet sich bei *Klempt*, Die Grundlagen der Sachmängelhaftung im Vernunftrecht und Usus modernus, S. 32- 47.

Zwar bildete das Privatrecht nicht den Forschungsschwerpunkt der Naturrechtler, jedoch hatten die allgemeinen vernunftrechtlichen Lehren zum Staats- und Völkerrecht auch einen nicht unmaßgeblichen Einfluss auf das Bild der Privatrechtsordnung. Aus der mensch-lichen Natur und ihrem Trieb zur Gemeinschaft und Geselligkeit ergab sich für die Naturrechtler denknotwendig die Einhaltung vernunftrechtlicher Ge- und Verbote, um die Funktionsfähigkeit der menschlichen Gesellschaft aufrecht zu erhalten. Dazu zählte im Bereich des Privatrechts insbesondere der Grundsatz, Verträge zu halten und zugefügten Schaden zu ersetzen.
Ausgangspunkt der naturrechtlichen Sachmängelgewährleistung bildete das Gebot der aequalitas, das besagte, dass Leistung und Gegenleistung einander im Sinne eines Äquivalenzverhältnisses entsprechen müssen.[355] Hugo Grotius, der auch als Vater der modernen Naturrechtslehre bezeichnet wird[356], geht in seinen Lehren als erster auf die Maxime der aequalitas ein:
*„In contractibus natura aequalitatem imperat, et ita quidem, ut ex inaequalitate jus oriatur minus habendi.“* [357]

Losgelöst von den Regelungen des Corpus Iuris versuchte er, die Sachmängelhaftung des Verkäufers in eine allgemeine vernunftrechtliche Lehre über gegenseitige Verträge einzuordnen und unter dem Aspekt des gestörten Äquivalenzverhältnisses neu zu entwickeln.[358] Für Grotius ergibt sich das Gebot der aequalitas nicht aus einer sozialethischen Überzeugung, sondern aus den korrespondierenden Willenserklärungen der Vertragsparteien, die darauf gerichtet sind, für die eigene Leistung eine wertgleiche Gegenleistung zu erhalten.[359] Aus dem Erfordernis eines ausgeglichenen Leistungsverhältnisses entsteht für Grotius die vorvertragliche Pflicht des Verkäufers, die ihm bekannten Fehler einer zu verkaufenden Sache anzuzeigen.[360] Grotius führt jedoch nicht weiter aus, welche konkreten Ansprüche bei Störung der aequalitas eingreifen sollen; er spricht nur allgemein von einer Ausgleichspflicht.[361]

---

[355] *Wesenberg/Wesener*, Neuere deutsche Privatrechtsgeschichte, § 20, S. 151.
[356] *Wieacker*, Privatrechtsgeschichte der Neuzeit, S. 165.
[357] *Grotius*, De jure belli ac pacis, lib. 2, cap. 12, VIII, S. 247.
[358] *Klempt*, Die Grundlagen der Sachmängelhaftung des Verkäufers im Vernunftrecht und Usus modernus, S. 32; *Wesenberg/Wesener*, Neuere deutsche Privatrechtsgeschichte, § 20, S. 151.
[359] *Grotius*, De jure belli ac pacis, lib. 2. cap. 12, XI, 1, S. 249; *Klempt*, Die Grundlagen der Sachmängelhaftung des Verkäufers im Vernunftrecht und Usus modernus, S.33; *Klischies*, Die geschichtliche Entwicklung der Sachmängelhaftung, .S. 70.
[360] *Grotius*, De jure belli ac pacis, lib. 2. cap. 12, IX, 1, S. 247; *Klempt*, Die Grundlagen der Sachmängelhaftung im Vernunftrecht und Usus modernus, S. 33; *Klischies*, Die geschichtliche Entwicklung der Sachmängelhaftung, S. 70 f.
[361] *Grotius*, De jure belli ac pacis, lib. 2. cap. 12, VIII, S. 247; *Klempt*, Die Grundlagen der Sachmängelhaftung im Vernunftrecht und Usus modernus, S. 34.

Pufendorf[362] und Wolff[363] knüpften weitestgehend an Grotius' Lehre vom Synallagma des Vertrages an.[364] Für Wolff bildet die aequalitias-Lehre jedoch nicht die Grundlage der Sachmängelhaftung. Wolff betrachtet den Sachmangel vielmehr als einen Fall des „accidens ingratum", wodurch das „pretium verum" verringert werde und es zu einer Störung des Äquivalenzverhältnisses kommen könne.[365]

Das naturrechtliche Verständnis von der Vertragsäquivalenz wirkte sich auch auf die Rechtsmängelhaftung aus, die im Naturrecht grundlegende Veränderungen erfuhr. Besonderen Anstoß erregte die auch im gemeinen Recht geltende römische Regel des „habere licere", nach der der Verkäufer dem Käufer nur den Besitz und den Gebrauch der Sache, nicht aber das Recht an der Sache, das Eigentum, verschaffen müsse.[366] Pufendorf kritisierte ebenso die Regelung des Gefahrübergangs nach dem Grundsatz: „Periculum est emptoris" als unbillig.[367]

Voll ausgereift war die Lehre von der Rechtsmängelhaftung bei Christian Wolff, der die bereits von Grotius und Pufendorf entwickelten Grundsätze vertiefte.[368] Nach Wolff hatte der Verkäufer dem Käufer das Eigentum an der Kaufsache zu verschaffen. Dieses sollte nach dem sog. Konsensprinzip bereits mit dem obligatorischen Vertrag und nicht erst mit der traditio auf den Käufer übergehen.[369] Das obligatorische Kaufgeschäft und die Übereignung der Sache sind somit bei Wolff zu einem einheitlichen Geschäft verbunden. Der Gefahrübergang, der nach der Naturrechtslehre an den Eigentumswechsel anknüpfen sollte, vollzog sich nach der Wolffschen Auffassung bereits mit Abschluss des obligatorischen Vertrages.[370] Aufgrund der dem Verkäufer obliegenden Rechtsverschaffungspflicht war bei Wolff auch der Verkauf einer

---

362 vgl. *Pufendorf*, Elementorum jurisprudentiae, lib. 1, def. 12, § 55, S. 80; *Pufendorf*, De jure naturae, lib. 5, cap. 3, § 1, S. 467; De officio, lib. 1, cap. 15, § 6, S. 86.

363 *Wolff*, Jus naturae, Band 20, II. Abt., pars 4, cap. 4, § 976, S. 671.

364 *Wesenberg/Wesener*, Neuere deutsche Privatrechtsgeschiche, § 20, S. 151; *Wieacker*, Privatrechtsgeschichte der Neuzeit, S. 311.

365 *Wolff*, Jus naturae, Band 20, II. Abt., pars 4, cap. 4, §§ 1039, 1040, S. 722-724; *Klempt*, Die Grundlagen der Sachmängelhaftung in Vernunftrecht und Usus modernus, S. 46.

366 *Grotius*, De jure belli ac pacis, lib. 2. cap. 11, I, 4, S. 236; Wolff, Institutiones juris naturae et gentium, Band 19, I. Abt.; § 317; *Mitteis/Lieberich*, Deutsches Privatrecht, S. 153; *Coing*, Europäisches Privatrecht, Band I, S. 455 mit weiteren Nachweisen.

367 *Pufendorf*, De jure naturae et gentium, lib.5, cap. 5, § 5, S. 486; *Coing*, Europäisches Privatrecht, Band I, S. 455; *Wieacker*, Privatrechtsgeschichte der Neuzeit, S. 311.

368 *Coing*, Europäisches Privatrecht, Band I, S. 455, Fn. 30; *Rabel*, Die Haftung des Verkäufers wegen Mangels im Rechte, S. 272.

369 *Wolff*, Jus naturae, Band 20, II. Abt., pars 3, cap. 1, § 13, S. 7; *Coing*, Europäisches Privatrecht, Band II, S. 476; *Rabel*, Die Haftung des Verkäufers wegen Mangels im Rechte, S. 272.

370 *Coing*, Europäisches Privatrecht, Band I, S. 455.

fremden Sache nichtig.[371] Im Gegensatz zur Auffassung des usus modernus, kommt es bei Wolff zu einer Verschmelzung der Rechtsmängelhaftung mit der Sachmängelhaftung im Sinne eines einheitlichen Gewährleistungssystems. Aus dem Umstand, dass der Verkäufer dem Käufer die Nutzung der Kaufsache gewähren müsse, zog Wolff die Schlussfolgerung, dass Rechte Dritter, welche den Käufer an der Nutzung hindern, als "vitia rei" anzusehen und somit Sach- und Rechtsmängeln gleichzustellen seien.[372] Inwieweit der Verkäufer zur Gewährleistung verpflichtet ist, sollte sich nach dem Maß der Gebrauchsbeeinträchtigung richten.[373] Fehler, die den Gebrauch nur geringfügig beeinflussten, führten zur Preisminderung, während schwere Fehler, die die Brauchbarkeit ganz aufhoben oder die Sache wertlos machten, ein Redhibitionsrecht gaben.

Das Naturrecht hat die ersten europäischen Kodifikationen in nicht unerheblichem Maße beeinflusst.[374] So übernehmen bspw. das französische und italienische Recht das Konsensprinzip bzgl. der Eigentumsübertragung, und erklären im Zusammenhang damit den Kauf einer fremden Sache im Gegensatz zum römischen Recht für ungültig.[375] Auch für das Preussische Allgemeine Landrecht waren die Lehren Christian Wolffs von großer Bedeutung. [376] Inwiefern sie tatsächlich im Allgemeinen Landrecht umgesetzt wurden, soll folgende Darstellung des preußischen Gewährleistungsrechts näher beleuchten.

## III. Das allgemeine Gewährleistungsrecht gemäß §§ 317-345 I, 5 ALR

Für das Allgemeine Landrecht[377] stellt die Pflicht zur Gewährleistung[378] ein ius naturale aller „lästigen“ (synallagmatischen) Verträge dar, da jeder Kontrahent

---

[371] *Wolff*, Jus naturae, Band 20, II. Abt., pars 4, cap. 4, § 1167, S. 751 f; *Wolff*, Institutiones juris naturae et gentium, Band 19, I. Abt., §§ 199, 258; *Coing*, Europäisches Privatrecht, Band II, S. 476; *Rabel*, Die Haftung des Verkäufers wegen Mangels im Rechte, S. 274.

[372] *Wolff*, Jus naturae, Band 20, II. Abt., pars 4, cap. 4, § 1178, S. 837; *Coing*, Europäisches Privatrecht, Band II, S. 476; *Wesenberg/Wesener*, Neuere deutsche Privatrechtsgeschichte, S. 151; *Klempt*, Die Grundlagen der Sachmängelhaftung im Vernunftrecht und Usus modernus, S. 46; *Rabel*, Die Haftung des Verkäufers wegen Mangels im Rechte, S. 321.

[373] vgl. dazu *Klischies*, Die geschichtliche Entwicklung der Sachmängelhaftung, S 72.

[374] *Coing*, Europäisches Privatrecht, Band II, S. 477.

[375] *Coing*, Europäisches Privatrecht, Band II, S. 477.

[376] *Rabel*, Die Haftung des Verkäufers wegen Mangels im Rechte, S. 272.

[377] Für die folgende Darstellung des preußischen Gewährleistungsrechts wurde die Textausgabe von *Hattenhauer/Bernert* zum Allgemeinen Landrecht für die Preußischen Staaten von 1794, Dritte Auflage, 1996, zugrundegelegt.

[378] Der Entwurf zum Allgemeinen Gesetzbuch enthielt zunächst keine Gewährleistungsvorschriften im fünften Titel. Erst als v. Tevenar die Lücke monierte, stellte Svarez diesbezügliche Bestimmungen auf. *Förster/Eccius*, Preußisches Privatrecht, 1. Bd., § 85, S. 500, Fn. 7; vgl. auch *Klischies*, Die geschichtliche Entwicklung der Sach-mängelhaftung, S. 75.

nur unter der Voraussetzung und Bedingung, dass ihm das bedungene Äquivalent seiner Leistung gewährt werde, diese verspricht.[379]
Der vernunftrechtliche Grundsatz der „aequalitas" lag somit auch der Vertragslehre des Allgemeinen Landrechts zugrunde.[380] Infolgedessen regelte das preußische Recht die Mängelhaftung allgemein im Zusammenhang mit Verträgen, die zur Übergabe von Sachen führen, in den §§ 317 ff I, 5 ALR[381]. Dementsprechend galten für den Kauf, die Miete und den Werkvertrag die gleichen, allgemeinen Gewährleistungsvorschriften; spezielle Regelungen fanden sich darüber hinaus im jeweiligen Vertragstyp.
In den §§ 317 und 318 I, 5 ALR ist die allgemeine Verbindlichkeit zur Gewährleistung geregelt.

*§ 317 I, 5 ALR:*
*Auch die Leistung der Gewähr gehört zur Erfüllung eines Vertrags.*

*§ 318 I, 5 ALR:*
*Bey allen lästigen Verträgen, wo nicht besondere Gesetze oder ausdrückliche Verabredungen ein Anderes mit sich bringen, muß ein Theil dem andern dafür haften, daß sich derselbe der gegebenen Sache, nach der Natur und dem Inhalt des Vertrags, bedienen könne.*

Die Erfüllung des Vertrages allein genügte gem. § 318 I, 5 ALR nicht, um die dem Schuldner obliegende Leistung vollständig zu erbringen. Der Schuldner musste auch dafür einstehen, dass der Gläubiger die ihm gegebene Sache nach dem Inhalt des Vertrages gebrauchen und behalten konnte.
Der Wortlaut des § 317 ALR ist jedoch in der Hinsicht missverständlich, als danach die Mangelhaftigkeit der Leistung immer eine Nichterfüllung des Vertrages bedeuten und somit das Gewährleistungsrecht neben der allgemeinen Kontraktsklage entbehrlich sein würde. In einem weiteren Sinne wurde die Gewährleistung im Allgemeinen Landrecht auch als zur Erfüllung gehörig aufgefasst. Die äußerlich erkennbare Erfüllung, die Übergabe, musste ihr jedoch zeitlich vorausgehen. Die Inanspruchnahme der Gewährleistung setzte also

---

[379] *Siewert*, Materialien zur wissenschaftlichen Erklärung der neuesten allgemeinen Preußischen Landesgesetze, Siebentes Heft, S. 53; *Bornemann*, Systematische Darstellung des Preussischen Civilrechts, 2. Bd., § 190, S. 587; *Förster*, Theorie und Praxis des heutigen gemeinen preußischen Privatrechts, 1. Bd., § 85, S. 474; *Klein*, System des Preußischen Civilrechts, § 115, S. 145; vgl. auch *Dellert*, Der „nach dem Vertrage" vorausgesetzte Gebrauch, S. 63.
[380] *Hucko*, Der Kauf im allgemeinen Landrecht für die Preussischen Staaten, S. 74; *Klempt*, Die Grundlagen der Sachmängelhaftung des Verkäufers im Vernunftrecht und Usus modernus, S. 74.
[381] Die Zitierung der Paragraphen des ALR erfolgt in der Reihenfolge: Norm, Teil, Titel.

einen bereits erfüllten Vertrag voraus.[382] Das Verhältnis von Erfüllung und Gewährleistung ist nach Bornemann wie folgt zu verstehen:[383]

Traten Mängel vor der Übergabe zu Tage – die Sache gehörte dem Geber ganz oder zum Teil nicht, oder die Sache konnte nicht in der gehörigen Beschaffenheit gewährt werden – , so war der Übernehmer befugt, die Annahme der Sache zurückzuweisen und seine Gegenleistung mittels der Einrede des nicht erfüllten Vertrages zu verweigern. Er konnte aber auch am Vertrag festhalten und auf gehörige Erfüllung klagen, bzw. wenn die Unmöglichkeit der Erfüllung feststand, vom Vertrag zurückzutreten und Entschädigung fordern. Wurde ein Mangel hingegen erst nach der Übergabe, also der Erfüllung im engeren Sinn, entdeckt, so durfte der Übernehmer nicht ohne weiteres vom Vertrag wieder abgehen, vielmehr standen ihm nun die Gewährleistungsvorschriften zur Verfügung.

Die Mängelhaftung war demnach im Allgemeinen Landrecht als eine Form der „unechten" Gewährleistung ausgestaltet, da sie ihrem Wesen nach Ersatzanspruch für die Nichterfüllung einer vertraglichen Leistungspflicht des Verkäufers ist.[384]

Die §§ 317, 318 I, 5 ALR beinhalten aber noch eine weitere Besonderheit. Das Preußische Landrecht hat den Versuch unternommen, nach dem Muster der Wolffschen Lehre die Rechtsmängelhaftung mit der Sachmängelhaftung zu verbinden und eine allgemeine Lehre von der Gewährleistung aufzustellen, die die Gewähr für Fehler und rechtliche Mängel nach gleichen allgemeinen Grundsätzen behandelt.[385] Das hinter § 318 I, 5 ALR stehende Prinzip ist die Haftung des Gebers wegen nicht gewährter Sachnutzung[386], denn nicht nur bei Vorliegen von Sachmängeln, sondern auch wegen der Ansprüche eines Dritten

---

[382] *Förster*, Theorie und Praxis des heutigen gemeinen preußischen Privatrechts, 1. Bd., § 84, S. 468 f.

[383] *Bornemann*, Systematische Darstellung des Preussischen Civilrechts, 3. Bd., § 206, S. 20; *Förster*, Theorie und Praxis des heutigen gemeinen preußischen Privatrechts, 1. Bd., § 84, S. 468 ff.

[384] *Bornemann*, Systematische Darstellung des Preussischen Civilrechts, 3. Bd., § 206, S. 20; *Hucko*, Der Kauf im allgemeinen Landrecht für die Preussischen Staaten, S. 86.

[385] *Rabel*, Die Haftung des Verkäufers wegen Mangels im Rechte, S. 315; *Förster*, Theorie und Praxis des heutigen gemeinen preußischen Privatrechts, 1. Bd., § 84, S. 473; *Coing*, Europäisches Privatrecht, Band II, S. 479; *Fischer*, Lehrbuch des preußischen Privatrechts, § 58, S. 337; *Klempt*, Die Grundlagen der Sachmängelhaftung des Verkäufers im Vernunftrecht und Usus modernus, S. 74; *Dellert*, Der „nach dem Vertrage" vorausgesetzte Gebrauch, S. 62.

[386] *Rabel*, Die Haftung des Verkäufers wegen Mangels im Rechte, S. 323; *Coing*, Europäisches Privatrecht, Band II, S. 479; *Klempt*, Die Grundlagen der Sachmängelhaftung des Verkäufers im Vernunftrecht und Usus modernus, S. 74.

könne sich der Empfänger der Sache nicht nach Inhalt und Zweck des Vertrages bedienen.[387]
Die Konstruktion einer einheitlichen Haftung für Sach- und Rechtsmängel ist von den Kodifikatoren allerdings nicht konsequent durchgehalten bzw. nur ansatzweise umgesetzt worden.[388] Mit der Festlegung der allgemeinen Gewährleistungspflicht in den §§ 317, 318 I, 5 ALR scheint jedenfalls schon die Grenze der Mängelvereinheitlichung im Landrecht erreicht, da im Anschluss an diese Paragraphen das Gesetz wieder in üblicher Weise zwischen den Ansprüchen wegen fehlender Eigenschaften (§§ 319-322 I, 5; 325- 332 I, 5), den Ansprüchen Dritter (§§ 323, 324 I, 5) und wegen der Sache „anklebender" Lasten (§§ 333-338 I, 5) unterscheidet, aber von den Ansprüchen Dritter außer in den §§ 323, 324 I, 5 ALR im fünften Titel nirgendwo mehr die Rede ist.[389] Auf dieses Problem wird jedoch noch an anderer Stelle einzugehen sein. Zumindest ist durch das Bestreben, das Mängelrecht zu vereinheitlichen, viel Unklarheit in die Theorie des Allgemeinen Landrechts gekommen, die nach überwiegender Ansicht in der landrechtlichen Literatur nur überwunden werden kann, wenn man sie bei der wissenschaftlichen Erörterung wieder trennt.[390] Dem schließt sich auch die folgende Darstellung an.

### 1. Gewährleistung wegen fehlender Eigenschaften der Sache

Insgesamt weist die Ausgestaltung der Sachmängelhaftung im Allgemeinen Landrecht keine erheblichen Veränderungen gegenüber der im usus modernus pandectarum herrschenden Lehre auf.[391]
Nach § 319 I, 5 ALR musste der Geber, *„die bey der Sache gewöhnlich vorausgesetzten, und die im Contract ausdrücklich vorbedungenen Eigenschaften vertreten"*.

---

[387] *Koch*, Kommentar, § 318 I, 5 ALR, Rn. 20, S. 235 f; *Rabel*, Die Haftung des Verkäufers wegen Mangels im Rechte, S. 321 f.

[388] *Schubert/Regge*, Gesetzrevision 1825-1848, Abt. II/ 3, S. 123 [199]; *Rabel*, Die Haftung des Verkäufers wegen Mangels im Rechte, S. 323, 327; *Wesenberg/Wesener*, Neuere Deutsche Privatrechtsgeschichte, S. 151; *Fischer*, Lehrbuch des preußischen Privatrechts, § 58, S. 338.

[389] *Rabel*, Die Haftung des Verkäufers wegen Mangels im Rechte, S. 323; *Bornemann*, Von Rechtsgeschäften überhaupt und von Verträgen insbesondere, S. 357.

[390] vgl. *Bornemann*, Von Rechtsgeschäften überhaupt und Verträgen insbesondere insbesondere, S. 356 f; *Förster*, Theorie und Praxis des heutigen gemeinen preußischen Privatrechts, 1. Bd., § 84, S. 474; *Fischer*, Lehrbuch des preußischen Privatrechts, § 58, S. 338.

[391] *Klempt*, Die Grundlagen der Sachmängelhaftung des Verkäufers im Vernunftrecht und Usus modernus, S. 75.

Das Allgemeine Landrecht differenzierte bei der Gewährleistung wegen fehlender Eigenschaften einmal zwischen den fehlenden vorbedungenen Eigenschaften, §§ 325-328 I, 5 ALR, und den fehlenden gewöhnlich vorausgesetzten Eigenschaften, §§ 329-332 ALR.
Vorausgesetzte Eigenschaften sind solche, die einer Sache mittlerer Art und Güte ihrer Natur nach gewöhnlich anhaften.[392] Als besonders bedungen gelten diejenigen Eigenschaften, die der Geber bei Geschäftsabschluss besonders verspricht und garantiert (promissa), oder bei den Verhandlungen dem Objekt zuschreibt (dicta).[393] Davon zu unterscheiden sind jedoch Anpreisungen, welche derart allgemein sind, dass man im Verkehr keinen Wert auf dieselben zu legen pflegt.[394]

### a. Fehlende vorbedungene Eigenschaften

Der Geber einer Sache ist verpflichtet gewesen, die ausdrücklich vorbedungenen Eigenschaften zu gewähren, anderenfalls war der Empfänger berechtigt, ihn auf Gewährung gemäß § 325 I, 5 ALR in Anspruch zu nehmen.

*§ 325 I, 5 ALR:*
*Fehlen der Sache ausdrücklich vorbedungene Eigenschaften, so ist der Empfänger auf die Gewährung derselben anzutragen berechtigt.*

Da die vorbedungenen Eigenschaften Gegenstand des Vertrages sind, war der Empfänger nicht bloß auf die ädilizischen Gewährschaftsklagen angewiesen, sondern konnte ebenfalls mit der Kontraktsklage zunächst die gehörige Erfüllung des Versprochenen erzwingen.[395] § 325 I, 5 ALR gab dem Empfänger ein Nachgewährungs-, und dem Geber ein Nachbesserungsrecht.[396]
Die Erhebung der Gewährschaftsklage war gem. § 326 I, 5 ALR davon abhängig, ob der Geber die fehlende Eigenschaft nachträglich gewähren konnte.[397]

---

[392] *Förster*, Theorie und Praxis des heutigen gemeinen preußischen Privatrechts, 1. Bd., § 85, S. 477.
[393] *Dernburg*, Das Obligationenrecht Preußens und des Reichs, § 143, S. 367 f; vgl. auch *Hucko*, Der Kauf im allgemeinen Landrecht für die Preussischen Staaten, S. 90.
[394] *Förster*, Theorie und Praxis des heutigen gemeinen preußischen Privatrechts, 1. Bd., § 85, S. 477; *Dernburg*, Das Obligationenrecht Preußens und des Reichs, § 143, S. 367 f.
[395] *Koch*, Kommentar, § 325 I, 5 ALR, Rn. 26, 27, S. 237; *Klempt*, Die Grundlagen der Sachmängelhaftung des Verkäufers im Vernunftrecht und Usus modernus, S. 75; *Klischies*, Die geschichtliche Entwicklung der Sachmängelhaftung, S. 76; *Seiler*, Vom Allgemeinen Landrecht zum Bürgerlichen Gesetzbuch, S. 35.
[396] vgl. ausführlich zum Nachbesserungsrecht: *Hucko*, Der Kauf im allgemeinen Landrecht für die Preussischen Staaten, S. 94 f.
[397] *Dernburg*, Das Obligationenrecht Preußens und des Reichs, § 144, S. 371.

*§ 326 I, 5 ALR:*
*Kann der Geber die fehlende Eigenschaft nicht gewähren, so kann der Uebernehmer von dem Contracte wieder abgehn.*

Hierbei ist umstritten gewesen, ob die Nachgewährung eine Bedingung der Wandlungsklage sei, und der Empfänger daher vor Erhebung der Wandlungsklage zunächst auf Erfüllung klagen müsse.[398] War dem Geber die Nachbesserung nicht möglich, stand dem Empfänger gemäß § 326 I, 5 ALR ein Wandlungsrecht zu und er konnte von dem Vertrag zurücktreten. Der Rücktritt wurde dem Empfänger nach § 327 I, 5 ALR aber nur dann gewährt, wenn er die Sache in dem Stande, in welchem er sie empfangen hatte, zurückgeben konnte.

*§ 327 I, 5 ALR:*
*Er muß aber alsdann die Sache in dem Stande, in welchem er sie empfangen hat, zurückgeben.*

Zweck dieser Regelung war es, einen Zustand herbeizuführen, als wäre der Vertrag überhaupt nie geschlossen worden; kein Teil sollte Schaden, aber auch keiner Vorteil haben.[399] Schon nach gemeinrechtlicher Praxis war die Wandlungsklage nur dann ausgeschlossen, wenn der Empfänger die Substanz der Sache verändert hatte.[400] Dies galt auch für das preußische Recht.[401] Jedoch konnte nicht jede Veränderung oder Verschlechterung des Zustandes der Sache die Redhibiton ausschließen, denn schließlich trat die Mangelhaftigkeit einer Sache häufig erst bei deren Bearbeitung oder natürlichen Veränderungen zu tage. Zudem gab das Allgemeine Landrecht, abweichend vom römisch-

---

[398] Für eine vorherige Erhebung der Erfüllungsklage: *Bornemann*, Systematische Darstellung des Preussischen Civilrechts, 2. Bd., § 192, S. 593 ff; *Förster*, Theorie und Praxis des heutigen gemeinen preußischen Privatrechts, 1. Bd., § 85, S. 478.; Dagegen: *Koch*, Kommentar, § 325, Rn. 27: " Führt die Kontraktsklage auf Erfüllung nicht zum Ziel, so ist der Empfänger mithin auch nicht verpflichtet, dieselbe gleichsam wie eine Präjudizialklage zu gebrauchen, um dadurch festzustellen, daß der Geber die fehlende Eigenschaft nicht gewähren könne ...vielmehr muß er berechtigt sein, eine der aedilizischen Klagen ohne Weiteres anzuwenden." Ebenso *Dernburg*, Das Obligationenrecht Preußens und des Reichs, § 144, S. 371: „...das Erfordernis der Klage würde die Realisierung des Rechts unbillig verzögern. Dem Geber erwächst lediglich eine Einrede, wenn er im Stande gewesen ist, die Eigenschaften nachträglich zu gewähren, und zwar in solcher Zeit, wo die Kontraktsabsicht im Wesentlichen noch zu erreichen gewesen wäre. Er kann durch das Angebot der Verbesserung somit die Abweisung der Gewährschaftsklage erlangen."

[399] *Förster*, Theorie und Praxis des heutigen gemeinen preußischen Privatrechts, 1. Bd., § 85, S. 481; *Fischer*, Lehrbuch des preußischen Privatrechts, § 58, S. 339.

[400] *Bornemann*, Systematische Darstellung des Preussischen Civilrechts, 2. Bd., § 192, S. 594.

[401] *Bornemann*, Systematische Darstellung des Preussischen Civilrechts, 2. Bd., § 192, S. 594 f.

gemeinen Recht, dem Zurücktretenden hinsichtlich der Früchte, Verbesserungen und Verschlimmerungen die Stellung eines redlichen Besitzers (§§ 337, 338 I 5).[402] Die Wandlung konnte daher nur dann ausgeschlossen sein, wenn die Sache durch die Schuld des Empfängers ganz zu Grunde ging oder eine wesentliche Verschlechterung erlitt, mithin also nur in einem völlig veränderten oder unbrauchbaren Zustand zurückgegeben werden konnte.[403]
Alternativ hatte der Empfänger neben der Möglichkeit der Wandlung gemäß § 328 I, 5 ALR auch ein Minderungsrecht.[404] Er konnte die Minderungsklage anstrengen und soviel vom Preis abziehen, als die Sache wegen der fehlenden Eigenschaft weniger wert war. Maßgebend war dabei nicht die subjektive Wertschätzung des Käufers, sondern die objektive Wertminderung.[405]

*§ 328 I, 5 ALR:*
*Kann oder will er dieses nicht, so hat es bey dem Contract sein Bewenden, und der Empfänger kann von dem Geber nur so viel an Vergütung fordern, als die Sache wegen der fehlenden Eigenschaft weniger werth ist.*

War die Sache wegen des Fehlers völlig wertlos, so konnte auch der volle Preis ohne Redhibition zurückgefordert werden. Die Minderungsklage hatte dann für den Empfänger denselben Erfolg wie die Wandlungsklage.[406] Im übrigen kam es nicht darauf an, ob es sich bei dem Mangel um einen Haupt- oder Nebenmangel handelte. Das Allgemeine Landrecht hat den in der Praxis des gemeinen Rechts geltenden Grundsatz, dass nur wegen Haupt- oder solcher Mängel, welche die Brauchbarkeit der Sache zu dem bestimmten Zweck völlig aufheben, die actio redhibitoria, wegen anderer Nebenmängel bloß die actio quanti minoris geltend gemacht werden könne, verworfen.[407] Das Wahlrecht des Käufers zwischen Wandlung und Minderung war demnach unbeschränkt.[408]

---

[402] *Dernburg*, Das Obligationenrecht Preußens und des Reichs, § 144, S. 373; vgl. auch *Klischies*, Die geschichtliche Entwicklung der Sachmängelhaftung, S. 77.
[403] *Dernburg*, Das Obligationenrecht Preußens und des Reichs, § 144, S. 373; *Bornemann*, Systematische Darstellung des Preussischen Civilrechts, 2. Bd., § 192, S. 595; *Förster*, Theorie und Praxis des heutigen gemeinen preußischen Privatrechts, 1. Bd., § 85, S. 481; *Klein*, System des Preußischen Civilrechts, 1. Bd., § 117, S. 147; vgl. auch *Klischies*, Die geschichtliche Entwicklung der Sachmängelhaftung, S. 77.
[404] *Dernburg*, Das Obligationenrecht Preußens und des Reichs, § 144, S. 371; *Bornemann*, Systematische Darstellung des Preussischen Civilrechts, 2. Bd., § 192, S. 596.
[405] *Koch*, Das Recht der Forderungen nach preußischem Rechte, 2. Bd., S. 439; *Klempt*, Die Grundlagen der Sachmängelhaftung im Vernunftrecht und Usus modernus, S. 75; *Seiler*, Vom Allgemeinen Landrecht zum Bürgerlichen Gesetzbuch, S. 34.
[406] *Dernburg*, Das Obligationenrecht Preußens und des Reichs, § 144, S. 375.
[407] *Bornemann*, Systematische Darstellung des Preussischen Civilrechts, 2. Bd., § 190, S. 587.
[408] *Koch*, Das Recht der Forderungen nach preußischem Rechte, Band 2, S. 438; *Klempt*, Die Grundlagen der Sachmängelhaftung des Verkäufers im Vernunftrecht und Usus modernus, S.

Hatte der Empfänger sich jedoch erst einmal für Preisminderung entschieden, konnte er nicht mehr auf die Wandlungsklage zurückgehen.[409]

**b. Fehlende gewöhnlich vorausgesetzte Eigenschaften**

Bezüglich der gewöhnlich vorausgesetzten Eigenschaften stellte das preußische Recht in Weiterentwicklung des ädilizischen Edikts die Haftung auf die Grundlage des Irrtums.[410]

*§ 329 I, 5 ALR:*
*Fehlen der Sache solche Eigenschaften, die dabey gewöhnlich vorausgesetzt werden, so finden die Vorschriften des vierten Titels §. 81. 82. Anwendung.*

Der Empfänger musste sich über das Vorhandensein einer gewöhnlich vorausgesetzten Eigenschaft geirrt haben, und zwar zur Zeit des Vertragsschlusses.[411] Gemäß §§ 81, 82 I, 4 ALR ist ein Irrtum über eine gewöhnlich vorausgesetzte Eigenschaft einer Person oder Sache jedoch nur dann als wesentlich anzusehen, wenn dieser Irrtum unverschuldet ist. In Bezug auf die Gewährleistung wegen gewöhnlich vorausgesetzter Eigenschaften bedeutet dies, dass der Anspruch auf Gewährleistung fortfällt, wenn der Fehler zur Zeit der Übergabe in die Augen fallend war, d. h. dem Übernehmer ohne sein grobes oder mäßiges Versehen nicht verborgen bleiben konnte. Der Empfänger verlor jedoch nur das Recht auf Wandlung und Minderung; seine Ansprüche auf Nachbesserung und Schadensersatz blieben auch bei Vorliegen eines objektiven Mangels unberührt.[412]

*§ 330 I, 5 ALR:*
*Ist also der Fehler in die Augen fallend, und der Empfänger hat die Sache, ohne denselben ausdrücklich zu rügen, übernommen, so kann er weder vom Vertrage zurücktreten, noch Vergütung fordern.*

Lag jedoch lediglich ein unverschuldeter Irrtum über eine gewöhnlich vorausgesetzte Eigenschaft einer Sache vor, dann fanden gemäß § 331 I, 5 ALR

---

75.

[409] *Dernburg*, Das Obligationenrecht Preußens und des Reichs, § 144, S. 372; *Klischies*, Die geschichtliche Entwicklung der Sachmängelhaftung, S. 77.

[410] *Fischer*, Lehrbuch des preußischen Privatrechts, § 58, S. 339.

[411] *Förster*, Theorie und Praxis des heutigen gemeinen preußischem Privatrechts, 1. Bd., § 85, S. 476.

[412] *Bielitz*, Kommentar, Bd. 1, S. 699 f; siehe auch *Hucko*, Der Kauf im allgemeinen Landrecht für die Preussischen Staaten, S. 101.

die Vorschriften bezüglich der Gewährung von ausdrücklich vorbedungenen Eigenschaften Anwendung.

*§ 331 I, 5 ALR:*
*Ist aber der Fehler nicht in die Augen fallend, so findet alles statt, was von dem Mangel einer solchen Eigenschaft, deren Gewährung ausdrücklich versprochen worden, §. 325-328. vorgeschrieben ist.*

Die Behandlung des Irrtums über das Vorhandensein einer gewöhnlich vorausgesetzten Eigenschaft als ein Fall der Gewährleistungshaftung erfolgte im Allgemeinen Landrecht allein aus beweistechnischen Gründen.[413] Im Gegensatz zum Irrtumsrecht trug hier der Geber die Beweislast dafür, dass der Fehler in die Augen fallend gewesen sei.[414]
Bemerkte der Übernehmer einen Fehler der Sache vor der Übernahme, so musste er dieselbe verweigern oder sich durch eine ausdrückliche Protestation seine Rechte vorbehalten[415], ansonsten galt gemäß § 332 I, 5 ALR die grundsätzliche Vermutung, dass der Fehler einer Sache erst nach deren Übernahme entstanden sei.

*§ 332 I, 5 ALR:*
*Wenn nicht erhellet, dass der Fehler der Sache schon bey der Uebernehmung derselben vorhanden gewesen, so wird angenommen, dass er erst nach dieser Zeit entstanden sey.*

**2. Gewährleistung wegen der Ansprüche Dritter**

Die §§ 323, 324 I, 5 ALR handelten von der Gewährleistung wegen der Ansprüche Dritter.

*§ 323 I, 5 ALR:*
*Auch wegen der Ansprüche eines Dritten auf die vermöge des Vertrags gegebne Sache muß der Geber nach §. 320. Vertretung leisten, in so fern der Empfänger dadurch sich der Sache nach der Natur und dem Inhalte des Vertrags zu bedienen gehindert wird.*

---

413 *Klischies*, Die geschichtliche Entwicklung der Sachmängelhaftung, S. 78; *Dellert*, Der „nach dem Vertrage" vorausgesetzte Gebrauch, S. 64.
414 *Bornemann*, Systematische Darstellung des Preussischen Civilrechts, 2. Bd., § 191, S. 591.
415 *Bornemann*, Systematische Darstellung des Preussischen Civilrechts, 2. Bd., § 191, S. 591.

Durch den Anspruch eines Dritten konnte dem Übernehmer entweder die Sache selbst ganz oder zum Teil entzogen oder aber gegen denselben ein dingliches Recht auf die übergebene Sache geltend gemacht werden.[416]

*§ 324 I, 5 ALR:*
*Nähere Bestimmungen darüber sind bey den verschiedenen Arten der Verträge festgesetzt.*

Über die Bedeutung des § 324, der bzgl. der Ansprüche Dritter auf die in den einzelnen Vertragstypen vorhandenen näheren Bestimmungen verweist, herrschte in der landrechtlichen Literatur Unsicherheit, da er die in den §§ 317, 318 I, 5 ALR statuierte Vereinheitlichung der Sach- und Rechtsmängelhaftung, jedenfalls auf den ersten Blick, wieder aufzuheben scheint.[417] Aus dem Gesetz allein ging zumindest nicht klar hervor, ob die im fünften Titel enthaltenen Regelungen über die Gewährleistung sich auch auf die Ansprüche Dritter, namentlich die Eviktionsfälle, beziehen oder ob diese, wie es § 324 I, 5 ALR festlegte, in den einzelnen Vertragstypen eine eigenständige Regelung erfahren haben. Diese Frage wurde insbesondere bei der Anwendbarkeit der Verjährungsvorschriften der §§ 343, 344 I, 5 ALR relevant.[418] Aus den Materialien zum Allgemeinen Landrecht geht hervor, dass die Norm des § 324 erst nachträglich in den fünften Titel aufgenommen wurde.[419]
Der Geheime Ober-Revisionsrat Gosler hatte moniert, dass der Entwurf zum Allgemeinen Gesetzbuch im fünften Titel keine Bestimmungen wegen der Ansprüche dritter Personen und der daraus hervorgehenden Verpflichtung zur Eviktionsleistung enthalte. Gosler schlug daher vor, die allgemein anwendbaren Grundsätze der Rechtsmängelhaftung aus der Lehre vom Kauf in den fünften Titel zu übernehmen. Svarez trat dem jedoch entgegen, da er die Gewährleistungshaftung wegen der Ansprüche dritter Personen bereits in den Bestimmungen des fünften Titels erfasst sah.
*„Ich würde dieser Meinung nicht beitreten. Denn:*

1) *sind die allgemeinen Grundsätze auch von dieser Art der Eviktionsleistung in den gegenwärtigen §§. allerdings enthalten. Wenn ein Dritter einen Anspruch an die Sache hat, so will er*
    a) *entweder die Sache selbst ganz oder zum Theil an sich nehmen; oder*
    b) *er behauptet, dass ihm ein jus in re zukomme.*

---

[416] *Bornemann*, Von Rechtsgeschäften überhaupt und von Verträgen insbesondere, S. 365.
[417] Statt vieler, vgl. *Bornemann*,Von Rechtsgeschäften überhaupt und von Verträgen insbesondere, S. 357 f; *Rabel*, Die Haftung des Verkäufers wegen Mangels im Rechte, S. 323 f.
[418] vgl. *Schubert/Regge*, Preussische Gesetzrevision 1825- 1848; Abt. II/3, S. 123 [199].
[419] vgl. *Schubert/Regge*, Preussische Gesetzrevision 1825-1848, Abt. II/3, S. 123 [199].

*In dem Falle sub a macht der Anspruch des Dritten, dass der Empfänger sich der Sache nach der Natur und dem Inhalte des Vertrages nicht bedienen kann, und davon wird hier §§. 235., 326. (§§. 320., 321. des Textes) gehandelt. In dem Falle sub b. klebt der Sache eine Last an, und davon disponiert der §. 246., ... Es ist also unrichtig, dass diese species der Eviktionsleistung hier ganz übergangen wäre.*

*2) ...*"[420]

Nach dem Willen der Verfasser des Landrechts soll sich die Gewährleistung in den §§ 317, 318 I, 5 ALR sowohl auf die ädilizischen Klagen der actio redhibitoria und der actio quanti minoris wegen natürlicher Fehler der Sache als auch auf die Eviktionsleistung des Gebers wegen Mangels im Rechte beziehen.[421] Eine detaillierte Regelung der Eviktionshaftung in den allgemeinen Gewährleistungsbestimmungen lehnte Svarez aufgrund der Verschiedenheit der zugrundliegenden Kontrakte aber ab. Svarez schlug stattdessen vor, einen sog. Beziehungsparagraphen, wie er in § 324 I, 5 ALR seine Gestalt gefunden hat, in die Bestimmungen aufzunehmen.

Aufgrund der zerrissenen Darstellungsweise der Gewährleistung wegen der Ansprüche dritter Personen ist im Allgemeinen Landrecht diesbezüglich zu differenzieren. Soweit in dem Verhältnis des Übernehmers zu dem Geber durch das Recht des Dritten die Mangelfreiheit der Sache in Frage steht, müssen gemäß §§ 333 und § 334 I, 5 ALR die Regeln der Gewährleistung wegen fehlender Eigenschaften herangezogen werden.[422] Ist dagegen das Verhältnis des Übernehmers zu dem Geber in Bezug auf den Dritten betroffen, finden die Regeln der Gewährleistung wegen Eviktion der Sache Anwendung.[423] Die Redaktoren des Allgemeinen Landrechts haben jedoch die Fälle der Eviktion, die nach der Wertung des Gesetzes allein als Rechtsmangel verstanden werden, im fünften Titel nur oberflächlich behandelt und wegen der Sachnähe an andere Orte verwiesen.[424]

---

420 vgl. *Schubert/Regge*, Gesetzrevision 1825-1848, Abt. II/3, S. 124 [200]; *Bornemann*, Systematische Darstellung des Preussischen Civilrechts, 2. Bd., § 190, S. 589, siehe dort Anmerkung in der Fußnote.

421 *Siewert*, Materialien zur wissenschaftlichen Erklärung der neuesten allgemeinen Preußischen Landesgesetze, Siebentes Heft, S. 53 f; *Schubert/Regge*, Preußische Gesetzrevision 1825-1848; Abt. II/3, S. 123 ⌊199⌋; *Koch*, Kommentar, § 317 I, 5 ALR, S. 235, Rn. 19; vgl. auch *Klempt*, Die Grundlagen der Sachmängelhaftung des Verkäufers im Vernunftrecht und Usus modernus, S. 74; *Klischies*, Die geschichtliche Entwicklung der Sachmängelhaftung, S. 75; *Seiler*, Vom Allgemeinen Landrecht zum Bürgerlichen Gesetzbuch, S. 32 f.

422 *Bornemann*, Systematische Darstellung des Preussischen Civilrechts, 2. Bd., § 190, S. 588 f, 614.

423 *Bornemann*, Systematische Darstellung des Preussischen Civilrechts, 2. Bd., § 190, S. 588.

424 *Förster*, Theorie und Praxis des heutigen gemeinen preußischen Privatrechts, 1. Bd., § 86,

### 3. Gewähr wegen der Sache anhaftender Lasten

Außergewöhnliche Lasten einer Sache musste der Geber gemäß § 335 I, 5 ALR vertreten, hingegen solche Lasten, welche einer Sache der Art gewöhnlich anhaften, gemäß § 334 I, 5 ALR nur dann, wenn er die Freiheit davon ausdrücklich versprochen oder behauptet hatte.

*§ 333 I, 5 ALR:*
*Wegen solcher Lasten, die einer Sache derselben Art gewöhnlich ankleben, findet in der Regel keine Vertretung statt.*

*§ 334 I, 5 ALR:*
*Ist jedoch die Freyheit von einer gewissen Last ausdrücklich vorbedungen worden und es findet sich, daß die Sache dennoch damit behaftet sey, so gelten alle Vorschriften, welche für den Fall, wenn eine ausdrücklich zu gewähren versprochene Eigenschaft ermangelt, §.325- 328 ertheilt worden.*

*§ 335 I, 5 ALR:*
*Ist die Sache mit einer für Sachen derselben Art ungewöhnlichen Last behaftet, so finden die wegen des Mangels einer gewöhnlich vorausgesetzten Eigenschaft §. 329. 330. 331 gegebnen Vorschriften Anwendung.*

Die Gewähr wegen der Sache „anklebender" Lasten stellt nach dem Landrecht eine Mittelgattung der Gewährleistung dar. Die einer Sache „anklebenden" Lasten zählen zwar an sich zu den Ansprüchen eines Dritten, bezwecken jedoch nicht die Entziehung der Sache selbst oder eines ihr zugehörigen Teils, sondern nur eine Einschränkung des übertragenen Rechts in Ansehung gewisser Qualitäten, weshalb sie ihrem Grunde nach der Rechtsmängelhaftung angehören, aber im Ergebnis gem. §§ 334, 335 I, 5 ALR wie die Sachmängelgewährleistungsfälle behandelt werden.[425]
Der Versuch einer Vereinheitlichung von Sach- und Rechtsmängeln unter dem Gesichtspunkt der nicht gewährten Sachnutzung, ist somit zumindest bzgl. der Sache „anklebender" Lasten im Gesetz eindeutig durchgeführt worden.[426]
Nähere Bestimmungen bezüglich der Gewähr wegen der Sache „anklebender" Lasten, sind gemäß § 336 I, 5 ALR bei den einzelnen Vertragsarten zu suchen.

---

S. 485.

[425] *Bornemann*, Systematische Darstellung des Preussischen Civilrechts, 2. Bd., § 190, S. 588; *Siewert*, Materialien zur wissenschaftlichen Erklärung der neuesten allgemeinen Preußischen Landesgesetze, Siebentes Heft, S. 65 f.

[426] *Coing*, Europäisches Privatrecht, Band II, S. 479; *Rabel*, Die Haftung des Verkäufers wegen Mangels im Rechte, S. 326, Fn. 2.

## 4. Voraussetzungen des Gewährleistungsanspruchs

Ein Anspruch auf Sachmängelgewährleistung war jedoch nur dann begründet, wenn der Fehler[427] der Sache bereits zur Zeit der Übergabe, wenn auch nur seinem Grunde nach, vorhanden gewesen ist.[428] Anderenfalls trat die Vermutung des § 332 ALR ein, dass ein Fehler, dessen früheres Vorhandensein nicht nachweisbar ist, erst nach der Übernahme entstanden sei. Darüber hinaus durfte der Fehler gemäß § 321 I, 5 ALR nicht durch das eigene Verschulden des Empfängers hervorgebracht worden sein.

*§ 321 I, 5 ALR:*
*Ist die Unmöglichkeit, sich der Sache solchergestalt zu bedienen, durch eignes auch nur geringes Versehen des Empfängers entstanden, so kann derselbe von dem Geber keine Vertretung fordern.*

Auf ein Verschulden des Gebers kam es für die Begründung des Gewährleistungsanspruchs nicht an.[429] Er haftete seinem Kontrahenten, selbst wenn ihm gar keine Schuld zur Last fiel, für die Mängelfreiheit der Sache im Sinne einer vertraglichen Garantiehaftung.[430] Lag darüber hinaus ein Verschulden des Gebers vor, so musste er, neben der Restitution der Gegenleistung oder Vergütung der Wertdifferenz, dem Empfänger nach Maßgabe seines Verschuldens, auch den sonst verursachten Schaden ersetzen.[431] Dieser Anspruch ergab sich gemäß § 320 I, 5 ALR aus der Natur der „lästigen" Verträge.

---

427 Der Fehlerbegriff ist in § 197 I, 11 ALR beim Kauf definiert: "Hat die Sache die beym Kauf ausdrücklich oder stillschweigend vorausgesetzten Eigenschaften nicht, so wird sie fehlerhaft genannt."

428 *Bornemann*, Systematische Darstellung des Preussischen Civilrechts, 2. Bd., § 191, S. 592; *Seiler*, Vom Allgemeinen Landrecht zum Bürgerlichen Gesetzbuch, S. 36; *Fischer*, Lehrbuch des preußischen Privatrechts, § 58, S. 339.

429 *Koch*, Kommentar, § 320, Fn. 23; *Klein*, System des Preussischen Civilrechts, 1. Bd., § 116, S. 146.

430 vgl. *Bornemann*, Systematische Darstellung des Preussischen Civilrechts, 2. Bd., § 190, S. 588 und 586; *Fischer*, Lehrbuch des preußischen Privatrechts, § 58, S. 338.

431 *Bornemann*, System des Preussischen Civilrechts, 2. Bd., § 191, S. 596; *Förster*, Theorie und Praxis des gemeinen preußischen Privatrechts, 1. Bd., § 85, S. 475; *Fischer*, Lehrbuch des preußischen Privatrechts, § 58, S. 338; vgl. auch *Klischies*, Die geschichtliche Entwicklung der Sachmängelhaftung, S. 78; *Seiler*, Vom Allgemeinen Landrecht zum Bürgerlichen Gesetzbuch, S. 35.

*§ 320 I, 5 ALR:*
*Liegt an dem Geber die Schuld, daß sich der Empfänger der gegebnen Sache, nach der Natur und dem Inhalt des Vertrags, nicht bedienen kann, so muß er den Empfänger schadlos halten. (§ 285-§ 291).*

Ob der Schadensersatzanspruch des Empfängers auf Ersatz seines Interesses, worunter je nach Verschuldensgrad[432] auch der entgangene Gewinn und mögliche Mangelfolgeschäden fallen konnten (§§ 285- 287 I, 5 ALR), nur mit der Kontraktsklage oder auch mit der Gewährschaftsklage geltend gemacht werden konnte, war umstritten.[433] Beide Klagen konnten allerdings nebeneinander stehen und miteinander verbunden werden.[434]

## 5. Verjährung der Gewährleistungsansprüche

Die Verjährung der Gewährleistungsansprüche ist im Allgemeinen Landrecht in den §§ 343-345 des Fünften Titels geregelt. Die kurze Verjährung, welche das römische Recht bei den ädilizischen Gewährschaftsklagen eintreten ließ, ist Veranlassung geworden, auch die Gewährschaftsklagen des preußischen Rechts einer kurzen Verjährung zu unterwerfen.[435] Im Gegensatz zum römisch-gemeinen Recht[436] stufte das Landrecht nach der Beschaffenheit des Mangels und dem Vertragsobjekt ab, ohne Unterschied, ob auf Wandlung oder Preisminderung geklagt wurde.[437] Wegen natürlicher – also physischer – Fehler war die Klage bei Immobilien in einem Jahr, bei Mobilien in sechs Monaten anzustellen. Die Frist begann jedoch nicht wie im römischen Recht mit dem Vertragsschluss, sondern erst vom Empfang der Sache an zu laufen.[438]

*§ 343 I, 5 ALR:*
*Die Rechte, welche dem Uebernehmer einer Sache wegen natürlicher die Sache selbst betreffender Fehler zukommen, muß derselbe, bey Landgütern innerhalb Dreyer Jahre, bey städtischen Grundstücken innerhalb Eines Jahres, bey beweglichen Sachen aber innerhalb Sechs Monathe, nach dem Empfang der Sache ausüben.*

---

[432] Ausführlich zur Bedeutung der Schuld: *Hucko*, Der Kauf im allgemeinen Landrecht für die Preussischen Staaten, S. 92.
[433] *Dernburg*, Das Obligationenrecht Preußens und des Reichs, § 144, S. 375; siehe *Koch*, Kommentar, § 320, Fn. 23.
[434] *Dernburg*, Das Obligationenrecht Preußens und des Reichs, § 144, S. 375.
[435] *Dernburg*, Das Obligationenrecht Preußens und des Reichs, § 145, S. 376.
[436] vgl. diesbezüglich *Klischies*, Die geschichtliche Entwicklung der Sachmängelhaftung, S. 35.
[437] *Dernburg*, Das Obligationenrecht Preußens und des Reichs, § 145, S. 376; *Klischies*, Die geschichtliche Entwicklung der Sachmängelhaftung, S. 79.
[438] vgl. *Klischies*, Die geschichtliche Entwicklung der Sachmängelhaftung, S. 79.

Wegen Mängeln, welche nicht die Sache selbst, sondern äußere Eigenschaften, Befugnisse oder Lasten betrafen, musste der Empfänger bei Grundstücken innerhalb von sechs Monaten, bei Mobilien binnen drei Monaten klagen. Hier begann die Frist erst ab Kenntnis des Mangels.

*§ 344 I, 5 ALR:*
*Wegen solcher Mängel hingegen, welche nicht die Sache selbst, sondern nur äußere Eigenschaften, Befugnisse oder Lasten derselben betreffen, muß der Uebernehmer seine Rechte bey Landgütern innerhalb Eines Jahres, bey städtischen Grundstücken innerhalb Sechs, und bey beweglichen Sachen innerhalb Dreyer Monathe, nach der von dem Mangel erlangten Kenntniß, geltend machen.*

§ 344 I, 5 ALR betraf die rechtlichen Beziehungen der Sache und umfasste nach allgemeiner Auffassung die sog. juristischen Mängel.[439] Mängel juristischer Natur sind auf der Sache ruhende Belastungen, wie bspw. Grundgerechtigkeiten oder Reallasten, deren Existenz dem Käufer unbekannt war, und die der Verkäufer zu vertreten hatte. Auch die Eviktion von Pertinenzstücken (Zubehör) sowie das Fehlen zugesagter Rechte zählten hierzu.[440]
Fraglich war, ob § 344 I, 5 ALR alle Rechtsmängel wegen der Ansprüche Dritter umfasste, mithin also auch der Gewährleistungsanspruch wegen Eviktion der Sache der kurzen Verjährung unterlag.[441] Die überwiegende Ansicht in der landrechtlichen Literatur bejahte dies[442] aufgrund der Annahme, dass die in den §§ 325- 348 I, 5 ALR getroffenen Regelungen allgemeine Gewährleistungsbestimmungen seien, die für sowohl für die Sach- als auch für die Rechtsmängel gleichermaßen gelten. Die §§ 343, 344 I, 5 ALR beinhalten demnach eine einheitliche Verjährungsregelung unter dem Gesichtspunkt der Haftung für die Qualität des Vertragsgegenstandes.[443] Dagegen wurde eingewandt, dass die §§ 343, 344 I, 5 ALR jedoch nur von Fehlern und Mängeln in äußeren Eigenschaften der Sache sprechen, wozu der Umstand, dass die Sache nicht dem Veräußerer, sondern einem Dritten gehört, nicht zähle.[444] Die Qualität oder

---

[439] *Koch*, Kommentar, § 343, Fn. 44; *Rabel*, Die Haftung des Verkäufers wegen Mangels im Rechte, S. 327; *Dernburg*, Das Obligationenrecht Preußens und des Reichs, § 145, S. 376 f; *Förster*, Theorie und Praxis des heutigen gemeinen preußischen Privatrechts, 1. Bd., § 86, S. 499.
[440] *Dernburg*, Das Obligationenrecht Preußens und des Reichs, § 145, S. 377.
[441] *Schubert/Regge*, Gesetzrevision 1825-1848, Abt. II/3, S. 123 ⌊199⌋.
[442] *Siewert*, Materialien zur wissenschaftlichen Erklärung der neuesten allgemeinen Preußischen Landesgesetze, Siebentes Heft, S. 69; *Bielitz*, Kommentar, Band I, S. 713; *Koch*, Kommentar, § 343, Fn. 44.
[443] vgl. *Rabel*, Die Haftung des Verkäufers wegen Mangels im Rechte, S. 327, Fn. 1.
[444] *Bornemann*, Systematische Darstellung des Preussischen Civilrechts, 2. Bd., § 193, S. 615.

Beschaffenheit einer Sache werde dadurch, dass sie einem anderen gehört, nicht beeinträchtigt. Es handle sich hierbei nicht um einen Mangel, sondern vielmehr um eine vertragsmäßige Verpflichtung des Verkäufers, die er nicht erfüllen könne.[445] In Konsequenz dessen sei der Anspruch wegen Eviktion der Sache nicht von der kurzen Verjährung der §§ 343, 344 ALR betroffen.[446] Einigkeit bestand jedoch insoweit, dass die kurze Verjährung bei Arglist des Gebers ausgeschlossen ist, um diesen nicht zu privilegieren.[447]

## IV. Das Gewährleistungsrecht beim Kauf

### 1. Die Rechtsverschaffungspflicht des Verkäufers

Im Gegensatz zum gemeinen Recht wurde dem Verkäufer in § 1 I, 11 ALR neben der Verpflichtung zur Lieferung der Kaufsache auch die Pflicht auferlegt, dem Käufer das Eigentum an ihr zu verschaffen.[448] Den Verkäufer traf also eine Rechtsverschaffungspflicht.[449] Die römische Regelung, die dem Käufer nur das „habere licere" sicherte, wurde im Landrecht aufgegeben.[450] Die Kritik der Naturrechtslehre am „habere-licere"-System hat sich demnach auch im Landrecht niedergeschlagen.

*§ 1 I, 11 ALR:*
*Das Kaufgeschäfte ist ein Vertrag, wodurch der eine Contrahent zur Abtretung des Eigenthums einer Sache, und der andre zur Erlegung einer bestimmten Geldsumme dafür sich verpflichtet.*

Die Regeln über den derivativen Eigentumserwerb haben sich im preußischen Recht jedoch nicht geändert. Das Landrecht hat sich nicht wie das französische und italienische Recht dem Konsensprinzip angeschlossen [451], sondern das

---

445 *Dernburg*, Das Obligationenrecht Preußens und des Reichs, § 145, S. 377.
446 *Dernburg*, Das Obligationenrecht Preußens und des Reichs, § 145, S. 377, *Bornemann*, Systematische Darstellung des Preussischen Civilrechts, 2. Bd., § 193, S. 615; *Förster*, Theorie und Praxis des heutigen gemeinen preußischen Privatrechts, 1. Bd., § 86, S. 499; *Fischer*, Lehrbuch des preußsichen Privatrechts, § 58, S. 346.
447 *Bornemann*, Systematische Darstellung des Preussischen Civilrechts, 2. Bd., § 192, S. 600 f; *Dernburg*, Das Obligationenrecht Preußens und des Reichs, § 145, S. 377.
448 *Fischer*, Lehrbuch des preußischen Privatrechts, § 68, S. 385.
449 siehe *Enneccerus/Lehmann*, 2. Bd., § 106, S. 423: „Die Rechtsverschaffungspflicht ist keine bloße Gewährleistungspflicht, wonach der Verkäufer für einen bestimmten Zustand lediglich einzustehen hat, sondern eine Erfüllungspflicht, die den Verkäufer zur Verschaffung lastenfreien Eigentums verpflichtet, derart, dass der Käufer auf Verschaffung oder Entlastung klagen kann."
450 *Coing*, Europäisches Privatrecht, Band II, S. 477; *Mugdan*, Materialien, Band II, S. 117.
451 *Coing*, Europäisches Privatrecht, Band II, S. 477.

Traditionsprinzip (vgl. § 1 I, 10 ALR; §§ 76, 124 I, 11 ALR) beibehalten. Der Verkäufer war also zur Tradition der Kaufsache, bei Grundstücken außerdem noch zur Besorgung der Eintragung verpflichtet.[452]

*§ 76 I, 11 ALR:*
*Ein gültig abgeschlossener Kauf zieht die Wirkung nach sich, daß der Verkäufer zur Uebergabe der Sache, der Käufer aber zur Zahlung des Kaufpreises verpflichtet wird.*

Darüber hinaus musste der Verkäufer die Übergabe gemäß § 124 I, 11 ALR so leisten, *„dass der Käufer dadurch in den Stand gesetzt* ...[wird], *über die gekaufte Sache nach dem Inhalte des Contrakts zu verfügen".*
Die Verschaffung des Eigentums an der Kaufsache setzte also neben Einigung und Übergabe gemäß den Vorschriften über den Erwerb des mittelbaren Eigentums voraus, dass der Verkäufer auch die Verfügungsbefugnis hatte.

*§ 3 I, 10 ALR:*
*Auch der mit einem solchen Titel versehene neue Besitzer erlangt das Eigenthum der Sache durch die Uebergabe, der Regel nach nur alsdann, wenn der vorige, von welchem der Besitz auf ihn erledigt worden, selbst Eigenthümer gewesen ist. (Tit. XV. §. 42. sqq.)*

Das Erfordernis der Verfügungsbefugnis des Verkäufers klingt auch in § 19 I, 11 ALR an.

*§ 19 I, 11 ALR:*
*Zur Schließung eines gültigen Kaufs wird erfordert, dass der Verkäufer über das Eigenthum der Sache zu verfügen berechtigt, so wie, dass der Käufer eine solche Sache zu erwerben und zu besitzen fähig sey.*

Der Inhalt des § 19 ALR ist jedoch etwas „unglücklich" formuliert.[453]: Aus dem Wortlaut des § 19 ALR könnte man die Schlussfolgerung ziehen, dass jeder über eine fremde Sache geschlossene Kaufvertrag als ungültig anzusehen sei.[454] Dies erscheint allerdings im Hinblick auf die Aufrechterhaltung des Traditionsprinzips befremdlich. Die Ungültigkeit eines geschlossenen Kaufvertrages trat aber nur dann ein, wenn beide Parteien, ohne davon zu wissen, über eine fremde

[452] *Wollschläger*, F. C. v. Savigny, Landrechtsvorlesung 1824, 2. Halbband, S. 679.
[453] *Koch*, Kommentar, § 19, Fn. 9, S. 584 f, *Bornemann*, Systematische Darstellung des Preussischen Civilrechts, 3. Bd., § 205, S. 3 ff.
[454] *Coing*, Europäisches Privatrecht, Band II, S. 477; *Bornemann*, Systematische Darstellung des Preussischen Civilrechts, 3. Bd.I, § 205, S. 3 ff.

Sache kontrahiert haben.[455] Ist dagegen nur dem Verkäufer bekannt gewesen, dass die Sache fremd ist, trat die Ungültigkeit des Kaufs immer nur im Verhältnis zu dem nicht zugezogenen, dispositionsbefugten Eigentümer ein.[456] Der juristische Kerngedanke des § 19 ALR ist daher so zu verstehen, dass lediglich die Veräußerung, also die Übertragung des Eigentums, nichtig sei, der Kaufvertrag hingegen rechtswirksam bestehen bleibe.[457] Die Aufrechterhaltung des Vertrages war vielmehr Voraussetzung, um den Käufer seinen Anspruch auf Ersatz seines Interesses wegen Nichterfüllung des Vertrages zu gewähren.[458] Das Landrecht hat somit konsequenterweise an der Trennung von Verpflichtungs- und Verfügungsgeschäft festgehalten.

## 2. Die Pflicht des Verkäufers zur Gewährleistung

Infolge der Rechtsverschaffungspflicht des Verkäufers beim Kauf hatte dieser die Sache dem Käufer gemäß § 135 I, 11 ALR so zu gewähren, dass er sie als sein Eigentum besitzen, nutzen und darüber verfügen konnte.

*§ 135 I, 11 ALR:*
*Der Verkäufer ist schuldig, dem Käufer die Sache so zu gewähren, dass dieser dieselbe bedungenermaaßen als sein Eigenthum besitzen, nutzen, und darüber verfügen könne.*

Der Verkäufer hatte dem Käufer daher Gewähr für die Ansprüche eines Dritten (§§ 136-174 I, 11 ALR) , für die auf der Sache „klebenden" Lasten (§§ 175- 187 I, 11 ALR) sowie wegen fehlender Eigenschaften (§§ 192-206 I, 11 ALR) zu leisten. Da das Landrecht die Gewährleistung bei „lästigen" Verträgen bereits vorweg im fünften Titel regelte, galten die dort enthaltenen allgemeinen Bestimmungen gemäß § 2 I, 11 ALR auch beim Kauf, soweit die §§ 135 ff I, 11 ALR keine spezielleren Regelungen enthielten.

---

455 *Coing*, Europäisches Privatrecht, Band II, S. 477; *Bornemann*, Systematische Darstellung des Preussischen Civilrechts, 3. Bd., § 205, S. 3 ff; *Dernburg*, Obligationenrecht Preußens und des Reichs, § 134, S. 341. Wußten die Parteien um die Fremdheit der Sache, und haben ausdrücklich über eine solche kontrahiert, waren gem. § 139 I, 11 ALR die Vorschriften über Verträge, in denen die Handlung eines Dritten versprochen wurde (§ 40 f, I, 5 ALR), anzuwenden.

456 *Koch*, Kommentar, § 19, Fn. 9, S. 584 f; *Bornemann*, Systematische Darstellung des Preussischen Civilrects, 3. Bd., § 205, S. 3 ff.

457 *Koch*, Kommentar, § 19, Fn. 9, S. 584 f; *Bornemann*, Systematische Darstellung des Preussischen Civilrechts, 3. Bd., § 205, S. 3 ff; *Fischer*, Lehrbuch des preußischen Privatrecht, § 68, S. 387.

458 *Dernburg*, Obligationenrecht Preußens und des Reichs, § 134, S. 341; *Koch*, Kommentar, § 19, Fn. 9, S. 584 f; *Bornemann*, Systematische Darstellung des Preussischen Civilrechts, 3. Bd., § 205, S. 6.

### a. Gewährleistung wegen der Ansprüche Dritter

Hinsichtlich der Gewähr für die Ansprüche Dritter konnte in der Lehre vom Kauf nicht auf die allgemeinen Bestimmungen des fünften Titels zurückgegriffen werden, da dort in § 323 I, 5 ALR lediglich festgelegt war, dass eine Vertretungspflicht des Veräußerers besteht, aufgrund der Sachnähe jedoch gem. § 324 I, 5 ALR auf die in den einzelnen Verträgen enthaltenen Bestimmungen verwiesen wurde.
Der Verkäufer musste den Käufer gemäß § 136 I, 11 ALR *„gegen alle Ansprüche eines Dritten auf die verkaufte Sache vertreten"*.
Die vertretbaren Ansprüche Dritter konnten zum einen in der gänzlichen Entwehrung der Sache durch den Dritten (§§ 153-163 I, 11 ALR) oder in der Entwehrung eines ihr zugehörigen Teils bzw. Pertinenzstücks[459] (§§ 164-174 I, 11 ALR) bestehen.
Die in der Lehre vom Kauf enthaltenen Bestimmungen bzgl. der Gewährleistung wegen der Ansprüche dritter Personen sind vollständig und mit Rücksicht auf alle Verträge, aus denen überhaupt Gewähr gefordert werden kann, geregelt. Sie waren daher auch ohne ausdrückliche Verweisung auf alle zweiseitigen Verträge anwendbar.[460] Dies ergibt sich zum einen aus § 152 I, 11 ALR sowie aus der Natur der „lästigen" Verträge.[461]

*§ 152 I, 11 ALR:*
*Was vorstehend §.143- 151. von der Nothwendigkeit, den, welcher die Gewähr leisten soll, zur Vertretung gegen den Dritten aufzufordern, bey dem Kaufgeschäfte vorgeschrieben ist, gilt auch bey allen anderen Verträgen, aus welchen ein Contrahent von dem andern Gewährleistung fordert. (Tit. V. §. 317. sqq.)*

---

[459] Ein Pertinenzstück ist eine Sache, die zwar für sich selbst bestehen kann, die aber mit einer anderen Sache in eine fortwährende Verbindung gesetzt worden ist. vgl. §§ 42-47, 105-108, I, 2 ALR; *Hattenhauer*, Allgemeines Landrecht für die Preußischen Staaten von 1794, Register, S. 90.
[460] *Förster*, Theorie und Praxis des heutigen gemeinen preußischen Privatrechts, 1. Bd., § 86, S. 485; *Bornemann*, Von Rechtsgeschäften überhaupt und von Verträgen insbesondere, S. 386.
[461] *Bornemann*, Von Rechtsgeschäften überhaupt und von Verträgen insbesondere, S. 368.

### aa. Eviktion der ganzen Sache

Von besonderer Bedeutung im Hinblick auf die Regelung der Rechtsmängelhaftung im Allgemeinen Landrecht waren die Vorschriften der §§ 153-163 I, 11, die davon handeln, dass dem Käufer die ganze Sache durch den Anspruch eines Dritten evinziert wird.

Bei der Eviktion stand ebenso wie bei der Gewährleistung für Eigenschaften der Grundsatz an der Spitze, dass der Veräußerer dem Erwerber dafür haften müsse, dass dieser sich der Sache nach Natur und Inhalt des Vertrages bedienen könne. Im gemeinen Recht, wo der Verkäufer dem Käufer nur das "habere licere" schuldete, trat die Rechtsmängelhaftung erst dann ein, wenn der Käufer in seinem friedlichen Besitz gestört wurde, also im Falle der Eviktion. Da das Allgemeine Landrecht jedoch davon ausgeht, dass der Verkäufer dem Käufer das Eigentum an der Kaufsache verschaffen müsse, hat dies zur Folge, dass bereits die Nichtverschaffung des Rechtes einen Fall der Nichterfüllung des Vertrages darstellt.[462] In Anbetracht dessen ist fraglich, ab wann die Haftung für Rechtsmängel im Landrecht einsetzte. Dies beurteilt sich danach, ob das Allgemeine Landrecht den Gebrauch der Sache „als Eigentum" bereits durch das Bestehen eines Rechtsmangels oder erst bei der Entwehrung als gestört erachtet.[463]

Das Allgemeine Landrecht hielt trotz der Rechtsverschaffungspflicht des Verkäufers aus Gründen der Praktikabilität – Berechnung des Interesses – und einer gewissen Billigkeitsrücksicht gegenüber dem Veräußerer daran fest, seine Haftung erst bei erfolgter Eviktion eintreten zu lassen.[464] Die Eviktion hatte im preußischen Recht jedoch einen anderen Charakter gewonnen.[465] Im gemeinen und römischen Recht begründete die Eviktion einen selbständigen Anspruch des Käufers aus der abgeschlossenen duplae stipulatio sowie einen Anspruch auf das Interesse, der später mit der actio empti geltend gemacht wurde.[466] Im Allgemeinen Landrecht haftete der Verkäufer grundsätzlich von vornherein auf Eigentumsübertragung. Die Eviktion brachte nur noch den Mangel zur Evidenz, sie war jedoch nicht mehr das Fundament eines selbständigen Rechts.[467]

Die Eviktion verlor ebenso durch die größere Zulassung des gutgläubigen Erwerbs vom Nichtberechtigten[468], den es im römischen Recht nicht gab, an

---

[462] *Coing*, Europäisches Privatrecht, Band II, S. 478.

[463] *Rabel*, Die Haftung des Verkäufers wegen Mangels im Rechte, S. 327.

[464] vgl. §§ 143- 148 I, 11 ALR; *Coing*, Europäisches Privatrecht, Band II, S. 479; *Mugdan*, Materialien, Band II, S. 120; Motive, Band II, S. 218.

[465] *Dernburg*, Das Obligationenrech Preußens und des Reichs, § 148, S. 385.

[466] *Dernburg*, Das Obligationenrecht Preußens und des Reichs, § 148, S. 385; *Kaser/Knütel*, Römisches Privatrecht, § 41, S. 267.

[467] *Dernburg*, Das Obligationenrecht Preußens und des Reichs, § 148, S. 386.

[468] Zur geschichtlichen Entwicklung des Erwerbs vom Nichtberechtigten, vgl. *Engstfeld*, Der

Bedeutung.[469] Nach § 154 I, 11 ALR brauchte der redliche Erwerber dem dritten Berechtigten die erworbene Sache nur gegen Erstattung des Kaufgeldes und etwaigen Aufwendungsersatzes herauszugeben; wodurch sich sein Schaden erheblich verminderte.[470] Soweit der Käufer hierdurch geschützt war, griff der Eviktionsanspruch nicht.

*§ 154 I, 11 ALR:*
*Ist nichts verabredet worden, und erhält der Käufer, als redlicher Besitzer, für die ihm gänzlich entzogene Sache von dem Dritten Ersatz des dafür gezahlten Kaufgeldes, und der auf die Sache verwendeten Kosten, so kann er dieserhalb an den Verkäufer keinen Anspruch machen. (Tit.XV.§. 25. sqq.)*

Der Verkäufer hatte dem Käufer gemäß §§ 155, 156 I, 11 ALR nur Ersatz seines Interesses aufgrund der Nichterfüllung des Vertrages zu leisten. Er haftete dem Käufer jedoch nicht auf vollen Schadensersatz i. S. e. Garantiehaftung für anfängliches, subjektives Unvermögen (so im gemeinen Recht), sondern nur beschränkt, je nach dem Grad seines Verschuldens.[471]

*§ 155 I, 11 ALR:*
*Vielmehr haftet der Verkäufer nur, nach Verhältnis seiner obwaltenden Verschuldung, dem Käufer für den etwa noch außerdem bey dem Kaufsgeschäfte erlittenen wirklichen Schaden.*

*§ 156 I, 11 ALR:*
*Zu diesem Schaden gehören auch die auf den Kauf verwendeten, ingleichen die bey dem Prozesse mit dem Dritten aufgelaufenen Kosten.*

Voraussetzung für den Gewährleistungsanspruch des Käufers war jedoch, dass der Anspruch des Dritten tatsächlich realisiert, mithin durch richterliches Erkenntnis für begründet erklärt, oder aber durch den Übernehmer selbst anerkannt worden ist.[472] Die Existenz des Mangels musste gewiss sein, da der

---

Erwerb vom Nichtberechtigten, insbesondere S. 31- 33.

[469] *Coing*, Europäisches Privatrecht, Band II, S. 480; *Dernburg*, Das Obligationenrecht Preußens und des Reichs, § 148, S. 386; *Mugdan*, Materialien, Band II, S. 117 f; *Förster*, Theorie und Praxis des heutigen gemeinen preußischen Privatrechts, 1. Bd., § 86, S. 486.

[470] *Coing*, Europäisches Privatrecht, Band II, S. 480; *Dernburg*, Das Obligationenrecht Preußens und des Reichs, § 148, S. 386, *Fischer*, Lehrbuch des preußischen Privatrechts, § 58, S. 342 f.

[471] *Mugdan*, Materialien, Band II, S. 121; Motive, Band II, S. 220; *Coing*, Europäisches Privatrecht, Band II,§ 95, S. 480; *Dernburg*, Das Obligationenrecht Preußens und des Reichs, § 148, S. 386; *Daniels*, System des Preußischen Civilrechts, § 370, S. 123; vgl. auch *Hucko*, Der Kauf im allgemeinen Landrecht für die Preussischen Staaten, S. 80.

[472] *Bornemann*, Von Rechtsgeschäften überhaupt und von Verträgen insbesondere, S. 361;

Dritte ansonsten immer noch zurücktreten, abgewiesen werden oder die Sache durch Zufall untergehen konnte. Darüber hinaus hatte der Käufer im Landrecht gemäß § 143 I, 11 ALR die Pflicht, dem Verkäufer den Streit gerichtlich zu verkünden – litis denuntatio – und ihn zu seiner Vertretung aufzufordern, wenn er von dem Dritten in Anspruch genommen wurde oder selbst klagen wollte.[473]

*§ 143 I, 11 ALR:*
*Ein Käufer, welcher von einem Dritten über die erkaufte Sache in Anspruch genommen wird, muß, wenn er die Gewährleistung von dem Verkäufer fordern will, diesen zu seiner Vertretung gerichtlich vorladen lassen.*

Unterließ der Käufer die litis denuntatio, so verlor er dadurch zwar nicht seinen Regressanspruch, musste aber alle Einwendungen, die sein Vormann dem Dritten hätte entgegensetzen können, nunmehr gegen sich gelten lassen (§§ 145, 146 I, 11 ALR).[474]

**bb. Eviktion eines Teils oder eines Pertinenzstücks**

Bezüglich der teilweisen Nichterfüllung des Vertrages – dem Käufer wurde nur ein Teil der Sache oder ein Pertinenzstück entzogen – verwies das Landrecht, soweit der Käufer vom Vertrag Abstand nehmen wollte, in § 164 I, 11 ALR auf die Vorschriften der §§ 325 ff I, 5 ALR.[475]

*§ 164 I, 11 ALR:*
*Ist durch den Anspruch des Dritten nicht die ganze Sache, sondern nur ein Theil oder Pertinenzstück, oder eine damit verkaufte Gerechtigkeit, dem Käufer entzogen worden, so finden wegen der Fälle, wo der Käufer von dem ganzen Vertrage zurücktreten kann, die Vorschriften des fünften Titels § 325. sqq. Anwendung.*

Der Käufer konnte also vom Vertrag zurücktreten und Wandlungsklage erheben, gem. §§ 164, 165 I, 11 i. V .m. §§ 325 ff I, 5 ALR. Er musste sich jedoch gem.

---

*Dernburg*, Das Obligationenrecht Preußens und des Reichs, § 148, S. 387; *Hucko*, Der Kauf im allgemeinen Landrecht für die Preussischen Staaten, S. 77 f.

473 *Siewert*, Materialien zur wissenschaftlichen Erklärung der neuesten allgemeinen Preußischen Landesgesetze, Siebentes Heft, S. 58; *Dernburg*, Das Obligationenrecht Preußens und des Reichs, § 148, S. 386; *Mugdan*, Materialien, Band II, S. 121; *Förster*, Theorie und Praxis des heutigen gemeinen preußsichen Privatrechts, 1. Bd., § 86, S. 490 f; *Fischer*, Lehrbuch des preußischen Privatrechts, § 58, S. 342.

474 Die Frage, ob der Käufer bei Unterlassen der litis denuntatio seinen Regressanspruch verlieren oder behalten soltte, war im gemeinen Recht strittig. vgl. dazu: *Hucko*, Der Kauf im allgemeinen Landrecht für die Preussischen Staaten, S. 79.

475 vgl. *Hucko*, Der Kauf im allgemeinen Landrecht für die Preussischen Staaten, S. 82.

§ 166 I, 11 ALR alles anrechnen lassen, was er als redlicher Besitzer erlangt hatte. Neben der Erstattung des Kaufpreises konnte er gem. §§ 154 ff, 168 I, 11 ALR auch Schadensersatz verlangen. War der Käufer allerdings an der verbliebenen Sache interessiert und wollte nicht vom gesamten Vertrag abgehen, so beschränkte sich die Geltendmachung von Gewährleistungsansprüchen nur auf den von dem Dritten herausverlangten Teil bzw. das Zubehör (§ 169 I, 11 ALR).

**b. Gewähr wegen der Sache anhaftender Lasten**

Die §§ 175 ff I, 11 ALR befassten sich mit der Gewähr für „die auf der Sache haftenden" Lasten. Obwohl sie ihrer Natur nach ebenfalls zu den Ansprüchen eines Dritten und damit zu den Rechtsmängeln zählen, wurden sie in ihren Rechtsfolgen wie Sachmängel behandelt. Die Lehre vom Kauf bestätigt diese im fünften Titel getroffene Wertung in § 188 I, 11 ALR, indem sie auf die allgemeinen Grundsätze von der Gewährleistung in §§ 319 ff I, 5 ALR verweist.

*§ 188 I, 11 ALR:*
*In Fällen, wo daraus, dass eine solche Last auf der Sache haftet, zugleich der Mangel einer ausdrücklich vorbedungenen oder stillschweigend vorausgesetzten Eigenschaft folgt, finden wegen des dem Käufer offen stehenden Rücktritts vom ganzen Vertrage, die allgemeinen Grundsätze von der Gewährleistung statt. (Tit. V. § 319. sqq. )*

Durch die Stellung des § 188 I, 11 ALR im Gesetz wird nicht nur zu erkennen gegeben, dass das Allgemeine Landrecht die Gewähr für Lasten von der Vertretung wegen Ansprüchen Dritter trennt, sondern auch, dass nur, wenn der Anspruch des Dritten in einer auf der Sache haftenden Last bestand, dieser Anspruch zugleich eine fehlende Eigenschaft sein und gesetzlich als solche betrachtet werden konnte.[476]

**c. Gewähr wegen fehlender Eigenschaften**

Hinsichtlich der Gewähr für fehlende Eigenschaften gab es bei den Kaufvorschriften keine abweichenden Regelungen. Die §§ 192-215 I, 11 ALR stellen lediglich Anwendungen der allgemeinen Grundsätze des fünften Titels dar. Der Verkäufer hatte dem Käufer ebenso für die ausdrücklich vorbedungenen wie für die stillschweigend vorausgesetzten Eigenschaften einzustehen (§§ 192, 193 I, 11 ALR). Das Allgemeine Landrecht unterschied hinsichtlich der Gewähr-

[476] *Bornemann*, Von Rechtsgeschäften überhaupt und von Verträgen insbesondere, S. 358 f.

leistungshaftung beim Kauf nicht zwischen Stück- und Gattungsschuld.[477] Hatte die Sache die ausdrücklich vorbedungenen oder stillschweigend vorausgesetzten Eigenschaften nicht, galt sie gemäß § 197 I, 11 ALR als fehlerhaft. Der Formulierung des § 197 I, 11 ALR nach zu urteilen, legte das Allgemeine Landrecht bei der Gewähr wegen fehlender Eigenschaften einen subjektiven Fehlerbegriff[478] zugrunde. Entscheidend für die Fehler-haftigkeit der Sache war gem. § 194 I, 11 ALR der Zeitpunkt des Vertrags-schlusses. Wegen der fehlerhaften Beschaffenheit der verkauften Sache fanden gemäß § 198 I, 11 ALR die Vorschriften der §§ 319 ff I, 5 ALR Anwendung. Dem Käufer stand also ein Nachbesserungs- sowie ein Wandlungs- oder Minderungsrecht zu.

*§ 198 I, 11 ALR:*
*Wegen fehlerhafter Beschaffenheit der verkauften Sache finden die Vorschriften Tit. V. § 319. sqq. Anwendung.*

Für den Viehhandel sind hingegen in den §§ 199 ff I, 11 ALR eine Reihe von Vermutungen aufgestellt worden, welche bei Vorliegen bestimmter Tierkrankheiten die Beweislastregel des § 332 I, 5 ALR aufhoben. Das Allgemeine Landrecht ist in dieser Hinsicht dem deutschen Recht[479] sowie der Rechtsauffassung des usus modernus[480] gefolgt, die in Anlehnung an das kanonische Recht dem Käufer den Beweis für kurz nach dem Kauf auftretende Fehler erleichterten.

*§ 199 I, 11 ALR:*
*Wenn ein Stück Vieh binnen Vier und Zwanzig Stunden nach der Uebergabe krank befunden wird, so gilt die Vermuthung, dass selbiges schon vor der Uebergabe krank gewesen sey.*

---

[477] *Hucko*, Der Kauf im allgemeinen Landrecht für die Preussischen Staaten, S. 85. Generell war dem Allgemeinen Landrecht aber die Unterscheidung zwischen Stück- und Gattungskauf wie die §§ 273, 275 I 5 ALR zeigen, geläufig.

[478] ausführlich zum Fehlerbegriff, vgl. *Hucko*, Der Kauf im allgmeinen Landrecht für die Preussischen Staaten, S. 88f; *Dellert*, Der „nach dem Vertrage“ vorausgesetzte Gebrauch, S. 65 ff.

[479] *Förster*, Theorie und Praxis des heutigen gemeinen preußischen Privatrechts, 1. Bd., § 84, S. 471.

[480] vgl. *Klischies*, Die geschichtliche Entwicklung der Sachmängelhaftung, S. 79 sowie S. 43 f und S. 65.

*§ 202 I, 11 ALR:*
*Stirbt das Vieh binnen Vier und Zwanzig Stunden nach der Uebergabe; so ist der Verkäufer zur Vertretung verpflichtet, wenn nicht klar ausgemittelt werden kann, dass die Krankheit erst nach der Uebergabe entstanden sey.*

*§ 203 I, 11 ALR:*
*Aeußert sich die Krankheit des Viehes erst nach Verlauf von Vier und Zwanzig Stunden nach der Uebergabe, so trifft der Schade den Käufer, wenn nicht ausgemittelt werden kann, dass der kränkliche Zustand schon zur Zeit der Uebergabe vorhanden gewesen.*
*§ 204 I, 1 ALR:*
*Bey Schweinen, welche innerhalb Acht Tagen nach der Uebergabe finnig befunden werden, gilt die Vermuthung, dass sie es schon zuvor gewesen sind.*

*§ 205 I, 11 ALR:*
*Eine gleiche Vermuthung gilt von Pferden, bey welchen sich Dämpfigkeit, Herzschlägigkeit, Räude, wahre Stätigkeit, schwarzer Staar, Mondblindheit und Rotz innerhalb Vier Wochen nach der Uebergabe hervorthun.*

Die verzweigten Beweislastregelungen beim Viehkauf wurden bereits einige Jahre nach Inkrafttreten des Allgemeinen Landrechts modifiziert.[481] Der Anwendungsbereich von § 204 wurde auch auf Schweine und Rindvieh erweitert.[482] Die Regelung des § 205 wurde aufgehoben und aufgrund eines Gutachtens eines Oberstallmeisters neu gefasst:

*„Die gleiche Vermuthung gilt für Pferde, bei denen wahre Stätigkeit innerhalb vier Tagen, Räude und Rotz innerhalb vierzehn Tagen, Dämpfigkeit, Herzschlägigkeit, schwarzer Star, Mondblindheit und Dummkoller innerhalb vier Wochen nach der Uebergabe auftreten"*[483]

Der Kreis der Pferdekrankheiten, die gem. § 205 I, 11 ALR zu den Hauptmängeln gerechnet werden und zugunsten des Käufers eine Beweislastumkehr anordnen, wurde durch die Änderung um die Krankheit des sog. Dummkoller erweitert.

---

[481] vgl. *Klischies*, Die geschichtliche Entwicklung der Sachmängelhaftung, S. 79 f.
[482] vgl. *Rehbein-Reincke*, Allgmeines Landrecht für die preußischen Staaten nebst den ergänzenden und abändernden Bestimmungen der Reichs- und Landesgesetzgebung, 1. Teil.
[483] abgedruckt bei Rehbein- Reincke, Allgmeines Landrecht für die preußischen Staaten nebst den ergänzenden und abändernden Bestimmungen der Reichs- und Landesgesetzgebung, 1. Teil.

## V. Die Gewährleistung bei der locatio conductio

### 1. Systematik

Im Laufe des 19. Jahrhunderts ist schließlich die Idee eines Einheitsvertrages über den „Gebrauch" in der Privatrechtswissenschaft aufgegeben worden und es hat sich eine Dreiteilung in Sachmiete, Dienstvertrag und Werkvertrag durchgesetzt.[484] Auch dem Allgemeinen Landrecht von 1794 lag bereits eine andere Systematik als dem gemeinen Recht zugrunde. An Stelle jenes allgemeinen Tatbestandes der locatio conductio hat das Allgemeine Landrecht verschiedene Vertragsarten entwickelt, die trotz gewisser unverkennbarer Gemeinsamkeiten selbständig und eigentümlich ausgestaltet waren.[485] Das Landrecht unterschied zum einen Rechte auf den Gebrauch einer fremden Sache (Teil I, Titel 21) und Verträge über Handlungen (Teil I, Titel 11). Es ordnete die Sachmiete den Rechten auf den Gebrauch einer fremden Sache zu (§§ 258 ff, I, 21 ALR) und unterstellte die Dienstmiete (§§ 895 ff I, 11 ALR) und die Werkverdingung (§§ 925 ff I, 11 ALR) - jeweils voneinander getrennt - den Verträgen über Handlungen.[486] Regelungen bzgl. der Dienstmiete von Gesinde fanden sich darüber hinaus auch im zweiten Teil des Landrechts (§§ 1- 176 II, 5 ALR). Das Allgemeine Landrecht hat die entsprechenden Regelungen bewusst nicht im Vertragsrecht, sondern im zweiten Teil, welcher der Staats- und Gesellschaftsverfassung gewidmet ist, behandelt.[487]

### 2. Die Werkverdingung

Die Werkverdingung unterschied sich vom Dienstvertrag bzw. der Dienstmiete dadurch, dass der Verpflichtete ein bestimmtes „Werk" (opus), d. h. einen bestimmten Arbeitserfolg, und nicht nur eine Tätigkeit schuldete.[488] Abweichend von der gemeinrechtlichen Auffassung kam es für das preußische Recht darüber hinaus gem. § 925 I, 11 darauf an, dass eine Vergütung in „Bausch und Bogen" zwischen den Parteien vereinbart worden war. [489]

---

[484] *Coing*, Europäisches Privatrecht, Band II, S. 481.

[485] *Dernburg*, Das Obligationenrecht Preußens und des Reichs, § 199, S. 564 f; *Fischer*, Lehrbuch des preußischen Privatrechs, § 74, S. 418.

[486] *Coing*, Europäisches Privatrecht, Band II, S. 481, Fn. 3.

[487] *Coing*, Europäisches Privatrecht, Band II, S. 481.

[488] *Coing*, Europäisches Privatrecht, Band II, S. 485; *Dernburg*, Das Obligationenrecht Preußens und des Reichs, § 199, S. 565.

[489] *Mugdan*, Materialien, Band II, S. 262 f; *Coing*, Europäisches Privatrecht, Band II, S. 485.

*§ 925 I, 11 ALR:*
*Ist ein Werkmeister oder Künstler nicht bloß zu einer Arbeit gedungen, sondern ihm ein ganzes Werk in Pausch und Bogen angedungen worden; so finden zuförderst die allgemeinen Grundsätze §. 869. sqq. Anwendung.*

Hinsichtlich der Abgrenzung zum Kaufvertrag qualifizierte das Allgemeine Landrecht – entgegen der gemeinrechtlichen Praxis – auch solche Verträge als Werkverdingung, nach denen das Werk aus den Materialien des Werkmeisters hergestellt werden sollte.[490] Die Werkverdingung erforderte lediglich eine materielle Produktion, ohne dass die Herstellung einer neuen Species notwendig war, denn auch die Veränderung oder Verbesserung eines Objekts konnte Gegenstand der Werkverdingung sein.[491] Die Normen der Werkverdingung waren für die Fälle konzipiert, in denen ein fachverständiger Unternehmer, Handwerker, Fabrikant oder Künstler ein Werk übernahm, um es selbst bzw. mit seinen Gehilfen auszuführen.[492] Die Ausführung musste kontraktgemäß und zunftgerecht erfolgen; zu diesem Zweck hatte der Werkmeister die Leute und sonst erforderlichen Hilfsmittel, Arbeitsgeräte, Gerüste usw. zu stellen.[493]
Im Hinblick auf die Mangelhaftigkeit des Werkes enthielt das Landrecht genaue Vorgaben, für welche Mängel der Unternehmer einzustehen hat und welche Rechtsfolgen sich daraus ergaben. Gemäß § 951 I, 11 ALR erstreckte sich der Umfang der Vertretungspflicht des Unternehmers nicht nur auf die zugesicherten Eigenschaften, sondern auch auf solche Fehler, die den Wert oder die Gebrauchstauglichkeit des Werkes – gemessen an dem in dem Vertrag vorausgesetzten Gebrauch – minderten.[494]
Was die Rechtsfolgen einer mangelhaften Leistung betraf, so beschritt das Allgemeine Landrecht den Weg, sowohl die allgemeinen Vorschriften über die Gewährleistung wegen Mängeln einer veräußerten Sache als auch die allgemeinen Grundsätze über die Folgen der Nichterfüllung einer Verbindlichkeit zu berücksichtigen und zu verwerten.[495] Das Gewährleistungsrecht der Werkverdingung setzte sich daher aus den Grundsätzen des fünften Titels über die Gewährleistung bei „lästigen" Verträgen (§§ 317 ff I, 5 ALR), den Regelungen

[490] *Fischer*, Lehrbuch des preußischen Privatrechts, S. 438; *Mugdan*, Materialien, Band II, S. 264.
[491] *Dernburg*, Das Obligationenrecht Preußens und des Reichs, § 199, S. 565.
[492] *Dernburg*, Das Obligationenrecht Preußens und des Reichs, § 199, S. 565; *Fischer*, Lehrbuch des preußischen Privatrechts, § 77, S. 438.
[493] *Dernburg*, Das Obligationenrecht Preußens und des Reichs, § 199, S. 576.
[494] *Mugdan*, Materialien, Band II, S. 267; *Coing*, Europäisches Privatrecht, Band II, S. 486.
[495] *Mugdan*, Materialien, Band II, S. 268; *Dernburg*, Das Obligationenrecht Preußens und des Reichs, § 200, S. 569.

des Kaufs (§§ 192 ff I, 11 ALR) und den in den §§ 947 ff I, 11 enthaltenen Bestimmungen zusammen.[496]
Der Besteller konnte gemäß § 947 I, 11 ALR das „untüchtige" Werk zurückweisen bzw. vom Vertrag zurücktreten und einen Anspruch auf Entschädigung gemäß §§ 949, 950 I, 11 ALR geltend machen. Wollte er jedoch am Vertrag festhalten, so konnte er bei einem Verschulden des Unternehmers gemäß § 947 I, 11 auch Schadensersatz wegen Nichterfüllung verlangen. Der Werkmeister haftete gemäß § 954 I, 11 ALR für die gegen die Regeln seiner Kunst begangenen Fehler und hatte dabei auch ein geringes Versehen zu vertreten. Während er nach gemeinem Recht nur für culpa in eligendo seiner Gehilfen einzustehen hatte[497], traf ihn gemäß § 930 I, 11 ALR eine volle Haftung für deren Handlungen, die er wie eigene zu vertreten hatte. Ohne Rücksicht auf eine Schuld des Unternehmers hatte der Besteller nach § 947 I, 11 das Recht zur Preisminderung.[498]
Der Besteller besaß jedoch nicht wie im gemeinen Recht den Anspruch, die ordnungsgemäße Umarbeitung des fehlerhaften Werkes zu verlangen, sondern hatte lediglich ein Nachlieferungsrecht auf einzelne Stücke.[499]
Die Verweigerung der Annahme bzw. die Redhibition des bereits angenommenen Werkes war in § 951 I, 11 dahingehend eingeschränkt, dass sie nicht bei solchen Fehlern stattfand, die keinen wesentlichen Einfluss auf den Gebrauch der Sache hatten, es sei denn, die fehlenden, an sich nicht wesentlichen Eigenschaften, waren ausdrücklich vorbedungen (§§ 952, 953 I, 11). War dies aber nicht gegeben, so konnte der Besteller lediglich Preisminderung sowie Schadloshaltung nach Maßgabe des Verschuldens des Werkmeisters fordern.[500]
Im Unterschied zum gemeinen Recht, das dem Besteller nur die actio locati zur Seite stellte, fanden im preußischen Recht auch die ädilizischen Klagen Anwendung.[501] Diese verjährten innerhalb der in §§ 343- 345 I, 5 ALR festgelegten kurzen Verjährungsfrist.[502] Der Schadensersatzanspruch hingegen, sei es, dass der Unternehmer den Mangel gekannt bzw. verschwiegen hatte (§ 320 I, 5 ALR) oder auf einem sonstigen Verschulden beruhte, verjährte innerhalb der gewöhnlichen Verjährungsfrist, da hier die Kontraktsklage einschlägig war.[503]

---

[496] *Förster*, Theorie und Praxis des heutigen gemeinen preußischen Privatrechts, 1. Bd., § 84, S. 473; *Coing*, Europäisches Privatrecht, Band II, S. 478.
[497] *Coing*, Europäsches Privatrecht, Band II, S. 485.
[498] *Dernburg*, Das Obligationenrecht Preußens und des Reichs, § 200, S. 570.
[499] *Mugdan*, Materialien, Band II, S. 268; *Dernburg*, Das Obligationenrecht Preußens und des Reichs, § 200, S. 569.
[500] *Fischer*, Lehrbuch des preußischen Privatrechts, § 77, S. 440 f.
[501] *Dernburg*, Das Obligationenrecht Preußens und des Reichs, § 200, S. 569; *Fischer*, Lehrbuch des preußischen Privatrechts, § 77, S. 440.
[502] *Mugdan*, Materialien, Band II, S. 272; *Dernburg*, Das Obligationenrecht Preußens und des Reichs, § 200, S. 570.
[503] *Mugdan*, Materialien, Band II, S. 272.

Die Abnahme des Werkes gewann im Landrecht an Bedeutung. An sie knüpfte sich zum einen der Gefahrübergang[504], zum anderen verlor der Besteller, der das Werk in Kenntnis der Mängel abgenommen hatte, die ihm wegen der Mängel zustehenden Rechte (§ 330 I, 5 i. V. m. §§ 943-946 I, 11 ALR).

### 3. Die Miete

Die locatio conductio rei des gemeinen Rechts hat im Landrecht eine eigenständige Regelung (§§ 258 ff, I, 21 ALR) erfahren. Auch inhaltlich differenzierte das preußische Recht zwischen Miet- und Pachtvertrag. Gemäß § 258 I, 21 ALR war die Miete als Gebrauch einer Sache gegen Entgelt definiert, während der Pächter gemäß § 259 I, 21 ALR außer zum Gebrauch auch zur Nutzung (Fruchtziehung) der Sache gegen Entgelt berechtigt war.
Im Unterschied zum gemeinen Recht begründete nach Allgemeinem Landrecht die Miete sowohl von unbeweglichen als auch von beweglichen Sachen ein dingliches Recht, das mit der Übergabe bzw. der Eintragung des Mietrechts entstand.[505] Infolgedessen galt daher im Allgemeinen Landrecht der Grundsatz[506] „Kauf bricht nicht Miete".[507] Allerdings war schon vor Einführung des Allgemeinen Landrechts in Berlin durch ein Hofreskript Friedrichs II. an das Kammergericht vom 15. April 1765 die gemeinrechtliche Regel „Kauf bricht Miete" abgeschafft worden.[508]
Das Rechtsverhältnis zwischen Mieter und Vermieter blieb aber im wesentlichen ein obligatorisches; ihre gegenseitigen Rechte und Pflichten beurteilten sich nach dem Inhalt des Vertrages.[509] Aus diesem Grunde behandelte das Landrecht die Darstellung von Miete und Pacht auch bei der Lehre von den Verträgen und nicht im Sachenrecht.[510] Die Hauptleistungspflicht des Vermieters oder Verpächters bestand darin, die Sache dem Mieter oder Pächter zum gewöhnlichen Gebrauch bzw. zur gewöhnlichen Nutzung zu überlassen (§§ 258, 259,

---

504 *Coing*, Europäisches Privatrecht, Band II, S. 487.

505 *Coing*, Europäisches Privatrecht, Band II, S. 482; *Mugdan*, Materialien, Band II, S. 212; *Förster*, Theorie und Praxis des heutigen gemeinen preußischen Privatrechts, 2. Bd., § 136, S. 176 f; *Jüttner*, Zur Geschichte des Grundsatzes „Kauf bricht nicht Miete", S. 50.

506 Von dem Grundsatz "Kauf bricht nicht Miete" machte das Allgemeine Landrecht in § 350 I, 21 eine wichtige Ausnahme für den Fall einer notwendigen gerichtlichen Veräußerung der vermieteten Sache.

507 *Enneccerus/Lehmann*, Recht der Schuldverhältnisse, 2. Bd., S. 503; *Mugdan*, Materialien, Band II, S. 212.

508 *Mylius*, NCC, tom. III, Sp. 673 f; vgl. auch *Jüttner*, Zur Geschichte des Grundsatzes „Kauf bricht Miete", S. 50.

509 *Förster*, Theorie und Praxis des heutigen gemeinen preußischen Privatrechts, 2. Bd., § 136, S. 178.

510 *Förster*, Theorie und Praxis des heutigen gemeinen preußischen Privatrechts, 2. Bd., § 136, S. 178.

270 I, 21 ALR).[511] Diese Verpflichtung beinhaltete, dass der Vermieter die Sache in einem brauchbaren Zustand überlieferte (§ 272 I, 21 ALR) und den Mieter dadurch die Möglichkeit verschaffte, die Sache zu gebrauchen sowie diesen Zustand während der Dauer der Pacht- oder Mietzeit ununterbrochen aufrecht zu erhalten.[512] Der Vermieter hatte den Mieter also gegen kollidierende Ansprüche Dritter zu schützen, eintretende tatsächliche Hindernisse des Gebrauchs und der Benutzung zu beseitigen und die Brauchbarkeit nach den Regeln der Gewährleistung für Fehler zu vertreten.[513]

War der Gebrauch einer vermieteten Sache durch deren mangelhafte Beschaffenheit beeinträchtigt, so hatte der Mieter gemäß § 273 I, 21 ALR die Wahl, ob er an dem Vertrag festhalten oder die Annahme der Sache verweigern und somit vom Vertrag Abstand nehmen wollte. Entschied er sich dafür, am Vertrag festzuhalten, so konnte er auf Erfüllung bzw. Herstellung des Gebrauchs klagen und bei einem zumindest mäßigen Verschulden des Vermieters für nachträgliche oder auch anfängliche Mängel Schadensersatz wegen Nichterfüllung fordern.[514] Jedenfalls hatte der Mieter einen verschuldensunabhängigen Anspruch auf Minderung des Mietzinses (§ 384 I, 21 ALR).[515]

Inwiefern dem Mieter neben den in § 383 I, 21 ALR genannten Voraussetzungen auch nach Annahme der mangelhaften Sache ein Rücktrittsrecht zustand, war fraglich.[516] Dies hing davon ab, ob neben den besonderen Bestimmungen für die Miete (§§ 272, 273, 383-385 I, 21 ALR) auch die allgemeinen Vorschriften über die Gewährleistung bei „lästigen" Verträgen, insbesondere die Vorschriften der §§ 319 ff I, 5 ALR über die Gewährleistung wegen ausdrücklich bedungener oder vorauszusetzender Eigenschaften, anwendbar waren.[517] Dagegen wurde eingewandt, dass bei Verträgen, welche ein dauerndes Verhältnis begründen, wie Miete und Pacht, kein Bedürfnis für die Anwendung der ädilizischen Rechtsinstitute bestehe, da bei diesen Verträgen sich die Gewährleistung aufgrund der Vorleistungspflicht des Vermieters bereits aus der rechtlichen Natur des Vertrages ableite.[518] Überwiegend wurde jedoch

---

[511] *Förster*, Theorie und Praxis des heutigen gemeinen preußischen Privatrechts, 2. Bd., § 136, S.182.

[512] *Förster*, Theorie und Praxis des heutigen gemeinen preußischen Privatrechs, 2. Bd., § 136, S. 182 f; *Mudgan*, Materialien, Band II, S. 205.

[513] *Förster*, Theorie und Praxis des heutigen gemeinen preußischen Privatrechts, 2. Bd., § 136, S. 182 f.

[514] *Förster*, Theorie und Praxis des heutigen gemeinen preußischen Privatrechts, 2. Bd., § 136, S. 183, 184; *Mugdan*, Materialien, Band II, S. 209; *Fischer*, Lehrbuch des preußischen Privatrechts, § 74, S. 421.

[515] *Mugdan*, Materialien, Band II, S. 209; *Förster*, Theorie und Praxis des heutigen gemeinen preußischen Privatrechts, 2. Bd., § 136, S. 183.

[516] *Gruchot*, Beiträge zur Erläuterung des deutschen Rechts, Jg. 26, S. 906.

[517] *Mugdan*, Materialien, Band II, S. 208.

[518] *Koch*, Kommentar, § 318, Fn. 20, S. 235 f.

die Anwendung der allgemeinen Vorschriften über die Gewährleistung bei „lästigen" Verträgen auch bei der Miete und Pacht bejaht.[519] Demzufolge konnte der Mieter, der die unbrauchbare Sache angenommen hatte, mit der Wandlungsklage noch vom Vertrag zurücktreten.[520] Hierbei war jedoch § 330 I, 5 ALR zu beachten, soweit es sich um eine gewöhnlich vorausgesetzte Eigenschaft handelte und der Fehler in die Augen fallend war.[521]
Im übrigen wurde bei der Miete bzgl. des Rücktrittsrechts (§§ 272, 273 I, 21 ALR) nicht zwischen erheblichen und unerheblichen Mängeln unterschieden.[522]
Weiterhin war in der Literatur umstritten, ob die in §§ 343-345 I, 5 ALR festgelegten Verjährungsvorschriften auch bei der Miete Anwendung finden sollten.[523] Größtenteils wurde die Anwendung der §§ 343, 344 I, 5 ALR in der Literatur befürwortet, allerdings ließ man den Beginn der Verjährung wegen der sich ständig erneuernden Pflicht des Vermieters zur Gewährung des Gebrauchs erst mit der Beendigung der Miete oder des Mangels eintreten.[524]
Standen dem Gebrauch der Sache Ansprüche Dritter entgegen, so hatte der Mieter gemäß §§ 318, 320, 323, 360 I, 5 ALR wegen der schon zur Zeit des Vertragsschlusses bestandenen Rechte Dritter einen Schadensersatzanspruch nur insoweit, als den Vermieter ein Verschulden traf.[525] Die im gemeinen Recht noch bestehende Garantiehaftung des Vermieters für anfängliches Unvermögen ist im preußischen Recht aufgehoben worden.

---

[519] *Förster*, Theorie und Praxis des heutigen gemeinen preußischen Privatrechts, 2. Bd., § 136, S. 183, Fn. 51; *Dernburg*, Das Obligationenrecht Preußens und des Reichs, § 168, S. 448 f; *Gruchot*, Beiträge zur Erläuterung des deutschen Rechts, Jg. 26, S. 905 ff.
[520] *Gruchot*, Beiträge zur Erläuterung des deutschen Rechts, Jg. 26, S. 906 f.
[521] *Gruchot*, Beiträge zur Erläuterung des deutschen Rechts, Jg. 26, S. 906 f.
[522] *Mugdan*, Materialien, Band II, S. 208.
[523] dagegen: *Koch*, Kommentar, § 318, Fn. 20, S. 236.
[524] *Mugdan*, Materialien, Band II, S. 210; vgl. auch *Förster*, Theorie und Praxis des heutigen gemeinen preußischen Privatrechts, 2. Bd., § 136, S. 183, Fn. 51.
[525] *Mugdan*, Materialien, Band II, S. 211.

## F. Kapitel 4: Rechtsprechungsanalyse

### I. Funktion und Bedeutung des Oberappellationssenats des Preußischen Kammergerichts

Um die Funktion und Bedeutung des Oberappellationssenats des preußischen Kammergerichts darzustellen, bedarf es zunächst eines kurzen geschichtlichen Rückblicks über die Entwicklung des brandenburgisch-preußischen Gerichtswesens.

Das brandenburgische Kammergericht entstand aus dem kurmärkischen obersten Hofgericht und fand erstmals 1468 urkundliche Erwähnung.[526] Die Hofgerichte waren im 15. Jahrhundert in den Territorien des deutschen Reiches neu organisierte Gerichte nach dem Vorbild des Reichskammergerichts, die neben den Regierungen als zweite Instanz über den Provinzialgerichten fungierten; in Brandenburg bezeichnete man sie unter anderem auch als Kammergericht.[527] Durch die Kammergerichtsordnungen von 1516 und 1540 hatte das brandenburgische Kammergericht eine feste innere Organisation erhalten.[528] Die Erlangung des Appellationsprivilegs für die Mark Brandenburg im Jahre 1586[529] machte es erforderlich, im Land eine dritte Instanz zu errichten, um den fortfallenden Rechtszug an das Reichskammergericht zu ersetzen. Infolgedessen wurde der sog. Geheime Justizrat eingerichtet, der fortan als oberste Instanz über dem Kammergericht stand.[530] Für das Herzogtum Preußen, in dem es einen Rechtszug an das Reichskammergericht aufgrund seiner Nichtzugehörigkeit zum Reich nie gegeben hatte, wurde 1657 ein Oberappellationsgericht in Königsberg errichtet, welches in Zivilsachen als letzte Instanz fungierte und die bis dahin beim Hofgericht liegende oberste Gerichtsbarkeit ablöste.[531] Für die übrigen Landesteile, die 1702 ein limitiertes Privilegium de non appellando (bis 2500 Goldgulden) erlangten, bildete das 1703 in Berlin gegründete und über den einzelnen Regierungen stehende Oberappellationsgericht die Berufungsinstanz.[532]

---

526 *Döhring*, Geschichte der deutschen Rechtspflege, S. 28; *Schmidt*, Kammergericht und Rechtsstaat, S. 2 f; *Holtze*, 500 Jahre Kammergericht, S. 7; *Stölzel*; Die Entwicklung der gelehrten Rechtsprechung, S. 589; *Ebel*, 200 Jahre preußischer Zivilprozeß, S. 7.

527 *Döhring*, Geschichte der deutschen Rechtspflege, S. 4; *Stölzel*, Die Enticklung der gelehrten Rechtsprechung, S. 587.

528 *Holtze*, 500 Jahre Kammergericht, S. 16; *Schmidt*, Kammergericht und Rechtsstaat, S. 7; *Döhring*, Geschichte der deutschen Rechtspflege, S. 28; *Schwartz*, 400 Jahre deutscher Zivilprozeß-Gesetzgebung, S. 435/437.

529 *Schmidt*, Rechtsentwicklung in Preußen, S. 13; *Giese*, Preußische Rechtsgeschichte, S. 96.

530 *Schmidt*, Rechtsentwicklung in Preußen, S. 13.

531 *Schmidt*, Rechtsentwicklung in Preußen, S. 13; *Ebel*, 200 Jahre preußischer Zivilprozeß, S. 7.

532 *Schmidt*, Rechtsentwicklung in Preußen, S. 13; *Holtze*, Geschichte des Kammergerichts,

Das 18. Jahrhundert, welches für Preußen im Bereich der Justiz das Jahrhundert der Reformen war, brachte auch für das Kammergericht erhebliche Veränderungen mit sich. Dies ist insbesondere auf einen Mann zurückzuführen: Samuel von Cocceji. Cocceji wurde 1722 zum Präsidenten des Kammergerichts ernannt.[533] In dem Bestreben, die Dauer der Prozesse zu verkürzen, richtete er sein Hauptaugenmerk auf die Zusammenlegung der Gerichte und eine Neuordnung des Instanzenzuges.[534] Infolgedessen erhielt das Kammergericht 1738 eine Zuständigkeit in Strafsachen, wodurch nicht nur der Kompetenzbereich des Kammergerichts erweitert, sondern auch dessen Bedeutung erhöht wurde.[535] Mit der Verleihung des Appellationsprivilegs 1750 für alle preußischen Gebiete war für Cocceji endlich die letzte Hürde auf dem Wege der Vereinheitlichung der Gerichtsverfassung beseitigt worden.[536] In Umsetzung seines Ziels, den Instanzenzug auf drei Instanzen zu beschränken und übersichtlicher zu gestalten, vereinigte er das Kammergericht 1748 mit dem in Berlin befindlichen Oberappellationssenat.[537] Es entstand ein aus vier Senaten bestehendes Gericht, das sog. „Große Friedrichs- Kollegium".[538] Drei Senate fungierten als Mittelinstanzen, und das Obertribunal, als vierter Senat, vertrat die höchste gerichtliche Instanz Preußens.[539]
Unter Friedrich II. erfuhr das Kammergericht 1782 eine weitere Umstrukturierung, die auch eine Neuordnung des Instanzenzuges nach sich zog.[540] Eingeleitet wurden die Veränderungen in der Gerichtsverfassung durch das

---

Dritter Teil, S. 45; *Neufeld*, Die Friedericianische Justizreform, S. 28 f; *Kern*, Der gesetzliche Richter, S. 59.

533 *Holtze*, 500 Jahre Kammergericht, S. 107; *Schmidt*, Kammergericht und Rechtsstaat, S. 19.

534 *Neufeld*, Die Friedericianische Justizreform, S. 34; *Sellert*, Cocceji, ein Rechtserneuerer Preußens, in: JuS 79, S. 772; *Mittenzwei/Herzfeld*, Brandenburg-Preußen 1648-1789, S. 312.

535 *Holtze*, 500 Jahre Kammergericht, S. 120 f; *Holtze*, Geschichte des Kammergerichts, Dritter Teil, S. 154 f, 159.

536 *Giese*, Preußische Rechtsgeschichte, S. 96; *Schmidt*, Rechtsentwicklung in Preußen, S. 16; *Mittenzwei/Herzfeld*, Brandenburg-Preußen 1648-1789, S. 312.

537 *Giese*, Preußische Rechtsgeschichte, S. 97; *Springer*, Die Coccejische Justizreform, S. 355 ff.

538 *Bornhak*, Preussische Staats- und Rechtsgeschichte, § 41, S. 243; *Schmidt*, Kammergericht und Rechtsstaat, S. 20; *Holtze*, 500 Jahre Kammergericht, S. 141 ff; *Holtze*, Geschichte des Kammergerichts, Dritter Teil, S. 236 ff, S. 246 f.

539 *Schmidt*, Rechtsentwicklung in Preußen, S. 16; *Giese*, Preußische Rechtsgeschichte, S. 97; *Sonnenschmidt*, Geschichte des königlichen Ober-Tribunals zu Berlin, S. 68 ff; *Springer*, Die Coccejische Justizreform, S. 356.

540 Reglement wegen künftiger Einrichtungen des Justizwesens bei den Ober- und Untergerichen der Kur- und Neumark Brandenburg vom 30. 11. 1782; vgl. dazu: Acta Borussica, 16. Band, 2. Teil, S. 760 ff; *Holtze*, Geschichte des Kammergerichts, S. 343 ff, S. 352 f; *Sonnenschmidt*, Geschichte des königlichen Ober-Tribunals zu Berlin, S. 112.

Reglement wegen künftiger Einrichtung des Justizwesens bei den Ober- und Untergerichten der Kur- und Neumark Brandenburg vom 30. November 1782.[541] Der ehemals vierte Senat, das Obertribunal, wurde wieder vom Kammergericht getrennt, blieb jedoch als dritte Instanz unter dem Namen Geheimes Obertribunal die höchste im preußischen Gerichtsaufbau.[542] Das Kammergericht behielt die Position einer Mittelinstanz und teilte sich fortan in zwei von einander unabhängige Senate, den Instruktionssenat und den Oberappellationssenat.[543] Der Instruktionssenat stand auf einer Stufe mit den übrigen Obergerichten der Mark – der neumärkischen Regierung, dem altmärkischen und uckermärkischen Obergericht – und hatte die Oberaufsicht über die Untergerichte der Kurmark.[544] Allen vier Obergerichten war der Oberappellationssenat des Kammergerichts als Appellgericht übergeordnet, welcher wiederum unter dem Geheimen Ober-Tribunal, das die Funktion eines Revisionsgerichts hatte, stand.[545]

Dem Instruktionssenat, der sich aus einem Präsidenten sowie vierzehn Kammergerichts- und einigen Assistenzräten zusammensetzte, oblag hauptsächlich die Instruktion (Beweisaufnahme und Sachverhaltsaufklärung) der in erster Instanz von den Untergerichten in Appellation an das Kammergericht angetragenen Streitsachen.[546] In erster Instanz entschied er nur über minder wichtige Zivil- und Bagatellsachen.[547]

Die bedeutenderen Zivilsachen fielen in den Zuständig-keitsbereich des Oberappellationssenats. Dieser war mit acht Räten besetzt und stand unter der Leitung eines Präsidenten (v. Rebeur) sowie eines Chef-Präsidenten (v. Doernberg).[548] Nach der neuen Verfassung des Kammer-gerichts erhielt der Oberappellationssenat die feste Position einer zweiten Instanz im Gerichtsaufbau.

Der Oberappellationssenat entschied in Zivilsachen in allen Angelegenheiten, die erstinstanzlich von den Landesjustizkollegien und dem Instruktionssenat des Kammergerichts entschieden worden waren und darüber hinaus in allen erstinstanzlich von den Untergerichten, darunter fielen die Patrimonialgerichte, die

---

541 *Mylius*, NCC, Bd. 7, S. 1869 ff. Nr. LIV.

542 *Eckert*, Gesetzesbegriff und Rechtsanwendung im späten Naturrecht, S. 584; *Giese*, Preußische Rechtsgeschichte, S. 98.

543 vgl. Reglement v. 30. November 1782, *Mylius*, NCC, Bd. VII., Nr. 57, 3. Abschnitt, § 3; *Eckert*, Gesetzesbegriff und Rechtsanwendung im späten Naturrecht, S. 584; *Sonnenschmidt*, Geschichte des königlichen Ober-Tribunals zu Berlin, S. 112 f.

544 *Holtze*, Geschichte des Kammergerichts, Dritter Teil, S. 352, 353.

545 *Holtze*, Geschichte des Kammergerichts, Ditter Teil, S. 352; *Sonnenschmidt*, Geschichte des königlichen Ober-Tribunals zu Berlin, S. 112.

546 *Holtze*, Geschichte des Kammergerichts, Dritter Teil, S. 353.

547 vgl. Reglement v. 30. November 1782, *Mylius*, NCC, Bd. VII, Nr. 57, 3. Abschnitt, §§ 18, 25 f; *Eckert*, Gesetzesbegriff und Rechtsanwendung im späten Naturrecht, S. 584.

548 *Holtze*, Geschichte des Kammergerichts, Dritter Teil, S. 354.

Domänenjustizämter und die städtischen Gerichte[549], entschiedenen Sachen mit einem Streitwert von mehr als fünfzig Reichstalern.[550]

## II. Darstellung der Urteile und Untersuchungsmaßstab

Die Darstellung der Urteile beginnt mit einer kurzen Zusammenfassung des Sachverhalts und des Erkenntnisses des Gerichts. Im Anschluss daran werden die Entscheidungsgründe zitiert. Soweit mit einer Appellation mehrere Beschwerden verbunden waren, beschränkt sich die Darstellung jedoch nur auf diejenigen Punkte, welche das Gewährleistungsrecht betreffen und für die Untersuchung relevant erschienen. Ausgelassene Urteilspassagen sind mit Punkten gekennzeichnet. Eingefügte Worte, die der Verständlichkeit dienen sollen, sind mit einer eckigen Klammer markiert. Wörter des Originaltextes, die nicht zu identifizieren waren, sind mit Bindestrichen kenntlich gemacht. Die am Ende jeder Entscheidung erfolgenden Anmerkungen analysieren die getroffene Entscheidung des Oberappellationssenats im Einzelnen. Untersuchungsmaßstab bildet dabei zum einen der Umgang der Richter mit dem materiellen Recht des Allgemeinen Landrechts, zum anderen die Form der Urteilsfindung im Hinblick auf die Einhaltung der in der Einleitung zum Allgemeinen Landrecht getroffenen Vorgaben. Von Bedeutung ist in diesem Zusammenhang, inwiefern das Allgemeine Landrecht bei der Entscheidungsfindung als das einzig verbindliche Recht zugrunde gelegt wurde. Ferner ist von Interesse, ob die Richter die ihnen in den §§ 46-49 Einl. ALR auferlegten Beschränkungen bzgl. der Auslegung und Interpretation von Gesetzen beachtet haben.

---

[549] *Giese*, Preußische Rechtsgeschichte, S. 99; *Schmidt*, Rechtsentwicklung in Preußen, S. 16; *Krusch*, Die Gedanken der Aufklärung, S. 26.

[550] vgl. Reglement v. 30. November 1782, *Mylius*, NCC, Bd. VII, Nr. 57, 3. Abschnitt, §§ 31-34; *Eckert*, Gesetzesbegriff und Rechtsanwendung im späten Naturrecht, S. 585; *Holtze*, Geschichte des Kammergerichts, Dritter Teil, S. 354 f.

## III. Die Entscheidungen des Oberappellationssenats zum Gewährleistungsrecht in der Zeit von 1794 bis 1810

### 1. Jahrgang 1794

**• Urteil: Berg / Fischer**

27. 1. 1794
S. 16–17 b in den Sentenzenbüchern

Die Appellationssache des Branntweinbrenners Berg, Klägers und Appellanten, wider den Polizei Commissarius Fischer, Beklagten und Appellaten.

**Sachverhalt:**
Der Branntweinbrenner Berg hatte von dem Fischer zum Brennen von Alkohol eine Blase gemietet. Diese war jedoch, wie sich später herausstellte, schadhaft. Der Berg verklagte den Fischer deshalb auf Ersatz des ihm durch die schadhafte Beschaffenheit der Blase entstandenen Schadens. Das erstinstanzliche Gericht wies seine Klage ab. Gegen dieses Urteil wendete sich der Berg mit seiner Appellation.

**Erkenntnis:**
Der Senat erkennt:
*Daß Appellant wegen der zu spät eingewandten Appellation zwar in dem vorigen Stand wieder einzusetzen, und so auch die Förmlichkeiten der Appellation für richtig anzunehmen, in der Sache selbst aber das Erkenntniß erster Instanz vom 12. April v. J. lediglich zu bestätigen, und Appellant schuldig die Kosten dieser Instanz mit Einschluß des Termins vom 30. August v. J. dem Appellaten zu erstatten.*

**Gründe / Von Rechts wegen:**
*Bey der ersten Beschwerde, gründet sich Appellant auf den Umstand, dass die Blase queest vom 15. October 1790 bis zum 1. Febr. 1791 im schadhaften Zustande gewesen sey. Die hierüber zu Zeugen vorgeschlagenen Kupferschmiedmeister Schwartz und Kluge sind zwar schon in erster Instanz --- jedoch unvereidet vernommen worden, indessen bedarf es ihrer nochmaligen eidlichen Vernehmung nicht, da sich aus der schadhaften Beschaffenheit der Blase queest in dem angegebenen Zeitraum noch keineswegs schließen lässt, dass sie schon bey der Übergabe schadhaft gewesen sey. Das Gegentheil geht vielmehr schon daraus hervor, dass Appellant sich mehr als zwei Jahre darüber gar nicht beschwert, und sogar geständlich wohl 40 Kessel täglich gebraut hat. Gesetzt aber auch die Blase queest wäre schon bey der Uebergabe unbrauchbar*

*gewesen, so kann doch deswegen der Beklagte zu einem Schadensersatze nur in sofern angehalten werden, als er dabey in dolo oder culpa [war].*

*Boehmer in disf. de oblig. locat. ob imped. sei locat. --- Cap. II. § 11 in Elect.jur. civ. Tom. I. no. 10.*

*Dies ist nun freilich von einem Vermiether schadhafter Gefäße stets zu behaupten, wenn bey ihm die Eigenschaft eines Sachverständigen hinzukommt. Mit dieser Einschränkung ist denn auch nur*

*l. 19. ff. locati zu verstehen.*

*Im vorliegenden Falle war aber nicht der Appellat, sondern der Appellant ein Sachverständiger, und es blieb daher immer die Sache dieses letzteren die bemerkte Schadhaftigkeit der Blase sofort anzuzeigen. – Dies that er aber erst nach Verlauf von zwei Jahren, und Appellat ließ als denn sogleich die Blase auf der Stelle --- ausbessern, wodurch er seine Verbindlichkeit als Vermiether völlig Genüge leistete, ohne dass ihm irgend ein Versehen zur Last geleget werden könne. Er konnte mithin zu einem Schadensersatze bloß von dem Zeitpunkt schuldig erkannt werden, da er zum dritten mahle den 23. Febr. 1791 die Reparatur der schadhaften Blase verweigert hat.*

(Es folgen Ausführungen zur zweiten Beschwerde.)

**Anmerkungen:**

Aus den Ausführungen des Senats ergibt sich, dass zwischen dem Appellaten und dem Appellanten ein Mietverhältnis bestanden hat. Insofern hätten die §§ 272, 273, I, 21 ALR bzgl. des Anspruches des Branntweinbrenners Berg auf Schadensersatz auf den Fall angewendet werden können. § 272 I, 21 ALR sagt, dass die vermietete Sache dem Mieter in brauchbarem Stande überliefert werden muss. Geschieht dies gem. § 273 I, 21 ALR nicht, so kann der Mieter den Vermieter dazu und zum Ersatz des aus der kontraktwidrigen Beschaffenheit der Sache entstandenen Nachteils gerichtlich anhalten.

Obwohl das Allgemeine Landrecht eine für den Fall passende Regelung bereit hält, wenden die Richter sie nicht an. Ein Schadensersatzanspruch besteht nach Ausführung des Senats nur, soweit der Vermieter in dolo oder culpa gewesen ist. Diese Wertung beinhalten auch die §§ 273 I, 21; 320, I, 5 ALR. Statt die für den Fall entsprechenden Regelungen des Allgemeinen Landrechts zu zitieren, berufen sich die Richter aber nur auf Boehmer und zitieren aus einem Lehrbuch des gemeinen Rechts. Auch hinsichtlich des Verschuldensmaßstabes bei Sachverständigen zitiert das Gericht nicht die im Allgemeinen Landrecht enthaltene Regelung des § 289 I, 5 ALR, nach der Kunst- und Sachverständige das volle Interesse zu vergüten haben. Stattdessen beziehen sie sich auf das römisch-gemeine Recht, wie die Zitierung: „l. 19. ff. locati" verdeutlicht.

Das „l." bezeichnet nach alter Zitierweise ein Gesetz oder Fragment (lex) der Digesten oder des Codex.[551]

## • Urteil: Jonas / Reigisch

17. 12. 1794
S. 428–428 b in den Sentenzenbüchern

Die Appellationsssache des Branntweinbrenners Jonas, Verklagten und Appellanten, wider den Viehmeister Reigisch, Kläger und Appellaten.

**Sachverhalt:**
Der Viehmeister Reigisch hatte von dem Jonas, vertreten durch den Klein, im Rahmen eines Kauf-Tauschhandels ein Pferd gekauft. Dieses Pferd war jedoch ungesund und ist bereits neun Tage nach dem Verkauf gestorben. Auf die Klage des Reigisch hin verurteilte das erstinstanzliche Stadtgericht den Jonas dazu, den Schaden des Reigisch zu vertreten. Gegen dieses Erkenntnis wendet sich der Verklagte mit seiner Appellation und beruft sich darauf, selbst auch nur als Mandatarius gehandelt zu haben.

**Erkenntnis:**
Der Senat erkennt:
*Daß zwar die Förmlichkeiten der Appellation richtig, in der Hauptsache aber der Bescheid des hiesigen Stadtgerichts de publ. den 24. Januar lediglich zu bestätigen, u. Appellant dem Appellaten die Kosten dieser Instanz nach deren Angabe u. richterl. Festsetzung zu erstatten verbunden.*

**Gründe / Von Rechts wegen:**
*Der Bekl. und Appellant räumt ein; der Kirchner, welcher das Pferd zuerst verkauft, aber von dem Käufer dann wieder zurück erhalten habe, habe ihm freie Hand gelassen, das Pferd zu verkaufen, der Klein sei zufällig bei ihm gewesen, habe sich zum Verkauf erboten, und dies an den Kl. und Appellaten verkauft.*
*Er gesteht ferner, es habe seine Richtigkeit, dass das krepierte Pferd vorher ungesund gewesen, dass er solches durch den Klein [zum] Veterinaire geschickt, es daselbst besichtigen lassen, und dass man ihm sagen lassen, dass Pferd sei kröpfig und könne leicht den Rotz bekommen.*

---

[551] vgl. *Söllner*, Einführung in die römische Rechtsgeschichte, S. 154; *Wesel*, Die Hausarbeit in der Digestenexegese, S. 18.

*Der erst in der zweiten Instanz abgehörte Zeuge Klein bekundet eidlich, der jetzige Appellant habe ihm gesagt er habe ein Pferd zu verkaufen, und ihm angetragen ihm einen Käufer zu verschaffen. ER sei daher mit dem Pferd zu dem jetzigen Kl. und Appellaten geritten, mit dem er einen Tauschhandel dahin getroffen, dass solcher ihm ein Pferd und 12 Groschen zugebe, welches er sowohl als das Geld dem Jonas dem jetzigen Appellanten hinterbracht habe.*
*Der Appellant gesteht, dass das an den Appellaten verkaufte Pferd den neunten Tag nach dem Verkauf krepiert sei.*
*Und der Schafrichter --- hat bezeugt, es sei lungenfaul gewesen; und habe verenden müssen, und der bei der Oefnung gegenwärtig gewesene Zeuge Leickert sagt, es sei durch und durch faul gewesen, und müsste schon lange Zeit ungesund gewesen sein.*
*Hiernach ist es keinem Zweifel unterworfen, dass der innerliche Fehler, woran das verkaufte Pferd gestorben ist, schon zur Zeit des Verkaufs da gewesen sei, den daher der Appellant als Verkäufer erstatten muß.*

*l. 19. §. 10. de Ed:*
*allg. Preuß. Landrecht Th I. Tit. 11. §§. 203.*

*Davon kann den Appellanten nicht befreien, daß er angeblich nicht Eigenthümer des Pferdes gewesen sei, sondern bloß als Mandatarius des Kirchner gehandelt habe, denn er hat das Pferd und Kaufgeld erhalten; er wusste dass das Pferd, nach der von dem Veterinaire eingezogenen Nachricht, schon zur Zeit des Verkaufs nicht gesund war, und da er es dennoch verkaufte, so handelte er dolos, wofür er haften muß, wenn er auch bloß als Mandatarius den Handel geschlossen hatte.*
*Es ist deshalb überall wie geschehen, zu erkennen gewesen.*

**Anmerkungen:**
Der Senat prüft den Umstand, ob das Pferd bereits vor der Übergabe krank gewesen ist. Da die Richter diesen Umstand als erwiesen ansehen, treffen sie lediglich die Feststellung, dass der Appellant als Verkäufer den Schaden zu erstatten hat. Ihre rechtliche Würdigung bestätigen sie zunächst durch folgendes Zitat: „l. 19. §. 10. de Ed“. Der Buchstabe „l.“ zeigt, dass es sich um eine Textstelle aus dem Corpus Iuris Civilis handelt.[552] Die Abkürzung „Ed“ kann sich in diesem Zusammenhang nur auf das prätorische Edikt beziehen.[553] Erst im Anschluss an die Zitierung des entsprechenden Belegs aus dem römischen Recht beziehen sich die Richter auf die Vorschrift des § 203 I, 11 ALR.
§ 203 I, 11 ALR enthält die Vermutung, dass wenn sich die Krankheit erst nach Verlauf von vierundzwanzig Stunden nach der Übergabe äußert, der Schaden den Käufer trifft, wenn nicht ausgemittelt werden könne, dass der kränkliche

[552] vgl. *Söllner*, Einführung in die römische Rechtsgeschichte, S. 154; *Wesel*, Die Hausarbeit in der Digestenexegese, S. 18.
[553] vgl. *Söllner*, Einführung in die römische Rechtsgeschichte, S. 153.

Zustand schon zur Zeit der Übergabe vorhanden gewesen sei. Die Vertretung des Schadens ergibt sich aber nicht allein aus § 203 I, 11 ALR, sondern erst aus der Verweisung des § 198 I, 11 ALR auf die §§ 319 ff I, 5 ALR wegen fehlerhafter Beschaffenheit der verkauften Sache. § 320 I, 5 ALR besagt, dass der Empfänger schadlos zu halten ist, wenn an dem Geber die Schuld liegt, dass sich der Empfänger der gegebenen Sache nach der Natur und dem Inhalt des Vertrages nicht bedienen könne. Das Zusammenspiel von besonderen und allgemeinen Gewährleistungsvorschriften wird von den Richtern folglich nicht berücksichtigt und durch entsprechende Zitierung zum Ausdruck gebracht.

## 2. Jahrgang 1795

### • Urteil: Gaedicke / Repschlaeger

20. 9. 1795
S. 411–412 b in den Sentenzenbüchern

Die Appellationssache des Pferdehändlers Gaedicke, Verklagten und Appellanten, wider den Lehnschulzen Repschlaeger, Kläger und Appellaten.

**Sachverhalt:**
Der Repschlaeger hatte von dem Gaedicke zwei Pferde gekauft. Nach Abschluß des Kaufvertrages und Übergabe der Pferde stellte sich jedoch heraus, dass die Pferde dumm und somit unbrauchbar waren. Der Repschlaeger verklagte den Gaedicke auf Rückgängigmachung des Kaufes und Schadensersatz. Das erstinstanzliche Gericht gab dieser Klage statt. Gegen diese Entscheidung richtet sich der Verklagte mit seiner Appellation an das Kammergericht.

**Erkenntnis:**
Der Senat erkennt:
*Daß die Formalien zwar richtig, in der Hauptsache aber die Beschwerden unerheblich, und mithin Sententia a qua vom 18. November nicht nur lediglich zu bestätigen, sondern auch der Appellant die dem Appellaten nun entstandenen Kosten dieser Instanz --- zu erstatten schuldig.*
(Es folgt die Festsetzung der Gerichtsgebühren.)

**Gründe / Von Rechts wegen:**
*Denn wenn auch die Dummheit bei Pferden von geübten Pferdekennern nach genauer Untersuchung sollte entdeckt werden können, erfordert doch das Allg. Landrecht erst. Theil 5 Titel § 330 ausdrücklich einen in die Augen fallenden*

*Fehler, um den Empfänger einer mit einem versehentlichen Fehler behafteten Sache, dieses Fehlers --- an den geschlossenen Vertrag zu binden.*
*Daß aber die Dummheit bei Pferden nicht für einen bloßen Fehler, der allen und jeden sogleich in die Augen fällt zu achten, ergibt sich nicht nur aus der Aussage des --- abgehörten Commissars Erick, sondern auch aus dem Umstande, dass das von dem Appellanten dem Appellaten verkaufte Pferd beider Vortrag nach ---*
*Wenn daher auch [Appellant] erst nach der Deposition des Zeugen Erick dem Appellaten bei dem Handel nicht für alle Fehler eingestanden hatte, so muss er dennoch diesen unsichtbaren Fehler demselben nach dem*

*Allg. Landrecht I Th. 5 Titel § 325. und 331*

*zu gewähren schuldig sein, und da nach den Aussagen der Zeugen Weber und Bethge, die selbst Pferdehändler sind, ein dummes Pferd zu allem Gebrauch untüchtig ist, ihm mithin die Haupteigenschaft, welche ein Käufer sich vorbedungen zu haben, angenommen werden muss, fehlt, der Pferdehandel wieder aufgehoben werden müsse, wenn das eine dieser Pferde schon bei Schließung des Handels dumm gewesen.*
*Dieses leugnet zwar der Appellant. Doch der Weber und Bethge bekunden indessen, dass es ihnen an eben dem Tage, da der Appellat die Pferde gekauft, mit der Dummheit erst richtig zu Tage geschienen, ...*
*Am folgenden Tag äußerte sich bei dem mit demselben angestellten Pferde auch der gerügte Fehler schon auf eine auffallende Art, und da nach dem*

*Allg. Landrecht I. Theil 11 Titel § 199*

*in dem Fall, wenn ein Stück Vieh binnen vierundzwanzig Stunden nach der Übergabe krank befunden wird, die Vermuthung stattfindet, dass es schon vor der Uebergabe krank gewesen, so kann der Einwand des Appellanten, --- keineswegs Rücksicht verdienen, da er nicht in Abrede stellen kann, dass der Appellat die im allg. Landrecht loco. ditato §. vorgeschriebene Vorsicht gebraucht, ihm sogleich den bemerkten Fehler angezeigt und dadurch in den Stand gesetzt, eine Untersuchung über die etwaige Entstehung nach dem Verkauf anstellen zu lassen. Die Aufhebung des Contracts und die Verbindlichkeit des Appellanten beide Pferde wieder zurückzunehmen kann daher keinen weiteren Bedenken unterworfen sein, und bedarf es übrigens keineswegs eines Gutachtens Bethge --- über die Sichtbarkeit der Dummheit bei Pferden, als der Absicherung der beiden Knechte des Appellanten über die Dummheit des --- Pferdes bei Schließung des Kaufs. Denn aus ersterem würde sich, wenn es auch vorteilhaft für den Appellanten ausfiele, doch nur entnehmen lassen, dass diese für einen Sachverständigen kein verborgener Fehler sey, wonach es aber nach den angezogenen Titeln des Landrechts nicht ankommt. ...*

*Aus der Revision des Contracts ergibt sich als denn außer der Erstattung des Kaufgeldes, die Schadloshaltung des Appellaten in Ansehung der Heu und Futter Kosten nach dem Allg. Landrecht 1 Theil 5 Titel. § 320. von selbst.*
(Es folgen weitere Ausführungen, die nicht mehr relevant sind.)

**Anmerkungen:**
Die Richter zitieren zunächst § 330 I, 5 ALR, da bei Fehlen gewöhnlich vorausgesetzter Eigenschaften eine Abstandnahme vom Vertrag nur dann in Betracht kommt, wenn der Fehler nicht in die Augen fallend war. Sie prüfen sodann, ob die Dummheit bei Pferden ein in die Augen fallender Fehler ist. Insofern sind hier also Ansätze einer Subsumtion erkennbar. Erst wird die Norm des Allgemeinen Landrechts zitiert, und dann werden deren Voraussetzungen geprüft. Nachdem die Richter festgestellt haben, dass es sich um keinen in die Augen fallenden Fehler handelt, und daher der Appellant schuldig ist, dem Appellaten diesen Fehler zu gewähren, zitieren sie die §§ 331, 325 I, 5 ALR als Anspruchsgrundlage für die Rückgängigmachung des Kaufvertrages. Voraussetzung dafür ist jedoch, dass der Fehler schon bei der Übergabe der Sache vorhanden gewesen ist. Diesbezüglich stützen sich die Richter auf die Beweislastumkehr des § 199 I, 11 ALR, die für die Fälle des Viehkaufes eine lex specialis gegenüber den allgemeinen Gewährleistungsvorschriften des fünften Titels, § 332 I, 5 ALR darstellt. Hinsichtlich des Schadensersatz-anspruches des Appellaten bzgl. der Heu- und Futterkosten berufen sie sich auf § 320 I, 5 ALR, dessen Anspruchsvoraussetzungen, insbesondere das Verschulden des Verkäufers, sie jedoch nicht weiter erwähnen.
Bei diesem Urteil ist auffallend, dass keine gemeinrechtlichen Quellen herangezogen, sondern nur die Normen des Allgemeinen Landrechts zitiert werden. Daneben berücksichtigen die Richter auch die im Kaufrecht getroffene Sonderregelung des § 199 I, 11 ALR, und setzen sich mit dem Zusammenspiel von allgemeinem und besonderem Gewährleistungsrecht auseinander.

## • Urteil: Bartholdt / Francke

19. 12. 1795
S. 375–376 b in den Sentenzenbüchern

Die Appellationssache des Fuhrmanns Bartholdt, Klägers und Appellanten, wider den Schmiedmeister Francke, Beklagten und Appellaten.

**Sachverhalt:**
Der Fuhrmann Johann Georg Bartholdt hatte seine zwei Pferde zum Beschlagen zu dem Schmiedemeister Johann Heinrich Francke gebracht. Bald darauf wurden die Pferde lahm und krepierten. Der Fuhrmann Bartholdt beschuldigte den Francke seine Pferde „vernagelt" zu haben, und erhob daher Klage gegen den Schmiedemeister auf Schadensersatz. Nachdem er in erster Instanz mit seinem Klagbegehren abgewiesen worden war, erhob er die Appellation an das Kammergericht.

**Erkenntnis:**
Der Senat erkennt:
*Daß Gericht erkennt, dass Formalia appellationis richtig, und in der Hauptsache Sententia a qua de publicato den 10. Juni dahin abzuändern, daß Kläger mit der geforderten Entschädigung nicht abzuweisen, sondern zuförderst Beklagter in Termino , den --- , eidlich zu erhärten, dass er die von dem Kläger im Jahre 1786 zum Beschlagen anvertrauten zwei Pferde, eine Stute und einen Wallach, nicht vernagelt, und dadurch dem Kläger den Verlust dieser beiden Pferde nicht zugefügt habe.*
*Quo praestito Sententia a qua zu bestätigen, und die Kosten dieser Instanz gegeneinander zu compensieren, wogegen im Nichtschwörungsfalle Beklagter gehalten dem Kläger die von ihm per juramentum in litem auf 86 Reichstaler oder weniger festzusetzenden Werth beider Pferde und das zu beschwörende Quantum der verlorenen Nutzung mit 21 --- oder weniger zu vergütigen, und Kläger für wohlbefugt zu achten, die beschworene --- dem Beklagten auf die ihm zu bezahlenden 121 Reichstaler und 11 Groschen in Abzug zu bringen, auch Beklagter die Kosten des Prozesses allein zu tragen gehalten.*

**Gründe / Von Rechts wegen:**
*Es ist zuvörderst als rechtlich vorauszusetzen, dass ein jeder Werkmeister für die gegen die Regeln seiner Kunst oder Handwerkes begangenen Fehler haften, und dabei auch ein geringes Versehen vertreten muß.*
*Landrecht T. I. Tit. XI. §. 954*
*Hat also im gegenwärtigen Fall der Beklagte die Pferde des Klägers vernagelt, und dadurch ihren Todt verursacht, so muß er für diesess Versehen haften, und den dadurch dem Kläger zugefügten Schaden ersetzen.*
*Aus der Deposition des Zeugen Krüger erhellet zwar die Thatsache und ihre Folgen nicht geradezu, die bekundeten Umstände begründen aber gegen den Beklagten eine Verdacht, dass es mit dem Vernageln der Pferde doch wohl seine Richtigkeit haben könne. Inhalts seiner Deposition waren die Pferde vorher völlig gesund, ohngefähr 14 Tage oder 3 Wochen nachdem Beschlagen, wurden sie beide auf den beschlagenen Hufen lahm und 14 Tage darauf krepierten sei beide. Wäre der Beschlag nach den Regeln des Handwerks geschehen, so würde*

*sich der dabei zu Rathe gezogene Sachverständige --- nicht in der von den Zeugen bekundeten Art haben äußern können.*
*Zur Verstärkung des hieraus gegen den Beklagten entstehenden Verdachts, können die in dieser Instanz angeführten Umstände nichts relevieren, denn wenn Beklagter auch mehrere Pferde vernagelt haben sollte, und hierunter sein Handwerk nicht hinlänglich verstehen mag, so kann doch daraus nicht gefolgert werden, dass er alle ihm zum Beschlagen anvertrauten Pferde vernagelt habe.*
*Daß vom Beklagten gegen des Klägers Ehefrau gethan haben sollende Geständniß, daß er ihren Schaden nicht verlange und sich wegen der Pferde wohl vergleichen wollte, ist zu allgemein und bedarf es des darüber vom Beklagten abgeleisteten Eides nicht, wenn er überhaupt, wie geschehen, zum Reinigungs Eide verstattet wird*
*Sollte der Beklagte diesen Eid ableisten, so folgt daraus die Bestätigung des ersten Urtheils von selbst, im entgegengesetzten Fall aber ist nach der Vereinigung beider Theile der Betrag des verursachten Schadens durch das von dem Kläger abzuleistende Juramentum in litem festzusetzen.*
*Aus diesen Gründen ist daher überall wie geschehen zu erkennen gewesen.*

**Anmerkungen:**
Die Kammerrichter wenden auf den Schadensersatzanspruch des Appellanten ausschließlich die landrechtliche Regelung an. Hinsichtlich des Haftungsmaßstabes eines Werkmeisters berufen sie sich auf § 954 I, 11 ALR. Dabei geben die Richter zunächst den Gesetzeswortlaut wieder und zitieren am Ende § 954 I, 11 ALR. Anschließend subsumieren sie sogar unter die Norm, indem sie sagen: „Hat also im gegenwärtigen Fall der Beklagte die Pferde des Klägers vernagelt, und dadurch ihren Tod verursacht, so muß er für dieses Versehen haften, und den dadurch dem Kläger zugefügten Schaden ersetzen". Was unter einem den Regeln seiner Kunst begangener Fehler oder unter einem geringen Versehen zu verstehen ist, wird von den Richtern jedoch nicht näher erläutert.

## 3. Jahrgang 1796

### • Urteil: Illig und Graf / Salomon

29. 12. 1796
S. 515 b–516 in den Sentenzenbüchern

Die Appellationssache der beiden Hofgerber Illig und Graf, Verklagten und. Appellanten, wider den Schutzjuden Salomon, Kläger und Appellaten.

**Sachverhalt:**
Die Hofgerber Illig und Graf hatten von dem Schutzjuden Salomon Felle gekauft. Sie verweigerten ihm gegenüber aber die Zahlung der restlichen Kaufpreisraten mit der Begründung, die Felle hätten nicht die gewünschte Qualität gehabt. Der Salomon erhob gegen die Gerber Illig und Graf Klage auf Zahlung des Kaufpreises. Das Gericht erster Instanz gab seiner Klage statt. Dagegen wandten sich die Verklagten mit ihrer Appellation an das Kammergericht.

**Erkenntnis:**
Der Senat erkennt:
*Daß, wenn auch Formalien, was doch wegen zu spät angeordneter Appellation nicht ist, für richtig angenommen werden könnten, dennoch quaad Materialia Sententia a qua v. 24. Nov. 1793 lediglich zu bestätigen, u. Appellanten auch die Kosten dieser Instanz nach deren vorhergegangenen Angabe u. richterl. Festsetzung dem Kl. zu erstatten verbunden.*

**Gründe / Von Rechts wegen:**
*Denn die Verkl. haben die Felle --- gekauft, und wohlbedächtig behandelt. Sie haben selbige ohne Wiederspruch angenommen, zweimal abschläglich Zahlungen geleistet, u. nicht aber wegen fehlerhafter Beschaffenheit etwas eingewandt, als bis sie zur Zahlung des Restes verurteilt waren, vielmehr noch am 21. Novbr. 1793 ausdrückl. die Schuld als richtig --- anerkannt. Haben sie selbst sich in der Qualität dieser Felle irren können, --- so ist nicht zu erwarten, dass die von ihnen vorgeschlagenen Zeugen sich weniger irren könnten. Deren Abhörung ist aber um desto unzulässiger, da gegen so vielfache Aquitionen der Schuld kein weiterer Beweis stattfindet u. da eine Irrtümlichkeit in solchen Eigenschaften der Sache welche dabei gewöhnlich vorausgesetzt werden, die Willenserklärung nicht entkräftet, wenn der Irrende durch eigenes grobes oder mäßiges Verschulden den Irrthum veranlasst hat.*

*Allgem. L. R. T. 1. T. IV. § 81. 82.*

*wie hier eventualiter --- der Fall sein würde. Die Erstattung der Kosten folgt, wie die Bestätigung des vorigen Erkenntnisses hieraus von selbst.*

**Anmerkungen:**
In diesem Fall geht es um das Problem der Abgrenzung von Eigenschaftsirrtum und Gewährleistungsrecht. Die Richter legen ihrer Entscheidung ausschließlich die im Allgemeinen Landrecht enthaltene Regelung zugrunde. Sie zitieren die §§ 81, 82 I, 4 ALR, welche eine eindeutige Aussage bzgl. der Abgrenzungsfrage treffen.

## 4. Jahrgang 1797

### • Urteil: Ledihn / Thormann

13. 3. 1797
S. 26–30 b in den Sentenzenbüchern

Die Appellationssache des Apothekers Ledihn, Verklagten, Widerklägers und Appellanten, wider den Oberfeldapotheker Thormann, Kläger, Widerbeklagten und Appellaten.

**Sachverhalt:**
Der Apotheker Ledihn hatte von dem Oberfeldapotheker Thormann eine Apotheke samt dazugehörigem Warenlager gekauft. Kurze Zeit nach der Übergabe behauptete der Ledihn, dass ein großer Teil der Waren incurrent und unbrauchbar sei. Auf die Klage des Thormann hin – vermutlich auf Kaufpreiszahlung – erhob er die Widerklage und machte unter anderem Entschädigung für die unbrauchbaren Waren sowie Ersatz seiner Kosten für die Beschaffung neuer, brauchbarer Waren geltend. Das erstinstanzliche Urteil gab der Klage des Thormann statt. Gegen dieses Urteil wandte sich der Verklagte mit der Appellation.

**Erkenntnis:**
Der Senat erkennt:
*... hiernächst Formalia für richtig anzunehmen. In der Sache selbst aber die geführten Beschwerden für unerheblich zu achten und Sententia a qua de publ. den 17. Merz 1796 zu bestätigen. Appellant schuldig, die Kosten der 2. Instanz allein zu tragen und dem Appellaten die gehabten proevia liquidatione et moderatione zu erstatten ... .*

**Gründe / Von Rechts wegen:**
*Die Unerheblichkeit der ersten Beschwerde,* [durch die] *Appellant mit seinem Antrag auf eine nochmalige Abschätzung, des außer der Apotheke befindlichen Waaren Lagers, und mit seiner Entschädigungsforderung der 581 Reichstaler 10 Groschen abgewiesen worden, wird durch folgende Gründe außer Zweifel gesetzt.*
*Beide Teile haben sich in Absicht des ganzen Waaren Lagers, sowohl das in als außer der Apotheke befindl. dahin vereinigt, dass solches durch die beiden Apotheker Seidenburg und Baewaldt taxiert worden.*
*Appellant hat die Waaren für die von ihnen aufgenommene Taxe angenommen, und als diese vollendet war, solche weder ganz noch zum Teil für unbrauchbar, und incurrent erklärt. Dass das ganze Waaren Lager oder wenigstens nur das*

*außer der Apotheke vorhandene völlig incurrent und unbrauchbar gewesen, lässt sich aus einem doppelten Grunde nicht denken, einmal würde es von Sachverständigen nicht so hoch taxiert worden sein, und zum anderen Appellant solches nicht angenommen haben. Ist dieser Fall aber nur zum Teil bei dem Waaren Lager eingetreten, so hat Appellant sich weder bei Schließung des Contracts noch bei der Tradition der Apotheke ausbedungen, dass sämtliche Waaren current und brauchbar sein sollten.*
*Dem Appellanten sind auch von der, dem Appellaten für die Waaren zu bezahlenden Summe 11 Reichstaler 16 Groschen 6 Pfennige nachgelassen worden. Ist nur die Vergütung für alle in, und außer der Apotheke befindlichn incurrente und unbrauchbare Waare geschehen, so hat sich Appellant hierdurch abfinden lassen, und es ist daher kein rechtlicher Grund zu einem Anspruche vorhanden, ist sie aber nur wie Appellant behaupten will, in Absicht der ersteren bewilligt worden, so hat er die letztere ohne allen Vorbehalt angenommen und demnach nichts wegen einer Entschädigung derselben erwähnt.*
*Sein Vorgeben in Absicht der Unbrauchbarkeit der Waaren ist nicht einmal auf einen festen Fuß gestützt, denn dort erklärt er sie sämtlich für unbrauchbar, bald nimmt er nur die gedachte Quantitaet davon aus.*
*Des Appellaten Verbindlichkeit war es nicht, dem Appellanten die Fehler der Waaren, sie mochten das ganze Waaren Lager oder nur einen Teil desselben betreffen, anzuzeigen, denn die Gesetze verbinden den Verkäufer nur dem Käufer diejenigen Lasten der verkauften Sache bekannt zu machen, die er nicht wissen konnte.*

*L. 45. pand: de contrah Emt. vendit*
*L. 14. § 10. de Edicto Aeditito*

*Appellant wusste schon eines Teils aus der Taxe der Sachverständigen, dass sich unter dem ganzen Waaren Lager incurrente Waaren befinden und wenn solches durchgängig oder nur zum Teil fehlerhaft waren, so ist er selbst Sachverständiger, und musste solches beurteilen können.*
*Er hat auch nicht einmal behauptet, dass die angebliche Unbrauchbarkeit der Waaren dergestalt verborgen gewesen, dass er sie bei der Tradition derselben nicht wissen können, vielmehr selbst angeführt, dass er bei der Revision der Waaren deren Unbrauchbarkeit gleich entdeckt habe, mithin können auch die angeblichen Fehler keine solchen gewesen sein, die nicht in die Augen fallend waren.*
*Nur erst dann, wenn Appellant die Mängel des Waaren Lagers nicht wissen konnte, und wenn solche nicht in die Augen fallend waren, könnte er Entschädigung fordern oder den mit dem Appellaten geschlossenen Contract umstoßen.*

*Hellfeld in Jur. prad. J. § 1111*
*all. L. R. p 1 T. 5 § 330*

*Auf diesem Fall standen ihm zwei Klagen zu.*

*Nämlich die actio redhibitorio wenn das ganze Waaren Lager unbrauchbar war und die Quantiminoris wenn die Unbrauchbarkeit nur bei einem Theile desselben eintrat.*

*L. 1 § 8 pand: de Edict aedil.*

*L. 60 lococit.*

*Aber auch diese sind schon erloschen, denn die erstere hört wenn der Verkäufer für die Fehler nicht cavirt hat binnen 2 die letztere aber binnen 6 Monaten auf, wenn er aber darüber cavirt hat so erlischt die redhibitoria in 6 Monaten vom Tage des geschlossenen Contracts und die quanti minoris innerhalb Jahres Frist vom Tag der von dem Käufer gehabten Wissenschaft angerechnet.*

*L. 25 ff. de Edicto aedil.*

*L. 55. cad.*

*L. 19. § 4 loc. alleg.*

*L. 2. Cod. de. aedil. act.*

*a. L. R. Th.1 T. 5 § 343 bis 345.*

*Appellant hat nur in Absicht der Geltendmachung seines vermeintlichen Rechts alle diese Fristen verstreichen lassen, da bereits vom May, vom Tage der bestimmten Übergabe, welche den 1. Aprill 1793 erfolgen sollte rechnen oder von der Zeit der beendigten Taxe, welche den 9. Juli 1793 vollendet war, zu welcher Zeit er eigentlich das Waaren Lager übernahm, oder auch von der ihm bewussten Kenntnis der angeblichen Unbrauchbarkeit der Waaren, welche nach seinem eigenen Geständnis gleich nach der geschätzten Taxe durch die von ihm angestellte Revision derselben erlangt hatte, einige Jahre verstreichen ohne dass Appellant seine vermeintliche Frist gegen den Appellaten geltend gemacht hat. Mithin ist solches schon erloschen.*

*Wenn auch die Behauptung des Appellanten dass der dem Appellaten mehrere Briefe geschrieben woraus hervorgehe, dass er die Waare nicht unbedingt angenommen für richtig angenommen wird so könne doch hierdurch die Praescription noch nicht unterbrochen worden sein, da eines Theils nur von der Verjährung der dem Appellanten zustehenden Klagen die Rede ist, anderen Teils die Verjährung überhaupt durch eine bloße außergerichtliche Erinnerung noch nicht unterbrochen wird.*

*a. L. R. p 1. T. 9 § 561.*

*Appellant hat daher aus all diesen Gründen kein Recht mehr von dem Appellaten Entschädigung zu verlangen, noch weniger kann die nochmalige Abschätzung des Waaren Lagers stattfinden, da solche bereits durch Sachverständige geschehen ist.*

*Wenn dieses auch wirklich veranstattet würde, so wäre doch immer noch nicht ausgemacht, ob die sämtlichen Waaren mit derjenigen Beschaffenheit die sie jetzt haben schon zur Zeit der Tradition vorhanden gewesen ...*

*Wenn daher auch jetzt das ganze Waaren Lager fehlerhaft und unbrauchbar ist, so würde doch nicht erhellen, dass es schon zur Zeit der Übernehmung diese Qualitäten gehabt hat und auch dieser Fall dem Appellanten nach dem*

*a. L. R. p. 1 Tit. 5 § 332*

*woselbst verordnet ist, dass wo nicht erhellet, dass der Fehler der Sache schon bei der Übernehmung vorhanden gewesen, angenommen werden soll, dass er nicht nach dieser Zeit entstanden sey, die Vermutung entgegen stehen, dass der Fehler sich erst nach der Übernehmung gezeigt hätte und hieraus allein noch kein Recht folge von dem Appellaten Entschädigung zu fordern, wenn Appellant mit der von den beiden Sachverständigen aufgenommenen Taxe nicht zufrieden war, so musste er damals gleich auf eine nochmalige Abschätzung bestehen. Dies hat er nicht getan und sich bis zum gegenwärtigen Prozeß dabey beruhigt.*
(Es folgen Ausführungen bzgl. der zweiten Beschwerde. )

*Was die dritte von dem Appellanten angebrachte Beschwerde betrifft, dass er mit seiner Gegenforderung, welche er als Schadensersatz mit 2 Reichtstalern täglich vom 16. April 1793 bis 1794 abgewiesen worden, so ist schon oben gedacht worden, dass er kein Recht mehr hat für die angeblich unbrauchbaren Waaren Entschädigung zu fordern, und da er die erwähnte Entschädigungsforderung bloß dafür rechnet, weil er sich statt der unbrauchbaren Waaren neue verschaffen müsse, so ist gar kein Grund vorhanden, weshalb er noch einen besonderen Schadensersatz dafür haben will, und zwar um so weniger da diese Forderung von ihm ganz willkürlich angenommen ist worauf nicht einmal einen erlittenen Schaden nachgewiesen hat. Wodurch sich also die Bestätigung des ersten Urteils von selbst rechtfertigt.*
(Es folgen Ausführungen zur letzten mit der Appellation verbundenen Beschwerde.)

*Hiernach sind also von dem Appellanten geführten Beschwerden für unerheblich zu achten, derselbe in die Kosten der 2. Instanz nach Vorschrift der G. O. p. 1. Tit. 23 § . zu verurtheilen und überall wie geschehen zu erkennen gewesen.*

**Anmerkungen:**
In diesem Urteil legen die Kammerrichter ihrer Entscheidung überwiegend römisches Recht und gemeinrechtliche Literatur zugrunde. Hinsichtlich der in der ersten Beschwerde zu prüfenden Verpflichtung des Verkäufers, dem Käufer die auf der Sache haftenden Lasten anzuzeigen, zitieren die Richter römische Quellen: „L. 45. pand: de contrah Emt. vendit; L. 14. § 10. de Edicto Aedititio". Auch wenn der Buchstabe „l" in den Zitaten dieses Urteils groß geschrieben ist,

ist davon auszugehen, dass es sich um Zitate aus dem Corpus Iuris handelt.[554] Die Worte „contrah Emt. vendit“, die römische Bezeichnung für den Kaufvertrag, sowie die Erwähnung des ädilizischen Edikts lassen ebenso darauf schließen. Bei der Frage, ob es sich bei der Unbrauchbarkeit der Waren um einen verborgenen Mangel handeln könnte, behelfen sich die Richter zunächst mit einem Zitat von Hellfeld aus dem gemeinen Recht und ziehen erst anschließend die Regelung des § 330 I, 5 ALR heran. Unter Verweisung auf das römische Recht bzw. das ädilizische Edikt („L. 1 § 8 pand: de Edict aedil.; L. 60 lococit.“), stellen sie ferner fest, dass bei Vorliegen eines verborgenen Mangels dem Käufer zwei Klagen, die actio redhibitoria und die actio quanti minoris, zur Verfügung stehen. Im Allgemeinen Landrecht werden diese Ansprüche als Wandlung und Minderung bezeichnet und sind in den §§ 326, 328 I, 5 ALR geregelt. Die Normen des Landrechts werden jedoch gar nicht erwähnt. Im weiteren prüft der Senat die Verjährung dieser Klagen. Dabei stellt er wieder zuerst auf das römisch-gemeine Recht ab und zitiert insbesondere aus dem ädilizischen Edikt: „L. 25 ff. de Edicto aedil.; L. 55. cad.; L. 19. § 4 loc. alleg.; L. 2. Cod. de. aedil. act.“. Erst am Ende dieser Zitatenreihe werden die Normen des Allgemeinen Landrechts, §§ 343-345 I, 5 ALR, genannt. Die Zitierung der §§ 343-345 I, 5 ALR passt jedoch nicht in diese Aufzählung hinein, da die Verjährung im Allgemeinen Landrecht teils eine andere Regelung gefunden hat, als im gemeinen Recht. Das Allgemeine Landrecht stuft bei der Verjährung des Gewährleistungsanspruchs nicht wie das gemeine Recht nach der Art der erhobenen Klage, sondern nach der Beschaffenheit des Mangels ab.[555]

Darüber hinaus machen die Richter lange Ausführungen über den Verjährungsbeginn, obwohl diese Frage in den §§ 343-345 I, 5 ALR eindeutig beantwortet wird. Letztlich begnügen sie sich mit der Feststellung, dass die Frist des Appellanten abgelaufen ist.

Am Ende nimmt der Senat auf § 332 I, 5 ALR Bezug und zitiert dessen Wortlaut. Hier ist ein Ansatz einer Subsumtion vorhanden.

Die Richter scheinen sich wahlweise des römischen Rechts oder des Allgemeinen Landrechts bei ihrer Entscheidungsfindung zu bedienen. Wenn sie das Allgemeine Landrecht berücksichtigen, dann nur derart, dass sie die landrechtlichen Normen lediglich am Ende einer Zitatenreihe als Bestätigung ihres Ergebnisses aufführen.

---

[554] vgl. *Söllner*, Einführung in die römische Rechtsgeschichte, S. 154; *Wesel*, Die Hausarbeit in der Digestenexegese, S. 18.

[555] vgl. Kapitel 3, III 5.

**• Urteil: Schlesinger / Wulff**

27. 11. 1797
S. 550 b–552 in den Sentenzenbüchern

Die Appellationssache des Schutzjuden Schlesinger, Klägers und Appellanten, wider den Schutzjuden Wulff, Beklagten und Appellaten.

**Sachverhalt:**
Der Schlesinger hatte von dem Wulff einen Divan und gepolsterte Stühle gekauft. In den gepolsterten Stühlen befanden sich jedoch mitunter auch Kälberhaare, obwohl diese nach Vorstellung des Appellanten nur Pferdehaare enthalten sollten. Der Schlesinger erhob aus diesem Grunde Klage gegen den Wulff auf Rückgängigmachung des Kaufvertrages sowie Erstattung des Kaufgeldes. Der Instruktionssenat wies die Klage des Schlesinger ab. Gegen dieses Erkenntnis wandte sich der Kläger mit der Appellation an das Kammergericht.

**Erkenntnis:**
Der Senat erkennt:
*Daß zuvörderst dem Hof=firral Buchholz obliege, binnen 14 Tagen bei 2 Reichstaler Strafe, von dem Appellanten Vollmacht beizubringen; Hiernächst die Förmlichkeiten der Appellation zwar beobachtet, in der Haupt Sache aber das Urteil des Instruktions Senats vom 2. Mart. d. J. zu bestätigen, und Appellant dem Appellaten die Kosten dieser Instanz zu erstatten verbunden.*

**Gründe / Von Rechts wegen:**
*Beide Theile sind darin einig, dass der Appellant von dem Appellaten einen Divan und echt gepolsterte Stühle für 50 Rthlr. im May des Jahres gekauft, Letzterer das Kaufgeld bezahlt erhalten, und die verkauften Stühle von dem Appellaten abgeholt worden. ...*
*Der Kauf ist also gehörig geschlossen, und die wechselseitigen Verbindlichkeiten in Absicht der Bezahlung des Kaufgeldes und der Übergabe sind erfüllt.*
*Der Appellant will jetzt bloß aus dem Grunde von dem Kauf zurück gehen, und das Kaufgeld wiedererstattet haben, weil Divan und Stühle nicht bloß mit Pferdehaaren gepolstert sind, sondern sich auch Kälberhaare darin gefunden haben.*
*Hierzu würde er nur alsdann berechtigt seyn, wenn diese Eigenschaft bei gepolsterten Stühlen und Divan gewöhnlich vorausgesetzt würde, oder er sich dies beim Kauf besonders bedungen hätte.*
*A. P. L. R. Th. 1. Tit. 5. §. 325. 329. et 331. und Tit. 11. § 193. 197. und 198.*

*Keines von beiden ist hier der Fall. Die tägliche Erfahrung lehret, dass zu den gepolsterten Möbeln, wenn auch größtentheils Pferdehaare, dennoch auch etwas Kälberhaare genommen werden, und es also nicht als eine gewöhnliche Eigenschaft solcher Möbel vorausgesetzt werde, dass sich gar keine Kälberhaare darin finden.*
*Der Appellat leugnet, dass das bei dem Verkauf zur Bedingung gemacht worden, und der Appellant hat es nicht erwiesen.*
*Von den abgehörten Zeugen weiß der verwittwete Baemiar Levy über den streitigen Gegenstand nichts und der Zeuge Heimann Zäliekaner, ist eher wider, als für den Appellanten, er bekundet: vor ungefähr 4 Monaten sagte mir der jetzige Kläger, er habe für 56 Reichstaler, 6 Stühle und einen Divan gekauft, ich sagte, er wäre zu theuer, worauf er erwiederte, das sey es nicht, denn es müssten lauter Pferdehaare darin seyn. Einige Tage nachher, ging die Braut des Klägers zum Verkl. um dieselben abzuholen. Sie kam aber bald wieder zurück und sagte, dass sie einen der Stühle geöffnet, und darin mitunter Kälberhaare gefunden habe. Damals war der Verkl. nicht gegenwärtig, und sie ging ohne ihn zu erwarten, wieder weg, um die Stühle dem ohngeachtet herbey zu holen.*
*Alles was dieser Zeuge weiß, entlehret er aus den Reden des Klägers und Appellanten selbst, und da die Braut des Appellanten sehr wahrscheinlich mit Einwilligung desselben, die Stühle abholen ließ, obwohl sie einige Kälberhaare in dem geöffneten Stuhl gefunden hatte, so dringt einem die Vermuthung auf, dass die angebliche Bedingung wegen der Pferdehaare nicht statt gefunden habe.*
*Die Angabe des Appellanten in dieser Instanz, Appellat habe seiner Braut vorgeredet, dass er bald neue Stühle und Divans von Magahoni erhalten werde, und dem Appellant dagegen die gekauften Stühle vertauschen könne, leugnet Appellat. Und wenn dies auch wahr wäre, so würde es nur bestätigen, dass der gedachte erste Verkauf völlig zu Stande gekommen sey. Die erste Beschwerde ist daher unerheblich, und ... .*
(Es folgen Ausführungen zur zweiten und dritten Beschwerde.)

**Anmerkungen:**
Nach Ansicht des Senats besteht ein Anspruch des Appellanten auf Rückgängigmachung des Vertrages und Erstattung des Kaufgeldes nur insoweit, als es sich bei seiner Vorstellung, dass die Polstermöbel nur Pferdehaare enthalten, entweder um eine gewöhnlich vorausgesetzte oder um eine besonders vorbedungene Eigenschaft handelt. Er verweist in diesem Zusammenhang auf die §§ 325, 329, 331 I, 5 ALR und §§ 193, 197, 198 I, 11 ALR. Was unter den Begriffen gewöhnlich vorausgesetzte und vorbedungene Eigenschaft zu verstehen ist, erörtern die Richter nicht. Sie stellen fest, dass es sich im betreffenden Fall weder um eine gewöhnlich vorausgesetzte Eigenschaft handelt, da nach allgemeiner Erfahrung hauptsächlich Pferdehaare, aber auch

Kälberhaare in Polstermöbeln enthalten sind, noch um eine ausdrücklich vorbedungene Eigenschaft. Obwohl die Richter die einzelnen Anspruchsvoraussetzungen nicht näher definieren, versuchen sie zumindest den Sachverhalt unter die zitierten Normen des Gewährleistungsrechts zu subsumieren. Die Richter berücksichtigen auch das Zusammenspiel von besonderem und allgemeinem Gewährleistungsrecht, indem sie einerseits die Normen des fünften Titels und darüber hinaus auch die Verweisungsnormen des Kaufrechts zitieren.

## 5. Jahrgang 1798

### •Urteil: Schulze / Weglandt

6. 12. 1798
S. 540–541 b in den Sentenzenbüchern

Die Appellationssache der Schulze, verehelichten Kunert, Verklagten und Appellantin, wider den Ratsmaurermeister Weglandt, Kläger und Appellaten.

**Sachverhalt:**
Der Weglandt hatte mit der Erblasserin der Verklagten einen Kaufvertrag über ein Grundstück geschlossen, welches mit Hypotheken belastet war. Die Erblasserin hatte sich in dem Kaufvertrag verpflichtet, die noch auf dem Grundstück ruhenden Lasten auf ihre Kosten beseitigen zu lassen. Dies geschah nicht. Der Weglandt verlangte daher von der Schulze, der Nachlasserbin, die Löschung der Hypotheken. Diese verweigerte sich aber dagegen. Das erstinstanzliche Erkenntnis des Stadtgerichts verurteilte sie zur Vornahme der Löschung. Dagegen wandte sie sich mit ihrer Appellation.

**Erkenntnis:**
Der Senat erkennt:
*Daß die erhobenen Beschwerden als unerheblich zu verwerfen und das Erkenntniß des hiesigen Stadtgerichts de publ. den 15. Juni d. J. lediglich zu bestätigen. Appellantin auch gehalten, dem Gegner die Kosten der jetzigen Instanz nach geschehener Festsetzung zu erstatten.*
(Es folgen Ausführungen zur Verteilung der Gebühren.)

**Gründe / Von Rechts wegen:**
*Schon nach Vorschrift des Gesetzes ist jeder Verkäufer pflichtig, den Käufer gegen alle Ansprüche eines Dritten auf die verkaufte Sache zu vertreten.*
*Allgemeines Landrecht Thl. I. Tit. XI. §. 136.*

*Im gegenwärtigen Fall hat die Erblasserin der Verklagten in dem Kauf-Contracte vom 12. October 1790 sich noch ausdrücklich verbindlich gemacht:*

*die auf das Grundstück eingetragene Hypotheken Capitale auf den 11. April 1791 auf ihre Kosten löschen zu lassen.*

...

*Dieses Versprechen hat sie jedoch nicht erfüllt, und nach dem Hypotheken-Schein stehen die streitigen 400 Reichstaler noch jetzt auf dem Hause eingetragen.*
*Ob es wahrscheinlich ist, dass diese Last längst bezahlt und deren Löschung nur aus Versehen unterblieben sey? Dies ist eine Frage, die gar nicht zum gegenwärtigen Prozeße gehört. Sie kann nicht zwischen den streitenden Parteien, sondern nur mit den Erben der Johanne Dorothee Bauer, oder mit dem rechtmäßigen Inhaber der Forderung ausgemacht werden. Für den Kläger ist es hinreichend, dass die 400 Reichstaler noch nicht gelöscht sind, dass die Verkäuferin sowohl nach den Gesetzen, als nach dem Contracte verbunden war, die Löschung zu bewirken, und dass diese Verbindlichkeit auf die jetzige Verkl. übergegangen ist, weil sie vermöge Testaments den ganzen Nachlaß der Verkäuferin als deren Erbin erhalten hat.*

...

*Daß es ihr unmöglich sey, diese Löschung zu bewirken, weil über die Forderung kein Document vorhanden ist, dieß behauptet ihr Assistent ohne alle Kenntniß der Verfaßung. Die Hypotheken- Ordnung vom 20 September 1783 gibt in dem 5 Abschnitte von Löschungen, ganz ausführliche Vorschriften darüber, und nach dem §. 269. seq. Wird wenigstens der Weg eines öffentlichen Aufgebots nach Anleitung der Prozeß- Ordnung Tit. 51. §. 110. übrig seyn.*
*Es kommt also nur darauf an, dass die Verkl. hierauf die Einleitung richtet, und die erforderlichen Verfügungen auf ihre Kosten auswirkt.*
*Es kann übrigens dem Kl. nicht zum Vorwurfe gereichen, dass er die Verkäuferin nicht schon bey ihrem Leben zu der erkannten Löschung aufgefordert hat. Von ihm hing es ab, ihr Nachsicht zu geben, ohne dass dadurch sein Recht erloschen ging, und ihre Erbin, welche gleich ihr jene Verbindlichkeit erfüllen muß, kann aus dieser Nachsicht keinen Einwand hernehmen.*
*Daß der Kläger ein Miterbe der Verkäuferin gewesen sey, ist nach dem eingebrachten Testamente ganz unrichtig. Nach dem §. 1. desselben hat die jetzige Verkl. den ganzen Nachlaß als einzige und alleinige Erbin erhalten. Es sind ihr nur einige Vermächtniße auferlegt, und der Kläger befindet sich nicht einmal unter den Legetarien.*
*Hätte er jedoch wirklich ein Vermächtnis erhalten, so würde dadurch sein Recht, die Löschung zu fordern nicht erloschen gegangen seyn.*
*Allgemeines Landrecht Thl. I. Tit. X11. §. 332.*

*Die Beschwerden der Verklagten sind daher in jeder Rücksicht unerheblich. Sie muß als Erbin die versprochene Löschung der eingetragenen Hypotheken mithin auch der streitigen Last der 400 Reichstaler auf ihre Kosten bewirken, und das vorige Erkenntniß hat sie dazu verurtheilt, woraus nach Vorschrift der Prozeß-Ordnung Tit. 23. §. 6. die Tragung der Kosten folgt.*

**Anmerkungen:**
Wie die Verweisung auf § 136 I, 11 ALR erkennen lässt, ordnet das Gericht das Bestehen einer Last den Ansprüchen Dritter zu. Die auf der Sache ruhenden Lasten werden jedoch gem. § 188 I, 11 ALR und § 333 ff I, 5 ALR den Mängeln wegen fehlender Eigenschaften der Sache zugeordnet. Zu den Ansprüchen Dritter zählen i. e. S. nur die Ansprüche wegen Eviktion der Sache, eines Teils oder eines Pertinenzstücks. Nach § 184 I, 11 ALR ist der Verkäufer verpflichtet, die auf dem Grundstück haftenden Privatschulden und Verbindlichkeiten zu beseitigen, soweit der Käufer dieselben nicht ausdrücklich übernommen hat. Anspruchsgrundlage des Käufers auf Löschung der Hypothek bilden somit die §§ 184, 188 I, 11 ALR. Diese Normen werden von den Richtern jedoch gar nicht berücksichtigt bzw. zitiert, obwohl sie den Fall eindeutig erfassen. Der Senat stellt lediglich fest, dass der Anspruch „nach dem Contract und den Gesetzen bestehe". Die Richtern scheinen sich mit dieser eher allgemein gehaltenen Aussage bzgl. der Anspruchsgrundlage nicht festlegen zu wollen. Dies deutet darauf hin, dass sie im Umgang mit den Gewährleistungsansprüchen bei Rechtsmängeln und deren rechtlicher Behandlung Unsicherheiten aufweisen.

## 6. Jahrgang 1799

### • Urteil: Hauptnutzholzadministration / Adolphi

11. 3. 1799
S. 83–83 b in den Sentenzenbüchern

Die Appellationssache der Haupt-Nutzholz-Administration, Klägerin und Appellantin, wider den Bürgermeister Adolphi und den Kaufmann Ratz, Beklagten und Appellaten.

**Sachverhalt:**
Die Haupt-Nutzholz-Administration hatte im Februar 1792 mit dem Bürgermeister Adolphi und dem Kaufmann Ratz einen Kaufvertrag über Holzbalken geschlossen. Laut dem Inhalt des Vertrages sollten die Balken bestimmte Maaße aufweisen. Nach erfolgter Abholzung der Bäume und Übergabe der Balken an die Haupt-Nutzholz-Administration stellte sich bei

einer Nachmessung der Balken heraus, dass achtundneunzig von ihnen nicht die in dem Vertrag vereinbarte Maße hatten. Die Haupt-Nutzholz-Administration machte Gewährleistung geltend. Sie erhob Klage gegen den Bürgermeister Adolphi und den Kaufmann Ratz auf Rückgängigmachung des Vertrages. Das erstinstanzliche Urteil gab ihrer Klage nicht statt. Aufgrund dessen erhoben die Kläger die Appellationsbeschwerde beim Kammergericht.

**Erkenntnis:**
Der Senat erkennt:
*Daß ... , in der Hauptsache aber das Erkenntniß erster Instanz de publ. den 26. Febr. 1798 wie hierdurch geschieht, lediglich zu bestätigen, und Kl. dem Bekl. die Kosten dieser Instanz zu erstatten verbunden.*

**Gründe / Von Rechts wegen:**
*Es ist zwar außer Streit, dass nach dem Inhalte des Kauf-Contracts vom 20. Febr. 1792 die Balken zu dem Maaße von 60 Fuß lang 12 bis 18 Zoll und darüber Zopfdick zw. 45 und 50 Fuß lang, 13 bis 18 Zoll und darüber Zopfdick sein sollen, bey der Nachmessung in Spandau aber 98 Balken diese Maaße am Zopfende nicht gehabt haben. Allein Verkäufer sind deshalb zu keiner Gewähr verbunden, Kl. haben sich in dem Contracte ausdrücklich referiert, die Bäume in dem Revier sich auch durch ihre Officianten selbst auszuwählen, hauen und bearbeiten zu lassen, Verkl. haben bloß den den Transport bis zur Ablage und von da, bis zur --- übernommen, wo die ordnungsmäßige u. richtige Ablieferung an die Officianten der Administration erfolgen sollte.*
*Hiernach ist nun überall verfahren, die Kl. haben die Balken durch ihre Regimenter Luckwald und Waldow in der Heide aussuchen lassen, der Oberkaufmann Heizker hat sie, laut Aussage des --- dahin instruiert, keine Balken unter 40 Fuß Länge und 14 Zoll im Zopfe stark anzunehmen. Obgleich nach eben dieser Zeugenaussage in der Heide dergleichen contractmäßige Bäume in großer Menge vorhanden gewesen, so haben doch die Regimenter contra legem praepositionis gehandelt, dergleichen durch ihre Schuld bei der Auswahl der Bäume den Schaden verursacht, Kl. müssen sich daher an diese halten, an den Verkäufer findet in solchem Fall kein Anspruch statt.*
*Quotus invictionis praestationem petenti culpa quandam imputari polut, ---*
*Müller promiet: jus. sab. von evidt. § 15*
*Hiermit stimt auch das A. L. R. Th. 1. tit. 5. § 320, 321. überein, wenn es heißt:*
*Ist die Unmöglichkeit sich der Sache contractmäßig zu bedienen durch eigenes auch nur geringes Versehen des Empfängers entstanden, so kann derselbe von dem Geber keine Vertretung fordern.*
*Ferner tit. 11. §. 26. l. c. :*
*Ist eine von den Sachen, unter der Käufer die Wahl haben solte , durch desselben eigenes Zuthun vernichthet, so [muß] der Käufer bei dem Vertrage*

*stehen bleiben, selbst [wenn] für ihn keine Wahl mehr übrig wäre. Dies findet hier überall Anwendung, da es lediglich durch Kl. und [deren] Officianten Schuld geschehen ist, dass nicht sämtliche Bäume die contractmäßige Größe und Dicke gehabt, und von Verkl. nicht mehr verwendet werden konnte, ...*
*Aus diesen Gründen hat wie geschehen erkannt werden müssen.*

**Anmerkungen:**
Die Richter gelangen zu dem Ergebnis, dass die Kläger gegenüber dem Verkäufer keinen Anspruch auf Gewährleistung haben, und sich vielmehr an ihre Officianten halten müssen. Diese Rechtsfolge belegen sie mit einem Zitat von Müller aus der gemeinrechtlichen Literatur und stellen fest, dass hiermit auch das allgemeine Landrecht in den §§ 320, 321 I, 5 ALR übereinstimmt. Die Regelungen des Landrechts werden aber erst am Ende, nachdem die Rechtsfolge bereits feststeht, zur Unterstützung herangezogen.
Im übrigen wird das Verhältnis von besonderem und allgemeinem Gewährleistungsrecht nicht beachtet. Da die Parteien einen Kaufvertrag geschlossen haben, hätten die Richter neben den §§ 320, 321 I, 5 ALR als allgemeinen Gewährleistungsvorschriften auch die besonderen Gewähr-leistungsvorschriften des Kaufrechts, §§ 192, 197, 198 I, 11 ALR, welche wiederum auf den fünften Titel verweisen, zitieren müssen.
Eine Subsumtion unter die einzelnen in den §§ 320, 321 I, 5 ALR genannten Anspruchsvoraussetzungen findet ebenso nicht statt; es wird lediglich festgestellt, dass ein Anspruch auf Gewähr nicht besteht.

- **Urteil: Herrose / Hartmann**

10. 4. 1799
S. 766–767 in den Sentenzenbüchern

Die Appellationssache des Kaufmanns Herrose, Klägers und Appellanten, gegen den Gastwirt Hartmann, Beklagten und Appellaten.

**Sachverhalt:**
Der Hartmann hatte von dem Vermieter des Kaufmanns Herrose im Rahmen einer notwendigen gerichtlichen Veräußerung dessen Haus gekauft. Dem Herrose, der Mieter dieses Hauses war, wurde daraufhin der Mietvertrag gekündigt. Der Herrose wandte sich gegen die Kündigung des Mietvertrages und verlangte von dem Hartmann Entschädigung für die von ihm im voraus bezahlten Mieten. Das Stadtgericht wies seine Klage ab. Daraufhin erhob der Herrose die Appellation.

**Erkenntnis:**
Der Senat erkennt:
*Daß zwar die Formalia der Appellation richtig, in der Hauptsache aber das Erkenntnis der hiesigen Stadtgerichte de publicato 22. Juny a. pr. lediglich zu bestätigen und Appellant die Kosten dieser Instanz allein zu tragen und resp. dem Appellaten zu erstatten gehalten.*

**Gründe / Von Rechts wegen:**
*Denn schon das Reskript vom 15. April 1765, wodurch die gemeine Rechtsregel, Kauf bricht Miethe, aufgehoben ward, machte bey Subhastationibus necessarii eine Ausnahme, und verordnete dass es dabey eben so als bey Successions Fällen in iure proprio, da der Miether dem neuen Eigenthümer --- müsse, gehalten werden solle, jedoch dass die gesetzliche Ausziehungsfrist beibehalten würde.*
*Das all. L. R. hat in Tit. 21. Thl. 1. § 350 eben diesen Grundsatz aufgenommen, indem es da selbst heißt:*
*Auch innerhalb der contractmäßigen Zeit muß der Miether sich die Aufkündigung gefallen lassen, wenn der Fall einer nothwendigen gerichtlichen Veräußerung der Sache eintritt.*
*Dieser Fall ist hier vorhanden, da das von Alberburgsche Haus auf Instanz eines hypothekarischen Gläubigers gerichtlich angeschlagen und verkauft wurde, u. Appellant wendet vergeblich ein, dass hierbey vorausgesetzt wurde, dass ein gewöhnlicher Mieths Contract vorhanden sey, nicht aber ein solcher wo wie hier die Miethe bereits pro numerando bezahlt wurde.*
*Das Gesetz verordnet ganz allgemein und macht keinen Unterschied, und das Reskript vom 15. April 1765 setzt selbst in diesem Fall fest, dass wenn der Miether die ganze Leistung seiner Miethe auf die völlige Dauer seiner Miehtszeit an den Verkäufer in contractu anoroso vorausbezahlt haben sollte, er bloß von diesem, nicht aber von dem neuen Käufer das pranumerierte Geld zurückfordern müsse.*
*... und es bleibt dem Appellant nichts weiter übrig, als nach dem mehrgedachten Rescript und dem Landrechte loc. cit. § 355 sich an das Vermögen des Vermiethers zu halten, Appellat ist ihm aber dieserhalb zu entschädigen nicht verbunden.*

**Anmerkungen:**
Bei der Lösung des Falles greifen die Richter zunächst auf ein Reskript vom 15. April 1763 zurück, das die im gemeinen Recht vorherrschende Meinung „Kauf bricht Miete" verwirft, jedoch bei Fällen einer notwendigen Veräußerung eine Ausnahme macht. Dann erst wird § 350 I, 21 ALR wortlautgetreu zitiert und festgestellt, dass das Landrecht genau diesen bereits im Reskript enthaltenen Grundsatz aufgenommen hat. Im weiteren prüfen die Richter, ob im

vorliegenden Fall eine notwendige gerichtliche Veräußerung vorgelegen hat, und bejahen dies. An dieser Stelle versuchen die Richter, den Sachverhalt unter die Norm des § 350 I, 21 ALR zu subsumieren.
Letztlich werden die Paragraphen des Landrechts in diesem Urteil aber nur zur Unterstützung der bereits gefundenen Lösung herangezogen. Dies verdeutlicht auch die ihm Urteil enthaltene Passage bzgl. der Entschädigung für die bereits im Voraus gezahlten Mieten. Auch hier legen die Richter wieder zuerst die Aussagen des Reskripts zugrunde, und stellen lediglich am Ende fest, dass dem Appellanten, sowohl nach dem Reskript als auch nach § 355 I, 21 ALR, nichts weiter übrig bleibt, als sich an das Vermögen des Verkäufers zu halten.

### • Urteil: Jaenicke / Zürcher

29. 4. 1799
S. 102 b–104 in den Sentenzenbüchern

Die Appellationssache des Branntweinbrenners Jaenicke, Verklagten und Appellanten, wider den Seidenfärber Zürcher, Kläger und Appellaten.

**Sachverhalt:**
Der Zürcher hatte dem Jaenicke ein Wohnhaus mit einer dazugehörigen Branntweinbrennerei verkauft. In dem Kaufvertrag hatten sie vereinbart, dass der Jaenicke auch alle Verträge des Zürcher mit den im Wohnhaus befindlichen Mietparteien übernehme. Die Mietzinseinnahmen des Jaenicke fielen jedoch geringer aus, als dieser es aufgrund des Vertrages erwartet hatte. Nachdem der Jaenicke seine Kaufpreiszahlungen eingestellt hatte, erhob der Zürcher Klage gegen ihn auf Zahlung des restlichen, ungeminderten Kaufpreises. Das erstinstanzliche Gericht gab der Klage statt. Dagegen wandte sich der Verklagte mit der Appellation an das Kammergericht, und machte widerklagend den Ersatz seiner Mietausfälle geltend.

**Erkenntnis:**
Der Senat erkennt:
*Daß wenn gleich die Förmlichkeiten der Appellation für berichtigt angenommen, dennoch in der Hauptsache das Urteil des hiesigen Stadtgerichts vom 12. May 17 --- zu bestätigen, u. Appellant dem Appellaten die Kosten dieser Instanz nach richterlicher Festsetzung, zu erstatten verbunden.*

**Gründe / Von Rechts wegen:**
(Es folgen zunächst Ausführungen bzgl. der ersten mit der Appellation verbundenen Beschwerde.)

*Die zweite Beschwerde des Appellanten in Absicht der Widerklage hat rechtlich die zu wenig erhobene Miethe von 50 Reichstalern 12 Groschen Gold und 5 Reichtstaler u. 5 Groschen Courant von dem Briefhändler Voigt zum Gegenstande. Der Appellat leugnet, dass er sich mündlich oder schriftlich für einen gewissen Miethertrag dem Appellanten verbindlich gemacht habe, und in dem von beiden Theilen anerkannten Kaufcontract v. 22. Septbr. 1796 findet sich darin keine Spur, es heißt darin wörtlich:*

*Appellat verkaufe für sich und seinen Erben, an den Brandtweinbrenner Jaenicke, dem jetztigen Appellanten, sein in der Fischer Straße gelegenes Wohnhaus, nebst Seiten Gebäude, ein Heu- Gebäude, Brandtweinbrennerei nebst Zubehör, und folgende Gerätschaften: ...*

*und alles was im Hause niet- und nagelfest sey, auch mit allen anklebenden Gerechtigkeiten, so auch Verkäufer es von dem Brauer Kloth mit Contract v. 2. Jan. 1793 gekauft, incl. der von ihm darin vorgenommenen Bauten, und so wie er selbst es besessen, oder besitzen möge, und leiste ihm die rechtliche Gewähr sowohl im Eigenthum als im Besitze, gegen jedermans Ansprüche, und der Versicherung, dass auf dem Grundstücke kein Servitut, oder sonstige Einschränkungen laste.*

*Es ward noch in der Folge im Contract bemerkt:*

*v. 1. Octbr. 1796 an, erhält Herr Käufer den nützlichen und uneingeschränkten Besitz und tritt gegen die Miethsleute des Hauses in die Contracte des Herrn Verkäufers.*

*Nach den Worten dieses Kaufcontractes ist also in Ansehung des Betrages der Miethen dem Appellanten gar keine Gewährleistung versprochen, und es ist auffallend irrig, wie Appellant die ihm vom Kl. angegebenen Miethen, zu den von ihm vorausgesetzten Eigenschaften rechnet, da das*

*A. P. L. R. Thl. 1. Tit. 5. §. 329. von solchen fehlenden Eigenschaften redet, die gewöhnlich dabey vorausgesetzt werden.*

*Miethen, die sich häufig verändern, gehören nicht dahin, und wenn Appellat dem Appellanten ein Verzeichnis der Mieten zur Nachsicht ab, so war es seine Pflicht, die Miethscontracte selbst einzusehen und sich bey den Miethsleuten danach zu erkunden. Es kann darüber um so weniger eine Gewährleistung statt finden, da der Appellant die Lage und Beschaffenheit des Hauses selbst beurtheilen konnte, wie viel Miethe es tragen könne, und es seine Sache war, danach das Kaufgeld abzumessen. Der Appellat leugnet alles mündlich versprochen, dem Appellanten irgend einen Ausfall an Miethe zu vergüten, und ist bereit, den ihm darüber erhobenen Eid abzuleisten; es bedarf aber dessen nicht, da auf mündliche Nebenabreden keine Rücksicht zu nehmen ist.*

*Pr. Landr. Th. 1. Tit. 5. § 127. und 128.*

(Es folgen Ausführungen zur dritten Beschwerde der Appellation.)

**Anmerkungen:**
Die Richter zitieren hinsichtlich der Gewährleistung § 329 I, 5 ALR. Die besonderen Gewährleistungsvorschriften des Kaufrechts, die in §§ 193, 197, 198 I, 11 ALR auf die allgemeinen Gewährleistungsregelungen des fünften Titels verweisen, werden hingegen nicht erwähnt. Um eine Gewährleistungshaftung des Verkäufers gem. § 329 I, 5 ALR zu begründen, müsste es sich bei den Mieterträgen um eine gewöhnlich vorausgesetzte Eigenschaft handeln. Den Begriff der gewöhnlich vorausgesetzten Eigenschaft konkretisieren bzw. definieren die Richter nicht. Sie stellen lediglich fest, dass Mieterträge nicht als solche anzuerkennen sind und demnach auch ein Anspruch des Käufers nicht bestehe.

## • Urteil: Heise / Hilft

23. 5. 1799
S. 350–352 b in den Sentenzenbüchern

Die Appellationssache des Schumachers Heise, Verklagten und Appellanten, wider den Schmied Hilft, Kläger und Appellaten.

**Sachverhalt:**
Der Schmied Hilft hatte mit dem Schuhmacher Heise eine Kauf-Punctation über ein Grundstück abgeschlossen. Der Heise hatte es jedoch unterlassen, ihm die auf dem Grundstück lastenden Realgerechtigkeiten und Schulden anzuzeigen. Der Hilft erhob daher Klage auf Rückgängigmachung des Vertrages und Rückerstattung des bereits angezahlten Kaufgeldes sowie Ersatz seines Interesses für aufgewendete Baukosten. Das erstinstanzliche Gericht gab seiner Klage statt. Gegen dieses Erkenntnis wandte sich der Verklagte mit der Appellationsbeschwerde an das Kammergericht.

**Erkenntnis:**
Der Senat erkennt:
*Daß Formalia Appellationis nicht gehörig beobachtet, und in der Sache selbst die Beschwerden unerheblich und der Bescheid des Justiz Amtes Biesensthal vom 4 Sept. v. J. lediglich zu bestätigen, Appellant auch 1 Reichstaler Succumbenz Gelder zu erlegen, u. die Kosten dieser Instanz allein zu tragen verbunden.*
(Es folgt die Festsetzung der Gebühren.)

**Gründe / Von Rechts wegen:**
*Es komt bey der Entscheidung über die Rechtsbeständigkeit der zwischen beyden Theilen geschlossenen Kauf Punctation lediglich auf die Beurtheilung der Frage an:*

*ob der Umstand, dass der Appellant bei Schließung der Punctation dem Appellaten die außer dem Wilckenschen Capital der 150 Groschen auf der Amtsbude haftenden das Kaufgeld übersteigende hypothekarische Schulden verschwiegen, die Aufhebung deselben bewürkten müsste?*

*Das allgemeine Landrecht verordnet Th. 1. Tit. 11. §§ 184, dass der Verkäufer die auf dem Gute haftenden Privat Schulden u. Verbindlichkeiten allemal vertreten müsste, wenn der Gläubiger dieselben nicht ausdrücklich übernommen hat, u. setzt l. c. § 188 folgendes fest:*

*In Fällen, wo daraus, dass eine solche Last auf der Sache haftet, zugleich der Mangel einer ausdrücklich vorbedungenen, oder stillschweigend vorausgesetzten Eigenschaft folgt, findet wegen des dem Käufer offenstehenden Rücktritts vom ganzen Vertrage die allgemeinen Grundsätze von der Gewährleistung statt,*

*und es fragt sich daher: ob im gegenwärtigen [Fall] der Mangel einer stillschweigend vorausgesetzten Eigenschaft anzunehmen sey.*

*Diese Frage kann nicht anders als bejahend folgender Umstände wegen beantwortet werden ... .*

(Es folgen Ausführungen zu den einzelnen auf dem Grundstück haftenden Lasten.)

*Leugnen lässt sich demnach wohl nicht, dass Appellat wenn ihm die auf der Amtsbude haftenden Reallasten bekannt gewesen wären, die Kauf-Punctation auf die oben erwähnte Art nicht eingegangen seyn würde, u. daß daher gegenwärtig ein Mangel einer gewöhnlich vorausgesetzten Eigenschaft vorhanden ist.*

*Das allgemeine Landrecht verordnet Th. 1. Tit. 5. §§ [330] , daß bey dem Mangel einer gewöhnlich vorausgesetzten Eigenschaft, wenn solcher nicht in die Augen fallend ist, alles das statt finden soll, was von dem Mangel einer solchen Eigenschaft, deren Gewährung ausdrücklich versprochen worden, vorgeschrieben ist, es setzt l. c. § 325 seq. folgendes fest.*

*Fehlen der Sache ausdrücklich vorbedungene Eigenschaften, so ist der Empfänger auf die Gewährung derselben, anzutragen berechtigt. Kann der Geber die fehlende Eigenschaft nicht gewähren, so kann der Uebernehmer von dem Contracte wieder abgehen.*

*Nach diesen gesetzlichen Vorschriften leidet die Befugnis des Appellaten, von der geschlossenen Kauf-Punctation wiederum abzugehen, so auch die Verbindlichkeit des Appellanten, die als Anzahlung erhaltenen 20 Groschen dem Apppelllaten zurück zu zahlen, [keinen] rechtlichen Zweifel.*

*Uebrigens lässt es sich, wie in Sententia a qua ... geschehen, nicht annehmen, dass Appellant dadurch, dass er bey Schließung der Kauf-Punctation die auf der Amtsbude haftenden mehreren Real Schulden dem Appellaten anzuzeigen unterlassen hat, dolos gehandelt habe, und auch ein wirklicher dolus nur dann anzunehmen seyn würde, wenn durch die gedachten Real Lasten, auf Befragen des Käufers , wider besseres Wissen in Abrede gestellt hätte; dagegen ist aber nicht zu leugnen, daß Appelllant durch die unterlassene Anzeige der auf der Amtsbude haftenden Real-Lasten sich eines groben Versehens habe zu Schulden kommen lassen.*

*Das allgemeine Landrecht verordnet Th. 1. Tit. 5, § 285, wer bey Abschließung der Erfüllung des Vertrages seine Pflichten vorsätzlich oder aus grobem Versehen verletzt hat, muß dem andern sein ganzes Interesse vergüten.*

*Hiernach ist es unbedenklich, dass Appellant zur Erstattung der auf die Amtsbude von dem Appellaten verwandten Baukosten und zur Vergütigung der bey Gelegenheit des Baues erweislich gehabten Versäumnisse in seinem Gewerbe schuldig, auch die Eintragung dieser Forderungen, so wie der als Angeld erhaltenen 20 Groschen auf seine Amtsbude zuzulassen, deshalb verbunden sey, weil diese Eintragung zur Sicherheit des Appellaten nothwendig ist, u. demselben dieser Forderung wegen eine gesetzliche Hypothek zusteht.*

(Es folgen Ausführungen zu den Kostenpunkten des Appellaten.)

*Der Einwand des Appellanten, dass, da der Appellat eine Schmiede in dem Haus angelegt, dasselbe durch den Bau nicht verbessert, sondern vielmehr ruiniert worden sey, kann nicht relevieren, da Appellat bey Vollführung des Baues im redlichen Besitze war, u. es jetzt bloß auf den Ersatze des Schadens, welcher dem Appellaten durch das grobe Versehen des Appellanten entstanden, ankommen könne. Diesen muß Appellant ohne Berufung auf eine Verwendung in seinem Nutzen um so mehr vollständig ersetzen, da sogar nach dem*

*allgemeinen Landrecht Th. 1. Tit. 4. §§ 56*

*derjenige der einem andern durch ungebührlichen Scherz zu Anstalten u. Handlungen, die diesem lästig sind, wissentlich verleitet hat, demselben schadlos halten muß.*

...

*Die Kosten dieser Instanz sowie die festgesetzten Succumbenz Gelder muß Appellant, da das erste Erkenntnis pure bestätigt worden, tragen, daher dann überall wie geschehen zu erkennen gewesen.*

**Anmerkungen:**

Die Kammerrichter legen ihrer Entscheidung ausschließlich die Normen des Allgemeinen Landrechts zugrunde. Hinsichtlich des Anspruchs des Käufers auf Wandlung des Grundstückskaufvertrages wegen der auf dem Grundstück ruhenden Lasten beziehen sich die Richter zunächst auf § 184 I, 11 ALR. Sie

zitieren dessen Wortlaut und stellen fest, dass der Appellant gem. § 184 I, 11 ALR die auf dem Grundstück ruhenden Schulden und Verbindlichkeiten vertreten muss. Dann zitieren sie § 188 I, 11 ALR und geben auch dessen Inhalt wortlautgetreu wieder. § 188 I, 11 ALR verweist bzgl. eines Anspruchs auf Rücktritt vom Vertrage auf die allgemeinen Gewährleistungsvorschriften der §§ 319 ff I, 5 ALR, soweit es sich bei der auf der Sache ruhenden Last um den Mangel einer ausdrücklich vorbedungenen oder stillschweigend vorausgesetzten Eigenschaft handelt. Die Richter werfen daher die Frage auf, ob im vorliegenden Falle eine stillschweigend vorausgesetzte Eigenschaft vorliegen könnte, und bejahen dies. In diesem Erkenntnis des Senats sind demnach Anfänge einer Subsumtion erkennbar. Auf den Begriff der gewöhnlich vorausgesetzten Eigenschaft gehen die Richter jedoch nicht weiter ein. Sie führen lediglich aus, dass, wenn der Käufer von denen auf dem Grundstück haftenden Lasten gewusst, ihn dies sicherlich veranlasst hätte, den Vertrag nicht in der Art und Weise zu schließen. Aus dieser Vermutung leiten sie das Fehlen einer gewöhnlich vorausgesetzten Eigenschaft ab.
Die Richter beachten schließlich die im Gesetz angeordnete Zurechnung der Lasten zu den Sachmängeln sowie die Verbindungen von besonderem und allgemeinem Gewährleistungsrecht, indem sie die Paragraphenkette der §§ 184, 188 I, 11 und §§ 325 ff I, 5 ALR zitieren.

- **Urteil: Flisch / von Locken**

28. 5. 1799
S. 687 b–688 b in den Sentenzenbüchern

Die Appellationssache des Schutzjuden Flisch, Verklagten, Widerklägers und Appellanten, wider den Steuereinnehmer von Locken, Kläger, Widerbeklagten und Appellaten.

**Sachverhalt:**
Der v. Locken hatte von dem Beklagten in Frankfurt ein Pferd gekauft. Kurz danach wurde das Pferd krank. Die Besichtigung durch einen Sachverständigen ergab, dass das Pferd rotzig war. Der v. Locken forderte daher Rückerstattung des Kaufgeldes und Ersatz des ihm entstandenen Schadens für Futter-, Unterhaltungs- und Transportkosten. Der Verkäufer Flisch bestritt, dass das Pferd schon bei der Übergabe krank gewesen sei. Er erhob stattdessen die Widerklage gegen den Kläger, da dieser ihm nach seiner Behauptung ein Pferd verkauft habe, welches kurze Zeit nach Abschluß des Vertrages krepierte und als lungen- und leberfaul befunden wurde. Der Beklagte und Widerkläger machte seinerseits Ersatz der Unterhaltungskosten für das kranke Pferd geltend.

Das erstinstanzliche Urteil des Stadtgerichts gab der Klage des v. Locken statt. Der unterlegene Flisch wandte sich dagegen mit der Appellationsbeschwerde an das Kammergericht.

**Erkenntnis:**
Der Senat erkennt:
*Daß Formalia appellationis richtig, quoad materialia aber das Erkenntnis des Stadtgerichts zu Frankfurth de publicato 9. July17 --- in der Hauptsache zu bestätigen und nur die Kosten dieser Instanz dergestalt zu compensieren, dass Kläger Ein Zwölftheil, Beklagter aber Eilf Zwölftheil zu tragen verbunden.*

**Gründe / Von Rechts wegen:**
*Denn was die Conventione betrifft, so hat Beklagter das Pferd, welches der Kläger wieder nach Frankfurth zurückgebracht, als dasjenige anerkannt, welches er ihm verkauft hat. Dies ist bey der äußeren Besichtigung, von dem Sachverständigen als rotzig befunden, und der Sachverständige sagt, insbesondere seinen die Nasenkiefer desselben so angefressen gewesen, dass es die Krankheit schon seit einem halben Jahre gehabt haben müsse. ...*
*Das allgemeine Landrecht sagt nun*
*§ 204 Tit. 11 Th. 1*
*von Pferden bei welchen sich Dämpfigkeit, Herzschlägigkeit, Räude, wahre Stätigkeit , schwarzer Staar, Mondblindheit und Rotz innerhalb 4 Wochen nach der Uebergabe hervorthut, gilt die Vermuthung dass diese Krankheit schon zur Zeit der Uebergabe vorhanden gewesen.*
*Es hat daher der Kläger nicht nöthig zu erweisen, dass schon bey Vollziehung des Kaufs das Pferd jene Krankheit gehabt habe. ...*
*Es spricht die gesetzliche Vermutung für den Kläger bis der Bekl. erweiset, dass die Krankheit erst nach der Uebergabe entstanden sey. Dies hat er aber nicht vermagt. Man muß also annehmen, dass er dem Kläger ein mit einem Fehler behaftetes Pferd, der dasselbe ganz unbrauchbar macht, verkauft hat.*
*Nach dem allgemeinen Landrecht*
*Th. 1 Tit. 5 § 319*
*muß aber ein Recissent dem andern, die bey der Sache gewöhnlich vorausgesetzten Eigenschaften vertreten.*
*Der § 198 Tit. 11 a. a. O. wendet diese Vorschrift auch auf den Kauf an.*
*Es ist daher der Bekl. zur Rückerstattung der Kaufgelder über dessen Betrag beide Theile einig sind, so wie zum Ersatz alles dem Kläger aus dem Kauf entstandenen Schadens verpflichtet.*
*Der Einwand des Beklagten, dass Kläger ihm die eingetretene Krankheit zu spät gemeldet – widerlegt sich aus der gesetzlichen Disposition des allgemeinen Landrechts, a. a. O. § 201,*
*ist der Verkäufer nicht am Orte zugegen, so muß die Anzeige den Gerichten des*

*Orts, oder einem Sachverständigen geschehen. Letzteres hat der Kläger gethan, und ist daher wegen der späten Anzeige an den Beklagten; dessen Aufenthaltsort er überdies nicht einmal wissen konnte, da solcher als Pferde-Händler die Märkte besucht, hinlänglich entschuldigt.*
*Wenn der Bekl. ferner behauptet, dass der Kläger verbunden gewesen wäre, das Pferd sogleich, als er die unheilbare Krankheit endtdeckte, töten zu lassen und dadurch die Unterhaltungs- Kosten zu ersparen so verdient diese Behauptung keine Rücksicht, da es des Bekl. Sache war, dem Kläger, als dieser ihm von den eingetretenen Umständen Nachricht gab, und erklärte, dass er das Pferd nicht behalten würde, den Auftrag dazu zu ertheilen. Die Erhaltung geschah also auf des Bekl. Gefahr und Kosten.*
*Eben so billig ist der Ersatz dessen, was der Kläger zur Erhaltung und Kur des Pferdes verwandte, und der Transport nach Frankfurth war wichtig, um den Beweis zu setzen.*
(Es folgen Ausführungen zur Höhe des zu erstattenden Futter-Geldes.)

Hinsichtlich der Widerklage des Beklagten führt das Gericht aus:
*In Ansehung der Reconventione ist es außer Streit, dass an dem Pferde welches der Kläger dem Beklagten in dem Kauf gab, zur Zeit der Uebergabe äußerlich keine Spuren einer Krankheit sichtbar waren; und der Beklagte hat nur nachgewiesen, dass das vom Kläger erkaufte Pferd am 6. May 1796 also 6 Wochen nach dem Kauf crepiert, und bei der Besichtigung Lungen und Leberfaul gewesen.*
*Da indessen das allgemeine Landrecht in dem oben angeführten § 205 Tit. 11 Th. 1 diese Krankheit nicht erwähnt anderentheils aber*
*§ 203 a. a. O. festsetzt,*

> *dass wenn die Krankheit des Pferdes sich erst nach der gesetzlichen Frist äußert, der Schaden den Käufer treffen solle, wenn nicht ausgemittelt werden könne, dass die Krankheit schon zur Zeit der Uebergabe vorhanden gewesen,*

*so kann der Bekl. von dem Kläger keinen Ersatz fordern, von ihm über die Behauptung dass die Lungen Fäulniß nicht in so kurzer Zeit entstehen und das Pferd töten können – vorgeschlagene Zeugen haben auch nichts bestimmen können, so wie denn, selbst wenn die Behauptung auch bewiesen wäre, hierdurch keine Entscheidung bewirkt würde, da das allgemeine Landrecht diese Krankheit unter denen, bey welchen dem die angeführte Reconvention zu statten käme, nicht führt. Aus diesem Grunde ist auch die Aussage durch Sachverständige verworfen worden.*
*Hieraus folgt nun auch, dass Beklagter für die aufgewandten Unterhalthungs-kosten keine Vergütigung fordern kann. Es musste daher das erste Erkenntniß in Ansehung der Hauptsache bestätigt werden.*
(Es folgen Ausführungen zur Kostentragung.)

**Anmerkungen:**
In diesem Urteil wenden die Richter nur das Allgemeine Landrecht zur Lösung des Falles an. Dies überrascht, weil gerade beim Viehkauf bisher entweder nur auf das gemeine Recht abgestellt wurde oder es zumindest die Ausgangsbasis darstellte und erst im Anschluss das Landrecht hinzugezogen wurde.
Bezüglich der auftretenden Mängel beim Kauf von Tieren zitieren die Richter die richtigen Anspruchsgrundlagen, berücksichtigen, dass die Vorschriften des Kaufrechts Sonderregelungen im Hinblick auf die Gewährleistung der gewöhnlich vorausgesetzten Eigenschaften beim Viehkauf enthalten und zitieren die entsprechende Paragraphenkette der §§ 204, 205, 198 I, 11; § 319 I, 5 ALR.
Die Richter gehen bei der Rechtsfindung ungewohnt systematisch vor. Zuerst nennen sie die für den Fall in Betracht kommende Norm, hier § 204 I, 11 ALR, und legen dann deren Inhalt dar. Dabei unterläuft ihnen jedoch insoweit ein Fehler, als dass sie § 204 zitieren, und den genauen Wortlaut von § 205 wiedergeben. Schließlich wenden sie die Norm auf den Sachverhalt an, und stellen fest, dass die gesetzliche Vermutung des § 204 einschlägig ist, und demnach der Fehler bereits bei der Übergabe des Pferdes vorgelegen hat.
Die Richter beziehen sich im weiteren auf § 319 I, 5 ALR und zitieren dessen Wortlaut. Gemäß § 319 I, 5 ALR hat der Geber einer Sache dem andern gegenüber die bei der Sache gewöhnlich vorausgesetzten Eigenschaften zu vertreten. Infolgedessen gelangen die Richter zu der Entscheidung, dass der Beklagte zur Rückerstattung der Kaufgelder sowie zum Ersatz des aus dem Kauf erlittenen Schadens dem Kläger gegenüber verbunden ist.
Diese Rechtsfolgen ergeben sich zwar nicht direkt aus § 319 I, 5 ALR, sondern aus den §§ 331, 326, 327 und 320 ALR, die aber nicht zitiert werden.
Es bleibt festzuhalten, dass in diesem Urteil durchaus Ansätze zur Subsumtion erkennbar sind. Dies mag darin begründet sein, dass die betreffende Krankheit, der Rotz, ausdrücklich in § 205 I, 11 ALR erwähnt ist und daher die Normen des Allgemeinen Landrechts unproblematisch auf den Sachverhalt angewendet werden können.

**• Urteil: Rabe / Bethge**

26. 6. 1799
S. 718–718 b in den Sentenzenbüchern

Die Appellationssache des Cur-Schmidts Rabe, Verklagten und Appellanten, wider den Stallmeister Bethge, Kläger und Appellaten.

**Sachverhalt:**
Der Bethge hatte von dem Rabe ein Pferd gekauft, bei welchem sich vier Tage nach der Übergabe die Dummkollrigkeit zeigte. Infolgedessen begehrte er die Wandlung des Kaufvertrages. Der Verklagte bestritt, dass dieser Fehler bereits bei der Übergabe vorgelegen habe, und behauptete vielmehr, dass das Pferd gesund gewesen sei. Das erstinstanzliche Urteil des Stadtgerichts gab der Wandlungsklage des Bethge statt. Dagegen wandte sich der Verklagte mit der Appellation an das Kammergericht.

**Erkenntnis:**
Der Senat erkennt:
*Daß die Förmlichkeiten richtig, in der Hauptsache aber die Beschwerden unerheblich, u. daher das Urteil erster Instanz des hiesigen Stadtgerichts de publ. den 11. Febr. 99. lediglich zu bestätigen. Appellant auch dem Appellaten die Kosten dieser Instanz zu erstatten schuldig.*

**Gründe / Von Rechts wegen:**
*Die gemeinen Rechte gestatten actionen redhibitoriam bei einem kollernden Pferde, es mag equus lunaticus sein, von welchem*
*l. 43. § 6. D. de aedilit. Edicto*
*oder Phreneticus, von welchem*
*l. 1. § 9. in sin. ibid:*
*spricht,*
*Lauterbach C. T. P. L. u. Tit. 1. 8. 14.*
*Müller prompt. Jur. Vos. 3. pag. 2.*
*Berger decon. Jur: L. 3. Tit. 8. th. 5. §. 6.*
*Stryck U. M. L. 21. Tit. 1. §. 13. et. 45.*
*und in Aedillen wird kollerig, unsinnig kollernd zu den 4. Haupt-Mängeln der Pferde gerechnet.*
*Hymmen: Beiträge s. L. 5. pag. 172.*
*Von einem dumkollerichen Pferde equo stupido ist in dem Gesetzbuche des römischen Rechts nichts enthalten, allein was von einem equo lunatico gilt, muß noch weit mehr bei einem dumkollerichen Pferde Anwendung finden.*

*Das all. L. R. aber zählet, obgleich es nicht alle großen Fehler eines Pferdes, als --, Lahmen und Nabelbruch y. y. y. welche nach dem §. 193. u. 203. Tit. 11. dennoch vom Verkäufer vertreten werden müssen, wenn nicht besondere gesetzliche Gründe zum Gegenteil vorhanden sind, specifiziert, dennoch § 205. Dämpfigkeit, ausdrücklich zu den Pferdekrankheiten, bei welcher die Vermuthung gelte, daß das Pferd solche schon vor Uebergabe gehabt hat, wenn sie sich innerhalb vier Wochen nach der Uebergabe hervor thun.*
*Dämpfigkeit ist aber eigentlich dasselbe, was Dumheit, ein equo stupido genannt wird, woraus mit der Zeit öfters wahre Stätigkeit entsteht. Da nun das*

*Pferd schon am 4. bis 6. Tage nach Uebergabe dumkollerig befunden worden, so muß Verkl. erweisen, daß das Pferd bei der Uebergabe gesund und nicht dämpfig gewesen.*
*Diesen Beweis kann aber der Verkl. durch die in jetziger Instanz vorgeschlagenen drei Zeugen nicht führen, weil es auf Testes nexiontes gar nicht ankommen kann, u. Verkl in erster Instanz ausdrücklich declariert hat: er könne unmöglich diesen Beweis führen, da solches nur ein Sachverständiger beurteilen könnte und ein solcher bei der Uebergabe nicht zugegen gewesen. Das vorige Urteil ist daher zu bestätigen gewesen.*

**Anmerkungen:**
Hinsichtlich der Frage, ob ein kollerndes Pferd zur Wandlung des Kaufes berechtigt, setzt sich der Senat zunächst mit dem gemeinen Recht auseinander. Er zitiert aus dem ädilizischen Edikt des römischen Rechts („l. 43. § 6. D. de aedilit. Edicto; l. 1. § 9. in sin. ibid:") und beruft sich auf die entsprechenden Kommentierungen von Autoren wie Lauterbach, Müller, Berger, Stryck und Hymmen aus der gemeinrechtlichen Literatur.
Erst nachdem die Richter festgestellt haben, dass auch das römische Recht bzgl. eines kollernden Pferdes keine konkrete Regelung enthält, bezieht sich der Senat auf das Allgemeine Landrecht und zitiert die §§ 193 und 203 I, 11 ALR. Dann geht er auf § 205 I, 11 ALR ein und legt dar, dass die Dämpfigkeit zu den Pferdekrankheiten gehört, bei denen die Vermutung gilt, „daß wenn sie binnen vier Wochen nach der Übergabe auftritt, sie bereits schon vorher da gewesen sei". Der Senat stellt im weiteren fest, dass Dämpfigkeit eigentlich dasselbe ist wie Dummheit, ein sog. equo stupido. Er wendet daher die gesetzliche Vermutung des § 205 I, 11 ALR entsprechend auch auf die Dummkollrigkeit an, obwohl diese nicht im Gesetzeswortlaut erwähnt ist. Die Richter haben letztlich die auch nach gemeinem Recht umstrittene Frage mit Hilfe des Allgemeinen Landrechts gelöst, indem sie die bestehende Regelungslücke durch eine Analogie zu § 205 I, 11 ALR geschlossen haben.

## 7. Jahrgang 1800

### • Urteil: Weisse und Schroeter / Wesenberg

6. 1. 1800
S. 5 b–S. 6 in den Sentenzenbüchern

Die Appellationssache der Kaufleute Weisse und Schroeter, Kläger und Appellanten, wider den Kaufmann Wesenberg, Beklagten und Appellaten.

**Sachverhalt:**
Der Wesenberg hatte den Kaufleuten Weisse und Schroeter sechs Fässer Krapp geliefert. Eines dieser Fässer, welches feinen Krapp enthalten sollte, war stattdessen mit einer falschen Sorte Krapp befüllt. Die Kaufleute Weisse und Schroeter erhoben daraufhin Klage gegen den Wesenberg und nahmen diesen auf Gewährleistung in Anspruch. Das Erkenntnis erster Instanz wies die Klage ab. Dagegen wandten sich die Kläger mit der Appellation an das Kammergericht.

**Erkenntnis:**
Der Senat erkennt:
*Daß zwar Formalia der Appellation richtig, in der Hauptsache aber Sententia a qua den 7. Juni 1799 zu bestätigen. Kläger auch die Kosten dieser Instanz allein zu tragen, und dem Gegentheil zu erstatten gehalten.*

**Gründe / Von Rechts wegen:**
*Wenn gleich der Verkäufer die vorbedungene Eigenschaft der verkauften Sache dem Käufer gewähren muß,*

*A. L. R. Th. 1. Tit. 11. § 192. 198. und Tit. 5. § 325.*

*auch die ohne Vorbehalt geschehene Annahme bey der Uebergabe den Käufer des Anspruchs auf Gewährleistung noch nicht verlustig macht, indem er solchen auch nach der Uebergabe innerhalb der Praescriptions-Frist anbringen könne,*

*A. L. R. Th. 1.Tit. 11. § 198. und Tit. 5. § 325. seq. 344*

*so fällt doch dieser Anspruch gegenwärtig weg, weil es nicht mehr auszumitteln ist, ob Beklagter den Klägern unter den verkauften 6 Fässern mit Krapp, wirklich ein Faß, welches mit feinem Krapp angefüllt sein sollte, und einer falschen Sorte angefüllt überliefert hat. Durch die Besichtigung ist bloß dargetan, dass das Faß, welches Kläger von dem Beklagten erhalten haben wollen, den größten Theil nach eine Mittelsorte von Krapp, und nur eben 1¾ bis 2 Lieter an feinem Krapp von der bedungenen Sorte enthalten hat. Obschon dieses Faß, wie es die Kläger behaupten, dasjenige Faß sei, welches besage der Facten ... mit ... bezeichnet war, und feinen Krapp enthalten sollte, lässt sich, nach dem Kläger schon 4 von den verkauften Fäßern verbraucht habe, nicht einmal mit Wahrscheinlichkeit mehr ausmitteln. Denn wenn gleich der Coubeurmacher Hufter diese Identitaet beschworen, so ist doch nach der Ausführung des vorigen Urteils ganz richtig, dass diesen Zeugen keine volle Glaubwürdigkeit beigebracht werden kann, und dass er auch eine zuverlässige Auskunft zu geben nicht im Stande ist. Dies bestätigt noch der Umstand, daß das bei der Besichtigung untersuchte Faß nicht einmal mit der Nummer, welche das Faß zufolge der Facten haben musste, versehen ist.*
*Die Kläger haben jeder, über die Identitaet des Fasses dem Beklagten in dieser Instanz, dem Eid zugeschoben, und solchen auf erfolgte Relation ableisten*

*wollen, auf diesen Eid kann aber nicht erkannt werden. Die Kläger, welche sich auf ihre Officianten verlassen müssen, können von der Identitaet des Fasses unmöglich so unterrichtet seyn, um darüber aus Überzeugung einen Eid abzulegen. Wenn sie auch solches mit ihrem Gewissen zu vereinigen im Stande waren, wie man nach ihrem Erbieten nicht bezweifeln darf, so bliebe doch immer äußerst ungewiß, ob nicht mit den vom Beklagten verkauften Fässern von zweyerley Sorten Krapp eine Verwechselung vorgegangen war, oder ob man nicht eines dieses Fässer mit einem anderswo gekauften verwechselt hatte.*
*Wenn die Kläger wegen Unmöglichkeit einer sicheren Ausmittelung Schaden leiden, so ist solches auch ihre eigene Schuld, indem sie die Fässer bey der Uebergabe untersuchen, oder, wenn dieses nicht anging, sie doch dergestalt bezeichnen lassen mussten, dass die Identitaet in der Folge nicht zweifelhaft werden konnte.*
*Dem gemäß ist auf Bestätigung des vorigen Urteils, und in diesem Gefolge auf Erstattung der Kosten dieser Instanz zu erkennen gewesen.*

**Anmerkungen:**
Der Senat legt seiner Entscheidung ausschließlich die Vorschriften des Allgemeinen Landrechts zugrunde. Die Richter zitieren die §§ 192, 198 I, 11; § 325 I, 5 sowie § 198 I, 11; § 325 I, 5 und § 344 I, 5 ALR bzgl. des Gewährleistungsanspruchs der Kläger. Wie die Paragraphenkette zeigt, berücksichtigen die Richter das Zusammenspiel von besonderem und allgemeinem Gewährleistungsrecht.
Die rechtliche Würdigung des Falles erscheint allerdings unter dem Gesichtspunkt fraglich, ob dieser überhaupt von den Gewährleistungsvorschriften erfasst wird. Die teilweise Falschlieferung einer Gattungssache kann auch eine Nichterfüllung bedeuten. Zumindest ist die Einordung der teilweisen Nichterfüllung problematisch, da sie einen Grenzfall zwischen der Gewährleistung und der Nichterfüllung darstellt. Die Annahme einer Nichterfüllung zöge die Konsequenz nach sich, dass zumindest die kurzen Verjährungsfristen nicht gelten würden. Auf diese Frage ist das Gericht nicht eingegangen.
Darüber hinaus ist die Zitierung des § 344 I, 5 ALR hinsichtlich der Verjährung nicht korrekt, da diese Vorschrift nach allgemeiner Auffassung nur die sog. "juristischen Mängel" i. S. v. Rechtsmängeln erfasst wissen will.

**• Urteil: Grollhuss / Beneke**

6. 2. 1800
S. 21 b–23 in den Sentenzenbüchern

Die Appellationssache des Bauern Grollhuss, Verklagten und Appellanten, wider die Beneke, Klägerin und Appellatin.

**Sachverhalt:**
Die Henriette Beneke hatte von dem Bauern Grollhuss ein Land-Gut gekauft. Im Rahmen der Übergabe des gekauften Land-Gutes hatte sie auch eine Kiste mit Porzellan sowie einen Vorrat an Roggen erhalten. An diesen Sachen sind jedoch Eviktionsansprüche geltend gemacht worden. Die Klägerin erhob infolgedessen Klage auf Rückabwicklung des Geschäfts. Das erstinstanzliche Urteil gab der Klage statt. Dagegen wandte sich der Verklagte mit der Appellation an das Kammergericht.

**Erkenntnis:**
Der Senat erkennt:
*Daß ..., hiernach Formalia der appellationi richtig, auch in der Hauptsache Sententia a qua v. 28. Febr. 1799 dahin zu ändern, dass Bekl. nicht schuldig, der Kl. 120 Reichstaler nebst 5 procent Vergütigungszinsen seit dem 19. Febr. --- als dem Tage der infinniten Klage, gegen Zurückgabe der an dieselbe überlieferten Kiste Porcellain zu bezahlen, auch nicht gehalten, der Kl. 12 Scheffel Roggen entweder in natura oder nach dem am 13. Octob. 1797 zu Oranienburg gestandenen --- zu erstatten, noch auch die Kosten nach dem bestimmten Verhältnis zu compensieren.*
*Sondern Kl. mit ihrer Klage, wegen Vergütigung des angeblichen Defects an dem bei der Uebergabe des Läudner-Guthes zu Germendorff überlieferten Porcellain, und Roggen- Vorraths, wie hiermit geschieht, abzuweisen, und Kl. dem Bekl. von dem bei dem Justizamt Oranienburg deponierten Kaufgelder a 500 Reichstaler soweit sie demselben noch nicht ausgezahlt sind, Vergütigungszinsen zu 5 prozent seit dem 19. Octob. 1797 bis zur rechtskräftigen Entscheidung dieser Sache, zu entrichten schuldig, und die Prozesskosten dieser Instanzen zu compensieren.*

**Gründe / Von Rechts wegen:**
*Der Anspruch der Kl. auf Gewährleistung der Mängel an verkauften Porcellain und Roggenvorrath, ist unter der Voraussetzung, dass in Rücksicht des ersteren der angebene Defect erweislich wäre, allerdings gegründet gewesen. Sie hat sich aber mit der Ausführung ihres Anspruchs dergestalt verspätet, dass er bereits durch Verjährung erloschen ist. Zufolge ALR. Th. 1. Tit. 11. [§ 198.]*

*sollen bei der Gewährleistung wegen fehlerhafter Beschaffenheit der verkauften Sache die allgemeinen Grundsätze von Verträgen gelten. Nach diesen muß der Uebernehmer einer Sache wegen solcher Mängel, welche nicht die Sache selbst, sondern nur äußere Eigenschaften derselben betreffen, seine Rechte bei beweglichen Sachen innerhalb 3er Monathe nach der von dem Mangel erkannten Kenntnis geltend machen. Wenn er diese Frist verstreichen lässt, ohne die Klage wider den Geber gerichtlich anzumelden, so macht er sich seines Rechts verlustig.*

*ALR. Th. 1. T. 5. §§ 344, 345.*

*Kl. hat nun einräumen müssen, dass sie den Mangel an Porcellain schon 14 Tage nach der Uebergabe der Kiste, und also ungefähr der 21. April 97 entdeckt hatte.*

*Von dem Roggen-Defect war sie noch früher unterrichtet. Denn der Feldjähter Binß bezeugt, der Roggen sei von ihm bei Verkauf des Guths nachgemessen. Dies war derselbe Tag, an welchem die Uebergabe erfolgte, und 1 Tag nachher hatte er der Kl. von diesem Mangel Anzeige gemacht.*

*Kl. musste also, wenn sie sich --- wollte, binnen 3 Monathen vom 21ten April und 12ten Aug. 97 angerechnet, Klage anmelden. Dies hat sie aber erst den 19. Dec. 97, und mithin nach 6 Monathen gethan, zu welcher Zeit die gesetzliche Praescriptions Frist längst verstrichen war. Was die Kl. gegen die Anwendbarkeit der Verjährung anführt, ist ungegründet. ...*

*Ferner ist es eine willkürliche Behauptung, wenn Kl. die Verjährungsfrist der Eviktions Ansprüche nur von dem Falle verstehen will, wen der Vertrag ex culpa des Gebers nicht gehörig erfüllt worden, nicht aber von dem Falle eines Doli. Denn das ALR. hat diese Fälle keineswegs unterschieden, und überdies ist auch der Bekl. eines Doli noch nicht überwiesen worden. Der § 349. des ALR Th. I. Tit. 5. wo die Praescriptionsfrist auf 6 Monathe seit der Uebergabe bestimmt wird, kann dem Kläger nicht zu Nutzen kommen, weil daselbst von dem hier nicht vorhandenen Fall die Rede ist, wo die Gewähr wegen natürl. die Sache selbst betreffender Fehler gefordert wird. Hat die Kl. wie sie behauptet, und noch unerwiesen ist, gleich nach der Entdeckung der Mängel dem Staeger zu Oranienburg davon Nachricht gegeben, so ist doch solches von keiner Erheblichkeit, weil eine bloße Anzeige keine Klage Anmeldung war, durch welche allein die Verjährung unterbrochen werden konnte.*

*A. L. R. l. c. §. 345. --- §. 508. Tit. 9.*

*Dies gilt ebenfalls von der im Termin zur Zahlung der Kaufgelder den 12. Octob. 1797 von der Kl. geschehenen Rüge der Mängel; so wie dem Bekl. auch seine Einlassung auf die nachher angestellte Klage, nach bereits vollendeter Verjährung, unschädlich ist. Die Kl. kann also mit ihrem erloschenen Anspruch nicht weiter gehört werden.*

(Es folgen Ausführungen zur Kostentragung.)

**Anmerkungen:**
Die Richter greifen bei der Frage der Verjährung der Gewährleistungsansprüche nur auf die im Allgemeinen Landrecht in den §§ 343-345 I, 5 getroffenen Regelungen zurück. Hinsichtlich der Verjährung des Gewährleistungsanspruchs der Klägerin wegen Eviktion einer Sache differenzieren die Richter deutlich zwischen § 343 und § 344, indem sie sagen, dass § 343 nur die Verjährung sog. natürlicher Fehler umfasst. Inwiefern die Verjährung der Eviktionsansprüche überhaupt unter die §§ 343 ff I, 5 ALR fällt, da die Eviktionsansprüche nicht Gewährleistungsfälle im eigentlichen Sinne darstellen, wird von den Richtern nicht weiter problematisiert.

**• Urteil: Paetow / Bogner et Compagnie**

11. 9. 1800
S. 687 b–689 in den Sentenzenbüchern

Die Appellationssache des Paetow, Verklagten und Appellanten, wider die Kaufleute Bogner und Compagnie, Kläger und Appellaten.

**Sachverhalt:**
Der Paetow hatte von dem Kaufleuten Bogner und Compagnie Safran gekauft, der ihm, in Schachteln verpackt, per Post zugeschickt worden war. Der Safran war mangelhaft. Eine Sorte war ganz unbrauchbar. Die anderen Sorten waren aufgrund der Mängel im Vergleich zu ordnungsgemäßer Ware deutlich weniger wert. Infolge der Weigerung des Paetow, den Kaufpreis zu zahlen, erhoben die Kaufleute Bogner und Compagnie Klage. Das Gericht erster Instanz verurteilte den Paetow zur Zahlung. Gegen dieses Erkenntnis erhob er unter Berufung auf die Mangelhaftigkeit der Ware die Appellationsbeschwerde beim Kammergericht.

**Erkenntnis:**
Der Senat erkennt:
*Daß die erhobenen Beschwerden als unerheblich zu verwerfen, und das Erkenntnis des hiesigen Stadtgerichts vom 20. Juny dieses Jahres lediglich zu bestätigen, Appellant auch gehalten den Gegnern die Kosten der jetzigen Instanz nach geschehener Festsetzung zu erstatten. Die Gebühren und Auslagen der hiesigen Stadtgerichte werden auf 29 Reichstaler, 17 Groschen und 3 Pfennige festgesetzt.*

**Gründe / Von Rechts wegen:**

*Nach dem Gutachten des vereideten Zeugen Butke würde die fehlerhafte Beschaffenheit des ihm zur Beurtheilung vorgelegten Safrans nicht bezweifelt werden können. Er sagt ausdrücklich, die eine Sorte sei ganz unbrauchbar, und höchstens nur zum Färben tauglich, werde aber kaum für das Pfund verkauft werden können. Die andere Sorte sey ebenfalls wegen der Mängel gegen andere gute Waaren um ein Viertel geringer zu schätzen.*

*Allein, hiernach die Wiedersprüche gestehen, welche sich in dem Gutachten des Butke finden, fehlt es noch ganz an dem Beweise, dass der ihm vorgelegte Safran, eben derjenige sey, welchen die Kläger dem Verklagten in den Schachteln überschikt haben. Der Verklagte hat diesen Safran von der Post abgeholt, und in sein Haus genommen. Sein Handlungsdiener Haartke bezeugt zwar eidlich:*

*er habe den Safran gesehen, als derselbe von der Post gekommen sey, und habe ihn damals in derselben Verfassung gefunden, als jetzt.*

*Dieser Zeuge ist jedoch nach den Gesetzen nicht glaubwürdig.*

*Prozeß Ordnung tit. 10. § 233. Th. 5.*

*Auch hat er nur denjenigen Safran gesehen, welchen der Verkl. ins Haus gebracht hat, und es steht noch immer dahin, ob dies eben der Safran gewesen sei, welchen die Kl. dem Verkl. mit der Post abgeschikt haben? Es fehlt daher an dem Beweis, dass dieser Safran von fehlerhafter Beschaffenheit gewesen sei. Der Verkl. hat auch noch den Umstand gegen sich, dass er schon am 11. December 1798 den Safran von der Post abgeholt, denselben zu sich ins Haus genommen, und erst vier Wochen nachher unter dem 5. Januar den Klägern die angebliche schlechte Beschaffenheit derselben angezeigt hat. Nach der bekannten Verfassung waren die Schachteln auf der Post geöffnet und durchgesehen, bevor sie dem Verkl. ausgehändigt wurden. Er hat also die Gelegenheit gehabt, gleich danach den Safran zu untersuchen. Hat er dies getan und den Safran gut gefunden, so muß angenommen werden, dass der Fehler erst nachher entstanden sey, und als dann kann er von dem Kl. daher nichts fordern.*

*Allg. L. R. Th. I. Tit. 5. § 332.*

*Hat er aber den Safran auf der Post [angenommen] u. denselben nicht untersucht, so ist es seine Schuld, und er kann wegen des in die Augen fallenden Fehlers keine Vergütigung fordern.*

*War der Fehler in die Augen fallend, und Empfänger hat die Sache, ohne dieselbe ausdrücklich zu rügen übernommen, so kann er weder vom Vertrag zurücktreten noch Vergütigung fordern.*

*Allg. L. R. l. c. §. 330.*

*Dies muß um so mehr stattfinden, wenn der Verkl. den Safran vier Wochen im Hause gehabt hat, bevor er den Kläger von dem angeblichen Fehler desselben Nachricht gab. Dadurch bestätigt sich die Vermuthung, dass er den Safran gut befunden habe, weil derselbe nach der Aussage seines Handlungsdieners gleich*

*nach der Ankunft untersucht [worden] ist. Wenn auch der Verkl. wie er vorgibt drey Wochen verreiset gewesen und hatte erst bey seiner Rückkunft den Safran untersucht, so wird doch dadurch die Sache nicht verändert. Es bleibt seine Schuld, dass er die Untersuchung nicht gleich vor der Annahme des Safrans angestellt, und denselben, wenn er nicht contractmäßig gewesen wäre, entweder den Gerichten überliefert, oder auch dem --- niedergelegt hat. Insb. Ist nun die Sache durch seine Schuld in die Lage gebracht, dass nach den Gesetzen angenommen werden muß, er habe den Safran als untersucht angenommen. Wenigstens kann nun nicht mehr ausgemittelt werden, ob der Fehler schon bei der Übernahme vorhanden gewesen, oder erst nachher entstanden sey.*
*Die Einwendungen des Verkl. sind daher in jeder Rücksicht ungegründet, und er ist im vorigen Urtheil rechtlich verurtheilt, woraus zugleich nach Vorschrift der Prozeß Ordnung Tit. 23. §. 6 die Tragung der Kosten dieser Instanz folgt.*

**Anmerkungen:**
Der Senat bedient sich bei der rechtlichen Würdigung des Falles ausschließlich der Normen des Allgemeinen Landrechts. Er ordnet die Mängel des Safrans den gewöhnlich vorausgesetzten Eigenschaften zu und erörtert in diesem Zusammenhang die §§ 329 ff, I, 5 ALR. Was unter dem Begriff einer gewöhnlich vorausgesetzten Eigenschaft zu verstehen ist, definiert er aber nicht. Die Richter stellen fest, dass aufgrund der rügelosen Annahme des Beklagten zu vermuten ist, dass die Mängel erst nach der Übergabe des Safrans aufgetreten seien. Diese Feststellung belegen sie durch die Zitierung des § 332 I, 5 ALR. Infolge der rügelosen Annahme der mit einem in die Augen fallenden Fehler behafteten Sache hat der Beklagte nach Ansicht der Richter auch keinen Anspruch auf Gewährleistung. Diese Schlussfolgerung belegen sie durch die wörtliche Wiedergabe von § 330 I, 5 ALR, den sie im Anschluss zitieren.
Die Vorgehensweise des Senats lässt demnach eine Subsumtion unter die Normen vermissen. Diese werden lediglich zur Bestätigung des bereits gefundenen Ergebnisses wortlautgetrau wiedergegeben und der entsprechende Paragraph am Ende zitiert. Die speziellen Gewährleistungsbestimmungen aus dem Kaufrecht werden nicht erwähnt.

## 8. Jahrgang 1801

### • Urteil: Zowe / Schomer

12. 3. 1801
S. 685–686 b in den Sentenzenbüchern

Die Appellationssache des Branntweinbrenners Zowe, Verklagten und Appellanten, wider den Geheimen Finanzrat Schomer, Kläger und Appellaten.

**Sachverhalt:**
Der Branntweinbrenner Zowe hatte von dem Finanzrat Schomer ein Quartier gemietet. Noch vor Einzug des Zowe war aus diesem Quartier Zubehör, welches der Zowe zum Brennen von Branntwein benötigte, gestohlen worden. Der Zowe zahlte infolgedessen dem Schomer nur einen Teil der vereinbarten Miete, da ihm durch die nicht vertragsgemäße Überlassung des Quartiers ein Schaden entstanden sei, um den er den Mietpreis mindere. Der Schomer erhob Klage gegen ihn auf den noch schuldigen Mietzins. Das Gericht erster Instanz gab seiner Klage statt. Gegen dieses Erkenntnis wandte sich der Verklagte Zowe mit der Appellation an das Kammergericht.

**Erkenntnis:**
Der Senat erkennt:
*Daß die erhobenen Beschwerden als unerheblich zu verwerfen, dass Erkenntniß des hiesigen Stadtgerichte de publicato den 22. Aug. 1800 lediglich zu bestätigen, Appellant auch die Kosten dieser Instanz allein zu tragen, und resp. dem Appellaten zu erstatten gehalten.*

**Gründe / Von Rechts wegen:**
*Die Bestätigung des ersten Erkenntnisses in Rücksicht auf die Verurtheilung des Verkl. in Rücksicht auf die Bezalung der schuldigen Miethen kann keinen Bedenken unterworfen sein, da er geständig ist, seit einem halben Jahre in dem Hause des Klägers gewohnt und keine Miete bezahlt zu haben; auch als richtig eingeräumt hat, daß der Miethzins auch so hoch als er eingeklagt nach dem Contracte verabredet worden sey.*
*Seine Verurtheilung in die Verzugszinsen rechtfertigt sich durch die einem jeden Schuldner obliegende Verbindlichkeit von dem Tage an, wo er verpflichtet gewesen wäre eine schuldige Summe zu bezahlen, wenn er sie nicht entrichtet, dem Gläubiger Verzugszinsen zu bezahlen.*
*§ 64. Tit. XVI. Th. I. d. A. L. R.*
*nur sind die festgesetzten Termine ganz richtig bestimmt, da die Miethe vierteljährlich entrichtet werden sollte.*

*Es fragt sich nur, ob der Appellant nicht berechtigt ist, den Schaden den er angeblich durch die nicht contractmäßige erfolgte Ueberlieferung des Quartiers erlitten haben will auf die zu bezahlende Miethe abzurechnen und die Uebernehmung vom Appellaten zu verlangen?*

*Diese Frage muß aber verneinend beantwortet werden. Aus dem von dem Appellaten selbst in beglaubter Form zu den Akten gegebenen Erkenntniß des Kammergerichts vom 1. July 1799 in Sachen seiner gegen den Administrator des Zeugen Batke geht der von dem Appellanten als richtig eingeräumte Umstand hervor, daß jener als er die Entwendung der Blase in Erfahrung gebracht zu diesem hingegangen ihm solches angezeigt und [vorschlug] vom Contracte wieder abzugehen. Da in dieser Äußerung zugleich eine Erklährung lag, die fehlenden Stücke nicht wieder herbeyschaffen zu können, so stand es dem Appellanten auch nach dem Gesetze frey von dem Contracte wieder abzugehen.*

*§ 326 Tit. V Th. I d. A. L. R.*

*Er ging aber nicht ab, zog vielmehr in das Haus ein und trat die gesetzliche Bestimmung ein,*

*§ 328 loco citato*

*daß es rechtlich bey dem Contract sein Bewenden behielt, und er nur so viel an Vergütigung fordern konnte, als das Quartier wegen der fehlenden Sachen weniger Werth war.*

*Unter der Bestimmung des Gesetzes daß es bei dem Contracte sein Bewenden haben müße, kann nichts anderes verstanden werden, als daß der Contract bestehen sollte, wenn gleich die vorbedungenen Eigenschaften fehlten. Demnach es so anzusehen sey, als ob die fehlenden Eigenschaften dem Contracte nach gar nicht zur Sache gehört hätten, denn wegen ihrer Mängel konnte nur soviel an Vergütigung gefordert werden, als die Sache im vorliegenden Fall das Quartier, desselben weniger werth war.*

*Nun kaufte der Appellat das Haus, und setzte den Contract mit dem Appellanten fort, den Contract nach welchem zu dem Quartier die zwey Schessel, Blase und die --- gar nicht mehr gehörten. Von ihm konnte daher die Herbeyschaffung dieser Stücke nicht gefordert werden und eben so wenig ist er verbunden, dem aus dem Mangel derselben angeblich erlittenen Schaden zu ersetzen. Bey diesen Umständen kann es daher gar nicht auf Ausmittelung der Frage ankommen, ob Appellant wirklich Schaden erlitten? und wie viel? Und wenn derselbe äußert, daß ihm der Administrator von Zeit zu Zeit versprochen die fehlenden Stücke wieder anzuschaffen, und die Zeugen Schroeder und Neumann bekunden, ersterer, daß der Appellant zum Appellaten gesagt, die 2 Schessel, Blase und --- sey gestohlen worden, und letzterer, daß der Appellant den Appellaten aufgefordert diese Stücke anzuschaffen, so sind dies mündliche Verabredungen und Äußerungen, auf die bey dem Dasein eines schriftlichen Contracts nicht weiter Rücksicht genommen werden kann. § 127. 126. Tit. V Th. I d. A. L. R.*

*Aus diesen Gründen rechtfertigt sich die erkannte Bestätigung des ersten Erkenntnißes und muß Appellant nach § 6 Tit. 23 Th. 1 der allgemeinen Gerichtsordnung die Kosten dieser Instanz allein tragen, weshalb wie überall geschehen zu erkennen gewesen.*

**Anmerkungen:**
In diesem Urteil werden die allgemeinen Vorschriften des Gewährleistungsrechts, §§ 326, 328 I, 5 ALR, von den Kammerrichtern zitiert. Die besonderen Normen des Mietrechts, §§ 270 ff, I, 21 ALR, die gegenüber den §§ 319 ff I, 5 ALR spezieller sind, werden hingegen außer Acht gelassen und von den Richtern nicht mit einem Wort erwähnt. Auch die in diesem Zusammenhang problematische Frage, inwiefern die allgemeinen Gewährleistungsvorschriften überhaupt bei der Miete Anwendung finden können, da sich bei Dauerschuldverhältnissen wie der Miete die Gewährleistung aufgrund der Vorleistungspflicht des Vermieters bereits aus der rechtlichen Natur des Vertrages ableitet und somit bereits ein vertraglicher Gewähr-leistungsanspruch besteht, klammern die Richter aus bzw. sehen das Problem nicht. Die rechtliche Würdigung des Falles erscheint daher zweifelhaft.
§ 273 I, 21 gewährt ebenso wie § 326 I, 5 die Abstandnahme vom Vertrag. Hält der Mieter gem. § 273 I, 21 ALR am Vertrag fest, so gewährt ihm § 384 I, 21 ALR einen verschuldensunabhängigen Anspruch auf Minderung des Mietzinses. Lediglich der Anspruch auf Schadensersatz ist von einem zumindest mäßigen Verschulden des Vermieters abhängig, das hier, da die Sachen gestohlen worden sind, nicht vorlag.
Im weiteren machen die Richter Ausführungen über die Bedeutung des § 328 I, 5 ALR. Obwohl der Gesetzeswortlaut an sich klar ist, sind diese Ausführungen in dem Sinne positiv zu bewerten, als sich die Richter mit der Norm auseinander setzen und sie nicht nur zur Bestätigung ihres Ergebnisses zitieren.

- **Urteil: Sommer / Ulrich**

10. 12. 1801
S. 652 b–654 b in den Sentenzenbüchern

Die Appellationssache des Zimmermeisters Sommer, Klägers und Appellanten, wider den Gastwirt Ulrich, Beklagten und Appellaten.

**Sachverhalt:**
Der Bierschenker Ulrich hatte sich auf seinem Grundstück von dem Zimmermeister Sommer eine Kegelbahn bauen lassen. Der Ulrich weigerte sich, dem Sommer den Rest der noch ausstehenden Werklohnforderung zu zahlen, da

die Kegelbahn seiner Meinung nach nicht vertragsgemäß, d. h. ohne massive Verblendung der Wand zur Nachbar-Seite, angefertigt worden sei. Der Sommer bestritt dies, und verklagte den Ulrich auf Bezahlung seines Werklohnes. Das erstinstanzliche Urteil wies die Klage des Sommer ab und verurteilte ihn darüber hinaus zur Rückzahlung der bereits erhaltenen 100 Reichstaler Werklohn. Gegen dieses Urteil wandte sich der Kläger mit der Appellation.

**Erkenntnis:**
Der Senat erkennt:
*Daß die Formalia der erhobenen Appellation richtig, auch in der Hauptsache Sententia a qua de publicato 1. May dahin zu ändern, dass der Kläger nicht wie geschehen mit der Bezahlung des eingeklagten Rückstandes für die angefertigte Kegelbahn abzuweisen, noch ad reconventionem deshalb zur Rückzahlung der erhaltenen 100 Reichstaler zu verurtheilen; vielmehr Beklagter verbunden dem Kläger für die Anfertigung der gedachten Kegelbahn die Summe von 37 Talern Reichstalern, 12 Groschen und 5 Pfennigen nebst Zinsen a 5 procent vom 2. July 1800 ab dem dato infine actionis der Klage binnen 14 Tagen bey Vermeidung der execution zu bezahlen, übrigens die Kosten beyder Instanzen gegeneinander aufzuheben.*

**Gründe / Von Rechts wegen:**
*Die Entscheidung voriger Instanz ist aus irrigen Grundsätzen hergenommen. Denn*
*1. befahl zwar nach ... das Polizey Directorium unter dem 21. August 1800, daß Beklagter die Kegelbahn nach des Nachbars Seite massiv verblenden lassen sollte. In der Verordnung vom 23. Febr. 1801 ging es aber davon wieder ab und setzte fest.*
*dass wenn obgleich bisher Regel gewesen, dass die Wände gegen den Nachbarn massiv ausgeführt oder massiv verblendet werden mussten, doch im speziellen Fall dem Bierschenker Ulrich, bis dahin, dass sein Nachbar nicht gegen seine Kegelbahn baue, solche in ihrem jetzigen Zustande belassen werden solle.*
*Dieser Fall, dass der Nachbar gegen die Kegelbahn bauen wolle, ist zur Zeit nicht vorhanden, und dürfte vielleicht niemals existieren, da Appellant eben der Nachbar ist, der baute, oder bauen wollte, und erst als denn könnte der casus evictionis zur Sprache kommen.*
*Aber auch denn würde*
*2. diese Vertretung nicht einmahl statt finden. Zwar will der vorige Urteilsverfasser solche aus dem §. 281. Thl. 1. Tit. 5 des Allgemeinen Landrechts herleiten, die angeführte Gesetzesstelle handelt aber bloß davon wenn der Werkmeister gegen die Regeln seiner Kunst gehandelt hat, und davon ist hier nicht die Rede. Er soll gegen ein Polizey Gesetz gehandelt haben, daß*

*überhaupt nicht vorhanden ist, und in dem gegenwärtigen Fall nur bedingt spricht, wenn ein gewisser Vorfall sich ereignen sollte. Für diesen darf der Werkmeister keineswegs haften, und noch weniger als dann, wenn der Besteller selbst ein anderes verlangt hat. Dies ist klar und deutlich in §. 954. und §. 955. Th. 1 Tit. XI. des A. L. Rechts verordnet und diese Verordnung findet im gegenwärtigen Fall vollkommen Anwendung. Denn Kläger und Beklagter hatten sich durch Anschlag im Contract wie und in welcher Art die Kegelbahn erbaut werden sollte, vereinigt.*

*Von einer massiven Seitenmauer oder Verblendung derselben war im Anschlage nichts erwähnt, und nach dem Contracte machte sich Kläger bloß verbindlich nach dem Anschlage alles regelmäßig und gut zu verfertigen. Ein mehreres dürfte er nicht vertreten, und das um so weniger als der eidlich abgehörte Zeuge, Bohm, bekundet, Appellant habe während des Baues der Kegelbahn mit dem Appellaten wegen der massiven Verblendung gesprochen, und ihm dabey gesagt, wie das mehrere Kosten machen würde. Der Appellat habe aber gewollt, dass die nur leicht und von Holz gebaut werden solle.*

(Es folgen Ausführungen zu weiteren Einwendungen des Beklagten.)

**Anmerkungen:**

Im vorliegenden Fall hat der Werkmeister nicht gegen die Regeln seiner Kunst gehandelt, sondern die Sache so angefertigt, wie die Parteien es sich in dem Vertrag ausbedungen hatten. Der Senat sieht diesen Fall eindeutig von den §§ 954, 955 I, 11 ALR erfasst, und wendet sie daher uneingeschränkt auf den Fall an. Die Richter sagen: „Für dieses darf der Werkmeister keineswegs haften, und noch weniger als dann, wenn der Besteller selbst ein anderes verlangt hat. Dies ist klar und deutlich in §. 954. und §. 955. Th. 1. Tit. XI. des A. L. Rechts verordnet und diese Verordnung findet im gegenwärtigen Fall vollkommene Anwendung“. Anschließend subsumieren die Richter sogar unter die Voraussetzungen der Exkulpationsregeln der §§ 954, 955 I, 11 ALR, – ohne diese näher zu erörtern – indem sie ausführen, dass Kläger und Beklagter sich selbst im Vertrag darüber geeinigt haben, wie und in welcher Art die Kegelbahn ausgebaut werden solle, und eine Vertretung des Klägers deshalb nicht in Betracht kommen könne.

### • Urteil: Demmin / Maue

17. 12. 1801
S. 557 b–558 in den Sentenzenbüchern

Die Appellationssache des Fuhrmanns Demmin, Verklagten und Appellanten, wider den Director Maue, Kläger und Appellaten.

**Sachverhalt:**
Der Director Maue hatte von dem Fuhrmann Demmin ein Pferd gekauft. Es stellte sich später heraus, dass dieses Pferd mangelhaft war und den Fehler des Spats hatte. Der Maue erklärte daraufhin dem Fuhrmann Demmin den Rücktritt von dem Kaufvertrag. Dieser verweigerte sich dagegen. Auf die Klage des Maue hin verurteilte das erstinstanzliche Gericht den Beklagten Demmin zur Rückgängigmachung des Vertrages. Dagegen wandte sich dieser mit der Appellation an das Kammergericht.

**Erkenntnis:**
Der Senat erkennt:
*Daß Formalia appellationis richtig, quoad Materialia auch Sententia a qua de publ. d. 13. Februar a. c. wegen der Zinsen dahin zu reformieren: dass Bekl. nur schuldig, gedachte Zinsen a 5 prozent von den 14 Stück --- nicht vom 10. Novbr. 1800, sondern vom Tage der zuerst infinniten Klage zu entrichten. Im übrigen gedachtes Erkenntniß zu bestätigen, jedoch, dieses dabey das Kl. sich des Futtergeldes begeben sein Bewenden habe. Bekl. auch dem Kl. die Kosten dieser Instanz praevia liquid. & moduat. zu erstatten gehalten.*

**Gründe / Von Rechts wegen:**
*Es hat Bekl. nicht bestritten, dass er mit Kl. über den Verkauf eines (...) seiner Pferde einig geworden sey. Seine Einwendungen aber gegen den verlangten Rücktritt vom Handel da das Pferd den Fehler des Spats hat, sind teils so erheblich nicht, dass sie reformationem zum Besten des Bekl. und an sich bewirken könnte, theils auch durch den vom Kl. übernommenen Beweis widerlegt.*
(Es folgen einzelne Zeugenaussagen.)

*Diese Zeugnisse sind zwar nicht völlig glaubwürdig, sie werden aber durch die (...) Angaben der Sachverständigen unterstützt; so dass an der Richtigkeit des Fehlers kein Zweifel ist. Die Sachverständigen versichern auch, dass dieser Fehler zur Zeit klein u. nicht in die Augen fallend sey, so wie ihn der Professor Naumann erst nach angestellter Untersuchung gefunden hat. Endlich halten auch die Sachverständigen den Spat für ein unheilbares Übel, wenn dessen Wachstum gleich durch das Brennen mit dem glühenden Eisen etwas begrenzt werden kann.*
*Schon nach den Römischen Rechten u. der Rechtslehrer die darüber commentiert haben, wird der Spat zu denjenigen Fehlern gerechnet, die incurabel sind u. die redhibitoriae Klag. geben.*
*Stryck in non moder. Lis: XXI. tit: I. §. XIII.*
*zählt dergleich Fehler auf u. rechnet darunter qui in Spatula patilioe nobis Spatt.*

*Das Allg. Lrecht bestimmt zwar nun in Th. I. Tit. 11. §. 205. von Hauptfehlern der Pferde, sagt aber nur bloß in Ansehung dieser; Es hat in Vermuthung, dass sie zur Zeit des Handels schon dagewesen, wenn sie sich innerhalb 4. Wochen nach der Uebergabe hervorthun.*
*Dagegen passt auf den gegenwärtigen Fall der §. 326. tit. 5. --- wo es heißt:*

> *Kann der Geber die fehlende Eigenschaft nicht gewähren, so kann Uebernehmer von dem Contract wieder abgehen.*

*welches hier bey dem unheilbaren Übel des Spats der Fall ist.*
*Es hat also in der Hauptsache das vorige Urteil bestätigt werden müssen, ... .*

**Anmerkungen:**
Hinsichtlich der Frage, ob der Fehler des Spats zu den Fehlern zu rechnen ist, die zur Wandlung des Vertrages berechtigen, berufen sich die Richter zunächst auf das römische Recht sowie auf die Kommentierung von Stryck in der Literatur. Erst anschließend greifen die Richter auf das Allgemeine Landrecht, § 205, I, 11, zurück. Diese Norm ist jedoch, wie der Senat zutreffend feststellt, nicht einschlägig, da in § 205 der Fehler des Spats nicht zu den Hauptfehlern bei Pferden gerechnet wird, die zur Wandlung des Vertrages gem. §§ 205, 203, 198 I, 11; §§ 319 ff I, 5 ALR berechtigen. Danach geht der Senat auf § 326 I, 5 ALR ein, der seiner Ansicht nach für den Fall passend ist, und den Übernehmer zum Rücktritt berechtigt.
Die Kammerrichter berücksichtigen zwar das Zusammenspiel von allgemeinem und besonderem Gewährleistungsrecht im Allgemeinen Landrecht, verkennen jedoch dessen Systematik. § 205 I, 11 ALR stellt eine Sonderregelung zu den §§ 319 ff I, 5 ALR dar, weshalb sich der Rückgriff auf § 326 I, 5 ALR verbietet. § 205 I, 11 ALR zählt explizit die Fehler auf, bei denen die Vermutung der §§ 203 I, 11, 332 I, 5 ALR als widerlegt gilt.
Die Richter zeigen Unsicherheiten im Umgang mit den Gewährleistungsbestimmungen beim Viehkauf und den entsprechenden Beweislastregelungen im Allgemeinen Landrecht. Sie orientieren sich bei der rechtlichen Wertung des Falles am römischen Recht und legen das Allgemeine Landrecht in diesem Sinne aus.

## 9. Jahrgang 1802

### • Urteil: Flesch / Grützmacher

17. 6. 1802
S. 39 b–40 b in den Sentenzenbüchern

Die Appellationssache des Pferdehändlers und Schutzjudens Flesch, Verklagten und Appellanten, wider den Grützmacher, Kläger und Appellaten.

**Sachverhalt:**
Der Grützmacher hatte von dem Pferdehändler Flesch ein Pferd gekauft, welches, wie sich später herausstellte, von fehlerhafter Beschaffenheit war. Das Pferd litt erwiesenermaßen an dem Fehler des Kollers. Der Grützmacher forderte daher von dem Pferdehändler Flesch die Aufhebung des geschlossenen Kaufvertrages sowie die Rückzahlung des Kaufpreises. Der Instruktionssenat des Kammergerichts gab seiner Klage statt. Gegen dieses Erkenntnis wandte sich der Verklagte mit der Appellation an das Kammergericht.

**Erkenntnis:**
Der Senat erkennt:
*Daß die Beschwerden für unerheblich zu achten und daher Sententia a qua des Instruktionssenats des Kammergerichts de publ. den 25. Januar 1802 lediglich zu bestätigen, auch Bekl. und Appellant verbunden, die Kosten dieser Instanz allein zu tragen.*

**Gründe / Von Rechts wegen:**
(Der Senat erörtert zunächst einzelne Zeugenaussagen.)
*Ist nun gleich der gedachtermaßen von dem Professor Lieck bezeugte Fehler des Pferdes im Allgemeinen Landrecht Th. I. Tit. XI. §. 205. nicht unter denjenigen daselbst beispielsweise erwähnten Fehler eines Pferdes mit benannt worden von welchen wenn sie sich innerhalb 4 Wochen nach der Übergabe des Pferdes hervorthun die Vermuthung gilt, dass das Pferd schon vorher damit behaftet gewesen sey, so kommt doch auch darauf nichts an, weil aus dem Attest des Prof. Lieck sich ergibt, dass das streitige Pferd schon vor dem von beiden Theilen geschlossenen Kauf mit dem bemerkten Fehler behaftet gewesen und dieser Fehler des Pferdes sowohl nach der Natur der Sache, als nach dem eidlichen Zeugnisse des privilegierten Kurschmidt Gerbert, das Pferd zum Gebrauch untüchtig macht.*

...

*Bei allen lästigen Verträgen muß nun in der Regel ein Theil dem anderen dafür haften, dass sich derselbe der gegebenen Sache nach der Natur des Vertrages bedienen könne. Es muß also auch der Verkäufer die bei der verkauften Sache gewöhnlich vorausgesetzten Eigenschaften vertreten und insofern er solche nicht gewähren kann ist der Käufer von dem Contract wieder abzugehen berechtigt.*

*Allgemeines Landrecht T. I. Tit. 10. § 81. seq. Tit. V. §. 318. seq. und Tit. XI.*

*§. 198. seq.*

*Hiernach ist daher der Kl. allerdings für befugt zu achten die Aufhebung des mit dem Bekl. geschlossenen Kaufs des Pferdes wegen des bemerkten Fehlers desselben nahmlich wegen des Kollerns womit dasselbe behaftet ist zu verlangen, und auf Rückzahlung des Kaufgeldes zu drängen. Es kann dem Kl. hierbei auch nicht der Vorwurf gemacht werden, dass er als Sachverständiger den Fehler des Pferdes gleich bei Schließung des Kaufs hätte bemerken können, denn nach der Versicherung des abgehörten Zeugen Kurschmidt Gerbert ist der Koller eines Pferdes kein Fehler, der einem gleich in die Augen fällt.*

*Die Bestätigung des vorigen Urteils, und die sich daraus rechtfertigende Verurteilung des Bekl. in die Kosten ist daher keinen rechtlichen Bedenken unterworfen gewesen.*

**Anmerkungen:**

Die Richter stellen zunächst fest, dass es sich bei dem Koller des Pferdes nicht um einen derjenigen Fehler handelt, die in § 205 I, 11 ALR aufgeführt sind und den Käufer ausnahmsweise auch nach bereits erfolgter Übergabe der Sache zum Rücktritt vom Vertrag berechtigen. Sodann legen sie dar, dass es auf das Vorliegen eines solchen in § 205 I, 11 ALR genannten Fehlers nicht ankommt, weil sich bereits aus dem Attest des Professors ergibt, dass das Pferd schon bei Schließung des Kaufvertrages fehlerhaft gewesen sei. Diese Wertung beinhaltet auch § 332 I, 5 ALR, der sagt: „Wenn nicht erhellet, dass der Fehler der Sache schon bey der Uebernehmung derselben vorhanden gewesen, so wird angenommen, dass er erst nach dieser Zeit entstanden sey." § 332 I, 5 ALR wird von den Richtern jedoch nicht zitiert.

Anschließend fasst der Senat den Inhalt der §§ 318, 319 I, 326 I, 5 ALR zusammen und zitiert die §§ 81 I, 10; 318 ff I, 5 und 198 ff I, 11 ALR. Schließlich stellen die Richter fest, dass der Kläger befugt ist, die Aufhebung des geschossenen Vertrages wegen des bemerkten Fehlers und die Rückzahlung des Kaufgeldes zu verlangen. Hier sind Ansätze einer Subsumtion erkennbar.

Im Weiteren wird die Frage erörtert, ob der Kläger als Sachverständiger den Fehler des Pferdes schon bei Schließung des Kaufvertrages hätte erkennen müssen. Dies lehnen die Richter jedoch unter Hinweis darauf, dass der Fehler nicht in die Augen fallend war, ab. Auf § 330 I, 5 ALR gehen die Richter in diesem Zusammenhang nicht ein.

In dieser Entscheidung legen die Richter bei der rechtlichen Würdigung des Falles zwar einerseits die im Gesetz getroffenen Aussagen und Wertungen zugrunde, zitieren die entsprechenden Normen jedoch eher willkürlich.

**• Urteil: Collasius / Grunewald**

29. 7. 1802
S. 143 b–145 b in den Sentenzenbüchern

Die Appellationssache des Mühlenmeisters Collasius, Klägers und Appellanten, wider den Gastwirt Grunewald, Beklagten und Appellaten.

**Sachverhalt:**
Der Collasius hatte von dem Gastwirt Grunewald eine Mühle gekauft. Mit seiner gegen den Verkäufer erhobenen Klage wegen Mangelhaftigkeit der Mühle forderte er u.a. von dem Grunewald eine Entschädigung dafür, dass die Mühlenrechen beschädigt gewesen seien und er deshalb keinen Weizen und Roggen habe mahlen können. Der Colluasius unterlag in erster Instanz mit seiner Klage und erhob daraufhin die Appellationsbeschwerde.

**Erkenntnis:**
Der Senat erkennt:
*Daß zwar die Förmlichkeiten der Appellation beobachtet, in der Hauptsache aber das Erkenntnis des Magistrats zu Kyritz de publ. den 2. Januar lediglich, wie hiermit geschieht zu bestätigen, und der Appellant die Kosten dieser Instanz dem Appellaten zu erstatten gehalten, ..... .*

**Gründe / Von Rechts wegen:**
(Der Senat erörtert zunächst die mit der Appellation verbundenen Beschwerdepunkte eins bis zehn.)
*Endlich,*
*11. fordert Kl. eine Entschädigung vom Verkl. für Weizen und Roggen dadurch, dass Verkl. ihm die Mühlenrechen beschädigt übergeben und er dadurch am Mahlen verhindert worden. Kl. räumt ein, dass er diese Rechen beim Kauf der Mühle nicht besehen. Der gute Zustand der Mühlenrechen ist die gewöhnliche vorausgesetzte Eigenschaft derselben, denn im Contracte ist hierüber nichts enthalten, und sie haben daher nur in dem Zustand, in welchem sie sich zur Zeit des geschlossenen Kaufs befunden haben, übergeben werden müssen.*
*A. L. R. Th. 1.Ti: 11. §: 194.*
*Schon aus diesem Grunde kommt dem Kl. keine Entschädigung zu. Außerdem ist die Beschädigung, wie beide einig sind, in die Augen fallend gewesen, und Kl.*

*hätte sich von derselben um so mehr als ein Sachverständiger überzeugen können, ... .*
*Er hat aber diese Mühle ohne die Schäden zu rügen, ohne dieselbe einmal zu besehen, übernommen.*
*Das A. L. R. Tit. 5. § 330 l. c. verordnet auf diesen Fall ausdrücklich, dass der Empfänger keine Vergütigung deshalb solle fordern können, daher sich Kl. allen daraus ihm entstandenen Schaden selbst beimessen muß.*
(Es folgen Ausführungen zu den Kosten.)

**Anmerkungen:**
Die Richter stellen zunächst fest, dass der Zustand des Mühlenrechens als eine gewöhnlich vorausgesetzte Eigenschaft anzusehen ist und demzufolge die Mühle auch nur in dem Zustand übergeben werden musste, in dem sie sich zur Zeit des Kaufes befand. Dieses Ergebnis untermauern sie durch die Zitierung des § 194 I, 11 ALR. Darüber hinaus lehnt der Senat einen Anspruch des Klägers ab, weil es sich bei der gerügten Beschädigung um einen in die Augen fallenden Fehler gehandelt hat und der Empfänger die Sache hätte untersuchen müssen. Dies hat der Kläger aber nicht getan. Nach Ansicht der Richter hat der Kläger eindeutig den Wortlaut des Gesetzes gegen sich, indem sie sagen: „Das ALR Tit.5, § 330 verordnet auf diesen Fall ausdrücklich, dass der Empfänger keine Vergütigung solle fordern können, ... .“
Da die Rechtslage für die Richter klar und unproblematisch zu sein scheint, zitieren sie nur die einschlägigen Paragraphen des Allgemeinen Landrechts, ohne unter die Anspruchs-voraussetzungen zu subsumieren.

## 10. Jahrgang 1803

### • Urteil: Prach / Levy

17. 2. 1803
S. 407–408 in den Sentenzenbüchern

Die Appellationssache des Cattunfabrikanten Prach, Verklagten und Appellanten, wider den Schutzjuden Levy, Kläger und Appellaten.

**Sachverhalt:**
Der Cattunfabrikant Prach hatte von dem Schutzjuden Levy Färbe-Ware gekauft. Als jener von ihm die Zahlung des Kaufpreises verlangte, wandte der Prach die fehlerhafte Qualität der Waren und deren Unbrauchbarkeit ein und forderte Rückgängigmachung des geschlossenen Kaufvertrages. Der Levy erhob daraufhin Klage gegen den Cattunfabrikanten Prach auf Kaufpreiszahlung. Das

Gericht erster Instanz gab seiner Klage statt. Gegen dieses Urteil wandte sich der Verklagte mit der Appellation an das Kammergericht.

**Erkenntnis:**

Der Senat erkennt:

*Daß mit Aufhebung des dem Verklagten zuerkannten Erfüllungs-Eides, Verklagter mit dem der Zahlung der 87 Reichstaler 12 Groschen entgegengesetzten Einwand der Unbrauchbarkeit der fehlerhaften Qualitaet der verkauften Färbe-Waaren abzuweisen, und es bey dem Indicato vom 13. Aprill 1801 und der darin erkannten Zahlung der 87 Reichstaler und 12 Groschen Courant nebst 6 procent Zinsen seit der Frankfurther Reminiscere = May 1801 zu belassen; .... und die Kosten beider Instanzen zu compensieren.*

**Gründe / Von Rechts wegen:**

*Die in erster Instanz über die Brauchbarkeit der verkauften Waaren vernommenen Färber haben zwar durchaus für deren Unbrauchbarkeit gezeugt. Aber sie gestehen selbst, dass sie nur als Seiden- u. Wollfärber geurtheilet haben. Verklagter hat aber die Waare als Cattunfabrikant gekauft, u. es kommt daher nur darauf an, ob sie auch zum Cattun Färben unbrauchbar ist. Hier hat Verklagter das Gutachten aller Sachverständigen wider sich.*

*Der Färber Grüne bezeugt, die Krugbeeren waren von so verschiedener Qualitaet, dass man das Pfund mit 6 Reichstalern und so abwärts im Preise bis auf 5 Groschen bezahle. Die ihm vorgezeigten Krugbeeren waren von schlechter Qualitaet, er wollte jedoch den Preis immer noch mit 16 Reichstaler bezahlen. Als eben dieser nachher Versuche mit der Färbe Waare angestellt hatte, wiederholte er nicht nur dieses Geboth, sondern erklärte auch ausdrücklich, dass die Färbe Waare zu erst Gelb und nur nach vorheriger Beitzung der Lauge gut zu gebrauchen sey. Die Coutourmacher Cano und Hamm, --- , und ersterer sagt, er würde 4 bis 5 Groschen für das Pfund dieser Waare geben.*

*Es war schon ein Versehen des Verklagten, dass er, der selbst Sachverständiger ist, die Waare vor dem Kauf nicht probiert hat, und es kann ihm zu keiner Entschädigung dienen, dass er, wie er vorgiebt, vor Ausstellung des Wechsels keine Zeit dazu gehabt habe. Er würde dann die fehlerhafte und schlechte Beschaffenheit der Waare im Augenblick eben so erkannt haben, als die jetzt vernommenen Sachkenner. Wenn eben der Fehler in die Augen fallend ist, und der Empfänger die Sache, ohne dieselbe ausdrücklich zu rügen, angenommen hat, dann kann er weder vom Vertrage zurücktreten, noch Vergütigung fordern.*

*Allgem. Landrecht I. 5. §. 330.*

*Verklagter hat aber wirklich nur schlechte Färbe Waare erhandelt. Er hat wirklich nur 6 Groschen für das Pfund bezahlt. Das äußerste wäre also, selbst wenn die mangelhafte Beschaffenheit nicht in die Augen fallend gewesen wäre,*

*dass Kläger so viel am Preise ablassen müsse, als die Waare weniger Preis würdig ist, und man gewöhnlich voraussetzt. §. 328. l. c. i.*
*Dieses Minus wurde, da der Cuno und Prüne noch jetzt 5 Groschen für das Pfund als justum preetium angeben, nur 14 Reichstaler 14 Groschen ausmachen. Ein Gegenstand von so geringen Belange kann aber in einer, in Absicht der Identitaet und der vielleicht auch durch sorglose Aufbewahrung entstandenen Verschlimmerung der Waare, so zweydeutigen Sache, auf die Aufhebung eines rite geschossenen Kaufs über eine Waare von so diversen Preisen von keinem Einfluß sein, noch weniger hier, wo allemal ein grobes Versehen des Empfängers mit unterläuft.*
*Der Verklagte muß daher mit seinem Einwand ganz abgewiesen werden, und bedarf es eben dadurch keines weiteren Eides über die Identitaet der taxierten Waare, weshalb wie geschehen zu erkennen gewesen.*

**Anmerkungen:**
Die Richter bedienen sich bei der materiellrechtlichen Würdigung des Falles nur der im Allgemeinen Landrecht enthaltenen gesetzlichen Regelungen. Der Senat stellt zunächst fest, dass dem Verklagten wegen der schlechten Qualität der Ware keine Entschädigung zustehe, da er diese vor dem Kauf nicht probiert hat, und ihm als Sachverständigen die fehlerhafte Beschaffenheit der Ware hätte auffallen müssen. Die Kammerrichter führen im Weiteren aus, dass wenn der Fehler in die Augen fallend ist, und der Empfänger die Sache, ohne dieselbe ausdrücklich zu rügen, angenommen hat, er weder vom Vertrage zurücktreten noch Vergütung fordern könne. Im Anschluss zitieren sie das Allgemeine Landrecht, § 330 I, 5. Darüber hinaus stellen sie klar, dass selbst wenn der Fehler nicht in die Augen fallend gewesen wäre, der Verklagte nur soviel vom Preis hätte mindern können, als die Ware weniger wert ist und man gewöhnlich voraussetzt, und zitieren § 328 I, 5 ALR. Die im Kaufrecht enthaltenen, besonderen Gewährleistungsvorschriften der §§ 192 ff I, 11 ALR, welche auf die Vorschriften des fünften Titels verweisen und daher bei Vorliegen eines Kaufvertrages ebenso hätten geprüft werden müssen, werden gar nicht erwähnt. Von einer Subsumtion unter die zitierten Normen kann nicht gesprochen werden, da die Richter die Paragraphen des Allgemeinen Landrechts immer erst am Ende zur Begründung ihres Ergebnisses anführen.

### • Urteil: v. Zülow / Pasolt

24. 2. 1803
S. 36–37 in den Sentenzenbüchern

Die Appellationssache des v. Zülow, Verklagten und Appellanten, wider den Zimmermeister Pasolt, Kläger und Appellaten.

**Sachverhalt:**
Der Zülow hatte sich in seinem Haus von dem Zimmermeister Pasolt Dielen legen lassen. Die Dielen wurden jedoch seiner Ansicht nach nicht ordnungsgemäß verlegt, da sie teilweise eingetrocknet, wackelig und lose waren. Gegenüber dem von dem Zimmermeister Pasolt geltend gemachten Werklohnanspruch machte der Zülow daher Minderung geltend. Er forderte darüber hinaus, dass der Zimmermeister den Boden neu dielen solle. Dieser weigerte sich, und erhob stattdessen Klage gegen den Zülow auf Zahlung seines Werklohnes. Das erstinstanzliche Urteil sprach dem Kläger seinen Anspruch vollumfänglich zu. Dagegen wenderte sich der Verklagte mit der Appellation.

**Erkenntnis:**
Der Senat erkennt:
*Daß Formalia remedi richtig, auch quoad materialia das vorige Erkenntniß de publ. d. 30. Septbr. 1802 dahin abzuändern:*
*daß der Verkl. nicht 985 Reichstaler 14 Groschen und 2 Pfennige, sondern nur 961 Reichstale, 10 Groschen und 10 Pfennige nebst Zinsen a 5 pr. seit dem 10. July 1802 zu bezahlen gehalten, übrigens aber zu bestätigen und Appellant mit seinem Verlangen, dass Kl. den Fußboden selbst umdielen solle, abzuweisen, die Kosten der ersten Instanz dergestalt zu compensieren, dass Kl. 1/12 und Vkl. 1/12 derselben zu zahlen gehalten, die Kosten der jetzigen Instanz aber Vkl. allein zu tragen, und resp. dem Appellaten zu erstatten schuldig.*

**Gründe / Von Rechts wegen:**
*Bei der in jetziger Instanz angestellten Revision sind in der Entree und im 3. Zimmer der Etage die Dielen etwas eingetrocknet, wackelig, und lose befunden worden. Der Bau-Rath Friedrich hat diesen Defect auf 24 Reichstaler, 12 Groschen und 4 Pfennige ausgemittelt, der Verkl. sich diesen Abzug gefallen lassen, ... .*
*Dieser Abzug von der vom Kl. zuerst geforderten Summe muß daher ohne Bedenken stattfinden. Dagegen sind die übrigen Forderungen des Appellanten ungegründet. Es hat derselbe einräumen müssen, dass er gar kein schriftliches Versprechen zur Versicherung des Baues, v. Seiten des Klägers beibringen*

*kann. Es steht ihm daher offen in dieser Rücksicht wie in einer fundamento agendi, und er kann den Kl. nicht zwingen für ihn zu arbeiten.*
*Wenn aber auch ein schriftlicher, und gültiger Vertrag zwischen beiden Theilen errichtet worden wäre, so würde Verkl. doch immer weiter nichts als Schadloshaltung fordern können.*
*Wird das Werk untüchtig befunden so hat der Besteller die Wahl, ob er vom Contracte abgehen, und also die Annahme verweigern oder Schadloshaltung wegen der bewirkten Fehler fordern wolle!*
*In Ansehung solcher Fehler, welche keinen wesentlichen Einfluß auf den Gebrauch der Sache haben, findet nur Minderung des bedungenen Preises oder Schadloshaltung statt.*
*A. L. R. T. 1. Tit. XI. § 947. et. 951.*
*Der Umstand, dass die Dielen im 4. Zimmer nicht gehörig gelegt waren, konnte den Verkl. nicht berechtigen, dem Kl. nahe an 1000 Reichstaler zurückzuhalten. Er kann sich daher auch nicht entwehren, dem Kl. von seinen Forderungen nach Abzug des defecten Quanti_Zinsen a de ritationio infirnatae zu bezahlen.*
(Es folgen Ausführungen zu den Kosten.)

**Anmerkungen:**
Die Richter hatten sich mit der Frage auseinander zu setzen, ob die Einwendungen des Beklagten wegen der Mangelhaftigkeit des verlegten Dielenbodens diesen berechtigen, von dem Werklohnanspruch des Klägers nahezu 1000 Reichstaler abzuziehen sowie vom Kläger zu verlangen, den Boden neu zu dielen. Sie führen diesbezüglich aus, dass der Verklagte wegen der Mängel nicht mehr als Schadloshaltung fordern könne.
Diese Feststellung belegen die Richter durch die §§ 947, 951 I, 11 ALR, deren Wortlaut sie zunächst abschreiben und die Normen am Ende zitieren. Die Richter beachten mithin, dass bei Verträgen über ein verdungenes Werk die §§ 947 ff I, 11 ALR gegenüber den allgemeinen Gewährleistungsvorschriften der §§ 319 ff I, 5 ALR spezieller sind. Anschließend gelangen sie zu dem Ergebnis, dass der Verklagte aufgrund der Tatsache, dass die Dielen nicht gehörig gelegt waren, nicht berechtigt gewesen sei, nahezu eintausend Reichstaler von dem Werklohn des Klägers zurückzuhalten. Der Verklagte ist daher nach Ansicht des Senats verbunden, dem Kläger unter Abzug des festgesetzten Quantums für besagte Mängel, den Rest des Werklohnsanspruchs zu zahlen. Diese Auffassung wird darauf gestützt, dass die nicht gehörig verlegten Dielen keinen wesentlichen Einfluss auf den Gebrauch der Sache gehabt haben. § 951 I, 11 ALR sagt nämlich, dass „in Ansehung solcher Fehler, welche keinen wesentlichen Einfluß auf den Gebrauch der Sache haben, nur Minderung des bedungenen Preises oder Schadloshaltung stattfindet".

Die Richter sind demnach um eine Subsumtion bemüht. Dabei gehen sie so vor, dass sie zuerst den Wortlaut eines Paragraphen wiedergeben und am Ende die Norm zitieren. Anschließend präsentieren sie unter Berücksichtigung des Sachverhalts ihr Ergebnis.

## 11. Jahrgang 1804

### • Urteil: Suchland / Meisner

28. 6. 1804
S. 109 b–112 b in den Sentenzenbüchern

Die Appellaltionssache des Branntweinbrenners Suchland, Klägers und Appellanten, wider den Viehmeister Meisner, Beklagten und Appellaten.

**Sachverhalt:**
Der Suchland hatte von dem Meisner eine Branntweinbrennerei gemietet. Eine zu der Branntweinbrennerei gehörende Darre war aber von schlechter Beschaffenheit. Der Suchland erhob daher Klage auf Entschädigung des Schadens, der ihm durch die fehlerhafte Darre entstanden sei. Die Mietzinszahlungen an den Meisner stellte er ebenfalls ein. Widerklagend machte der Meisner die rückständigen Mieten für den Quartalszeitraum Januar bis Ostern 1803 sowie von Ostern 1803 bis Ostern 1804 geltend. Die Vorinstanz wies die Klage des Suchland auf Entschädigung ab und gab der Widerklage des Meisner vollumfänglich statt. Gegen dieses Urteil wandte sich der Suchland mit der Appellation.

**Erkenntnis:**
Der Senat erkennt:
*Daß bey dem dritten Punkte der Widerklage der Suchland verbunden, den Rückstand der Miethe für das Quartal von Januar bis Ostern 1803 mit 14 Reichstalern 14 Groschen in Cour. zu bezahlen, dagegen von dem gemachten Anspruche, wegen der Miete von Ostern 1803/ 4 völlig zu entbinden, und freizusprechen. Hiernach das Erkenntnis des hiesigen Stadtgerichts vom 14 October v. J. abzuändern, im übrigen aber dasselbe zu bestätigen, und die Prozesskosten dergestalt zu vertheilen, dass jeder Teil die Hälfte zu tragen gehalten. Die Gebühren und Auslagen der hiesigen Stadtgerichte werden auf 22 Reichstaler und 10 Groschen festgesetzt.*

**Gründe / Von Rechts wegen:**
*In ad Conventionen der Kl. Suchland behauptet, dass ihm der Meisner eine zu der ihm vermietheten Brandtweinbrennerei gehörenden Darre in einem so schlechten Zustande, dem Contract zuwider überliefert habe, dass er in dem Quartalszeitraum von dem Einzuge am 1. April 1802 bis zur Zeit der erfolgten Reparatur einen beträchtlichen Schaden deshalb erlitten, indem ihm ohngeachtet 16 Scheffel Gersten durch die Darre durchgefallen, und verbraut wären.*
*Er fordert daher Entschädigung von dem Vermiether, schlägt den Scheffel Gerste auf 4 Reichstaler an, und liquidirt das ganze Entschädigungsquantum solchemnach auf 37 Reichstaler 8 Groschen. Die Behauptung des Verkl., dass die Darre zur Zeit der Uebernahme in einem guten Stande gewesen sey, lässt sich nach den Zeugen Aussagen zwar nicht rechtfertigen, indem der 70jährige Darrenmeister Jacob Raume eidlich bezeugt hat:*
*Meisner habe um Ostern 1802 ihn rufen lassen, um die Darre auszubessern, und als er dazu wenigstens 8 Tage Zeit verlangt, ihn zu dem Suchland geschickt, welcher aber erklärt hätte, er wollte erst Malz machen, und dann dem Zeugen sagen lassen, wann er die Reparatur vornehmen könne.*
*Hiernach hatte der Suchland wohl ¾ Jahre hingehen lassen als er sich bey dem Zeugen gemeldet, da denn die Reparatur auch sogleich erfolgt sey.*
*Johann Christian Benke, 31 Jhre alt, ehemaliger Dienstknecht des Bekl. stimt damit überein, wenn er aussagt: Die Darre sey gar nicht in guten Umständen gewesen, der Rauchfang nebst dem Kelch hätten einen Bruch gehabt, und die Korken wären so schlecht beschaffen gewesen, dass das Getreide hätte durchfallen können.*
*Hiernach lässt sich nun auch nicht bezweifeln, dass bey der schelchten Beschaffenheit der Darre, mehr als [es] gewöhnlich zu sein pflegt, durchgefallen sey, und dass auch die Quantität des durchgefallenen wohl 15 bis 16 Scheffel betragen haben könne, lässt sich ferner auch annehmen; denn der Darrenmacher Raume, der Brandtweinbrenner Friedrich Schulz, der Bauer Christian Friedrich Radieke, wie auch die Branntweinbrenner Köhler und Liepe, bekunden einstimmig: dass bey der fehlerhaften Beschaffenheit einer Darre wohl 16 Scheffel Getreide in einem Zeitraum von 6 Monathen durchfallen können, dass es aber dabei so sehr auf die Umstände ankomme, ob nemlich die Darre groß sey, oder aus vielen Blättern bestehe? Ob die Wirthschaft stark gehe? Ob das Korn, und ob die Löcher der Darre groß oder klein sind? Daß selbst unter gewissen Umständen bey einer guten Darre während eines halben Jahres wohl 15 bis 16 Scheffel durchfallen können. Sämtliche Zeugen sind doch auch darin einig, dass das durchgefallene Korn, wenn es zur gehörigen Zeit herausgenommen würde, nicht verdorben sey.*
*Ist nun gleich hiernach erwiesen, dass die Beschaffenheit der Darre nicht contractmäßig gewesen sey, so ist doch nach dem Zeugnis des Benke klar, dass*

*der Meisner von Anfang an bereit gewesen ist, die Darre in gehörigen Stand zu setzen, dass aber Suchland die Reparatur 3/4 Jahre hindurch verzögert hat.*
*Der Suchland muß daher den durch seine Fahrlässigkeit entstandenen Schaden sich selbst beimessen.*
*Gesetzt aber auch, dies wäre nicht der Fall, so würde doch der erst gemachten Entschädigungsforderung auf jeden Fall die Verjährung entgegenstehen.*
*Nach dem § 343 Tit. 5. T. I. d. A. L. R. soll der Uebernehmer einer beweglichen Sache, die Rechte, welche ihm wegen natürlicher, die Sache selbst betreffender Fehler in Ansehung der zu fordernden Gewährleistung zu stehen, binnen 6 Monathen vom Tage des Kaufs angerechnet, ausüben, und nach Vorschrift des § 345 l.c. derselbe, im Falle er diese Frist ohne die Klage wider den Geber gerichtlich angemeldet zu haben, hat verstreichen lassen, seines Rechts Entschädigung zu fordern, verlustig seyn.*

...

*Es war folglich am 6. März 1803 als der Suchland sich zur Klage meldete, sein etwaiges Recht Entschädigung fordern zu können, bereits seit ungefähr 3 Monathen durch die Verjährung erloschen.*
*Die Abweisung des Kl. mit seiner Forderung in Convent. ist solchemnach unbedenklich.*
(Es folgen Ausführungen des Senats bzgl. der Reconvention.)

**Anmerkungen:**
Der Suchland macht mit seiner Klage und Appellation zwei Ansprüche geltend. Zum einen fordert er Entschädigung für seinen Schaden, der ihm aufgrund der fehlerhaften Beschaffenheit der Darre entstanden ist, sowie Minderung hinsichtlich des zu zahlenden Mietzinses.
Die vom Gericht als erwiesen anzusehende schlechte Beschaffenheit der Darre berechtigt den in seinem Gebrauch der Sache gestörten Mieter gem. § 273 I, 21 ALR Gewährleistung i. S. e. Nacherfüllungsanspruchs sowie Ersatz des aus der kontraktwidrigen Beschaffenheit der Sache entstandenen Schadens zu verlangen. Daneben hat der Mieter nach § 384 I, 21 ALR einen verschuldensunabhängigen Minderungsanspruch. Der Senat geht allerdings mit keinem Wort auf die mietrechtlichen Regelungen des einundzwanzigsten Titels ein bzw. zitiert § 273 I, 21 ALR als mögliche Anspruchsgrundlage des Appellanten.
Hinsichtlich der Entschädigungsforderung stellt der Senat fest, dass der dem Suchland entstandene Schaden durch dessen eigene Fahrlässigkeit entstanden sei, da dieser die von dem Meisner angebotene Reparatur der Darre ein 3/4 Jahr hinausgezögert habe. Die Richter lehnen einen Entschädigungsanspruch aufgrund eines mangelndes Verschuldens des Vermieters ab. Dahinter steckt die in § 321 I, 5 ALR enthaltene Wertung, dass der Empfänger von dem Geber keine Vertretung fordern könne, soweit die Unmöglichkeit sich der Sache zu

bedienen, durch eigenes, auch nur geringes Versehen des Empfängers entstanden sei. Diese Vorschrift wird von den Richtern nicht erwähnt.
Die Kammerrichter führen weiter aus, dass selbst dann, wenn kein eigenes Verschulden des Appellanten vorläge, seiner Entschädigungsforderung die Verjährung entgegenstünde. Sie zitieren die §§ 343, 345 I, 5 ALR und geben jeweils den Inhalt der Normen wieder. Anschließend stellt der Senat fest, dass die vom Appellanten geltend gemachte Entschädigungsforderung seit ungefähr drei Monaten verjährt ist. Diese Vorgehensweise der Richter lässt eine Subsumtion unter die von ihnen zitierten Normen der §§ 343, 345 I, 5 ALR erkennen. Die Annahme der Verjährung der Entschädigungsforderung gem. §§ 343, 345 I, 5 ALR ist rechtlich jedoch fraglich. Aufgrund der Rechtsnatur der Miete ist die Anwendbarkeit der allgemeinen Gewährleistungsvorschriften der §§ 319 ff I, 5 ALR auf die Miete in der Literatur zum Allgemeinen Landrecht in Zweifel gezogen worden.[556]
Abschließend lässt sich sagen, dass die Richter in dieser Entscheidung die landrechtlichen Normen eher willkürlich zitieren. Überdies verkennen sie die Systematik der besonderen Regelungen der Miete zu den allgemeinen Gewährleistungsvorschriften des fünften Titels.

- **Urteil: Heilmann / Eckhardstein**

6. 12. 1804
S. 228 b–229 b in den Sentenzenbüchern

Die Appellationssache des Maurerpoliers Heilmann, Verklagten und Appellanten, wider den Baron v. Eckhardstein, Kläger und Appellaten.

**Sachverhalt:**
Der Maurerpolier Heilmann hatte von dem Baron Eckhardstein Mauersteine gekauft. Als der Eckhardstein seinen Kaufpreis einforderte, weigerte sich der Heilmann, diesen zu zahlen, da die Mauersteine schlecht gebrannt und daher von fehlerhafter Beschaffenheit gewesen seien. Der Heilmann machte stattdessen Vergütung des Minderwertes sowie Schadensersatz geltend. Das erstinstanzliche Gericht gab der von dem Eckhardstein erhobenen Klage statt. Gegen dieses Erkenntnis wandte sich der Verklagte Heilmann mit der Appellation an das Kammergericht.

---

[556] vgl. Kapitel 3, V 3.

**Erkenntnis:**
Der Senat erkennt:
*Daß die Beschwerden des Verkl. als unerheblich zu verwerfen, das Erkenntniß der hiesigen Stadtgerichte vom 11. Juny --- lediglich zu bestätigen. Verkl. auch gehalten, die Kosten dieser Instanz resp. allein zu tragen und dem Kläger zu erstatten.*

**Gründe / Von Rechts wegen:**
*Selbst wenn die von dem Kl. gelieferten Steine wirklich schlecht gebrannt und dieser Fehler sich für den Verkl., ungeachtet er Maurerpolier und Sachverständiger war, nicht sogleich in die Augen fallend und derselbe mithin wirklich berechtigt gewesen wäre, nach §. 331. 325 – 32. Tit. 5, Theil 1. d. A. L. R. entweder vom Vertrage zurückzugehen, oder falls solches, wie hier, nicht mehr möglich war, Vergütigung und Schadensersatz zu fordern, so war doch dieses etwaige sonstige Recht des Verkl. welches derselbe in termino den 8. März 1804 geltend gemacht, die Mauersteine aber bereits im May und Juny 1802 empfangen hat, längst verjährt.*
*Das A. L. R. c. l. § 343. verordnet:*
*die Rechte, welche dem Uebernehmer einer Sache wegen natürlicher, die Sache selbst betreffender Fehler zu kommen, muß derselbe bei Landgütern innerhalb 3er Jahre, bei städtischen Grundtücken innerhalb eines Jahres, bei beweglichen Sachen aber innerhalb 6 Monaten nach dem Empfange der Sache ausüben.*

*und §. 345. ebd.*
*lässt der Uebernehmer diese Fristen verstreichen, ohne die Klage wider den Geber gerichtlich anzumelden, so geht sein Recht verloren.*
*Der schlecht Brand an Mauersteinen ist aber unbedenklich ein die Sache selbst betreffender Fehler, und der Verkl. ist daher rechtlich so wohl zur Bezahlung des schuldigen Capitals verurtheilt, als mit seiner Gegenforderung abgewiesen worden.*
(Es folgen Ausführungen zu den Zinsen.)

**Anmerkungen:**
Hinsichtlich der von dem Verklagten in seiner Appellationsbeschwerde geltend gemachten Gegenforderungen auf Vergütung und Schadensersatz für die mangelhaften Mauersteine führen die Kammerrichter aus, dass selbst wenn so ein Anspruch gemäß den §§ 331, 325-328 I, 5 ALR bestehen würde, ein solcher bereits verjährt wäre. Diese Feststellung begründen die Richter durch die Zietierung der §§ 343 und 345 I, 5 ALR. Dabei gehen sie so vor, dass sie zuerst die Norm zitieren, und anschließend ihren Gesetzeswortlaut abschreiben. Schließlich führen die Richter aus, dass es sich bei den schlecht gebrannten

Mauersteinen unbedenklich um einen die Sache selbst betreffenden Fehler handelt und der Verklagte daher sowohl zur Bezahlung des Kaufpreises verpflichtet als auch mit seinen Gegenforderungen abzuweisen ist. Die Richter sind erkennbar um eine Subsumtion unter § 343 I, 5 ALR bemüht.

## 12. Jahrgang 1805

### • Urteil: Bohle / Hoffmann

27. 5. 1805
S. 10–10 b in den Sentenzenbüchern

Die Appellationssache des Mühlenmeisters Bohle, Verklagten und Appellanten, wider den Mühlenmeister Hoffmann, Kläger und Appellaten.

**Sachverhalt:**
Der Mühlenmeister Hoffmann hatte mit dem Mühlenmeister Bohle eine Punktation[557] über eine Mühle geschlossen. Nach Ansicht des Hoffmann umfasste diese Punktation auch die zwischen den Parteien streitigen Wiesen, die als Pertinenzstücke der Mühle ausgewiesen waren. Da die Wiesen dem Bohle aber tatsächlich nicht gehörten, verlangte der Hoffmann den Rücktritt vom Vertrag. Der Bohle verweigerte sich dagegen. Das erstinstanzliche Urteil des Patrimonialgerichts gab der daraufhin erhobenen Klage des Hoffmann auf Abstandnahme vom Vertrag statt. Gegen dieses Erkenntnis wandte sich der Verklagte mit der Appellationsbeschwerde.

**Erkenntnis:**
Der Senat erkennt:
*Daß das Erkenntniß der Gräfl. von Schlippenbachschen Patrimonial Gerichte vom 11. October 1804 lediglich zu bestätigen, und Appellant die Kosten der zweiten Instanz nebst 5 Reichstaler Succumbenz Gelder zu bezahlen verbunden.*

**Gründe / Von Rechts wegen:**
*Was zuvörderst den Antrag des Appellanten auf eine anderweitige Commission betrifft um die Lage der streitigen Pertinenzen auszumitteln, so ist solcher unstatthaft, da acta bereits die nöthige Übersicht ergeben. In der Sache selbst erhellet schon aus der Fassung der Punctation vom 31. August 1803 daß solche in Absicht der streitigen Wiesen, wie Kl. vermeint ausgelegt und gedeutet*

[557] Punktation bedeutet die Festlegung der wesentlichen Inhalte einer Vereinbarung. Ein Vertrag ist im Zweifel erst dann geschlossen, wenn über alle Bestimmungen Übereinstimmung herrscht. vgl. *Creifelds*, Rechtswörterbuch, Punktation, S. 974.

*werden müssen, es bestätigt sich dieses noch mehr durch die Deposition des Tischlermeister Lam und des Acteurii Kleinert.*
*Appellant kann daher um so weniger Beschwerde führen, dass Kl. Versprechen zum Eide adentiert worden, dass die Wiesen als Pertinenz Stücke der Mühlen angewiesen sind. Stehet nun nach Ableistung dieses Eides der Klagegrund fest, so tritt der Fall des § 326. Tit. 5. T. 1. des A. L. R. ein, da Verkl. die Wiesen quasi dem Kl. zu gewähren nicht vermag, weil sie ihm geständlich nicht gehören. Kl. ist zum Rücktritt von dem geschlossenen Vertrage befugt, und Verkl. hat ihn, wie in Sententia a qua mit mehreren Gründen gezeigt worden, klaglos zu stellen. Es muß hierbei sein Bewenden haben. Da zur Elidirung jener rechtlichen Gründe nichts Erhebliches angeführt werden könne, und Appellant als succumbirender Theil auch die Kosten berichtigen daher wie geschehen, zu erkennen gewesen ist.*

**Anmerkungen:**
Die Kammerrichter sehen es als erwiesen an, dass die streitigen Wiesen Pertinenzstücke der Mühle sind. Da diese Pertinenzen dem Verklagten nicht gehörten, konnte er sie dem Kläger nicht gewähren. Die Richter hatten demnach im vorliegenden Fall über einen Anspruch des Klägers auf Gewährleistung wegen des Anspruchs eines Dritten an einem Pertinenzstück der Sache zu entscheiden. Es handelt sich mithin um das Vorliegen eines Rechtsmangels. Der Senats hält § 326 I, 5 ALR für einschlägig und gelangt daher zu dem Ergebnis, dass der Kläger zum Rücktritt von dem Vertrag berechtigt ist. § 326 I, 5 ALR regelt jedoch die Gewährleistung wegen fehlender vorbedungener Eigenschaften, betrifft also die Fälle des Sachmangelgewährleistungsrechts. Wie bereits im vierten Kapitel dargelegt, differenziert das Allgemeine Landrecht bei der Rechtsmängelhaftung. In dem Bestreben nach Vereinheitlichung der Gewährleistungshaftung unter dem Gesichtspunkt der nichtgewährten Sachnutzung ordnet das Allgemeine Landrecht in § 164 I, 11 die Fälle, in denen durch den Anspruch eines Dritten dem Empfänger nur ein Pertinenzstück an der Sache entzogen worden ist, den Sachmängeln zu und verweist auf die Vorschriften des fünften Titels, §§ 325 ff I, 5 ALR.
Die Anwendung des § 326 I, 5 ALR sowie das ergangene Erkenntnis der Richter auf Rücktritt vom Vertrage entsprechen somit der Rechtslage des Allgemeinen Landrechts. Der Senat lässt lediglich § 164 I, 11 ALR, der nicht nur Verweisungsnorm, sondern auch Anspruchsgrundlage ist, außer Acht.

**• Urteil: Britzke / Maaß**

19. 9. 1805
S. 277–277 b in den Sentenzenbüchern

Die Appellationssache des v. Britzke, Verklagten und Appellanten, wider den Hof-Lieferanten Maaß, Kläger und Appellaten.

**Sachverhalt:**
Der Carl Wilhelm Ferdinand von Britzke hatte von dem Hof-Lieferanten Carl Maaß zwei Pferde gekauft, zahlte aber den Kaufpreis nicht. Auf die von dem Maaß erhobene Klage auf Kaufpreiszahlung machte er geltend, dass eines der verkauften Pferde fehlerhaft gewesen sei und die gerügten Fehler auch schon zur Zeit des Kaufs bestanden hätten. Das Gericht gab der Klage statt. Dagegen wandte sich der Verklagte mit der Appellation.

**Erkenntnis:**
Der Senat erkennt:
*Daß die Beschwerden des Bekl. und Appellanten als unerheblich zu verwerfen, und daß Sententia a qua de publ. den 18. April 1800 lediglich zu bestätigen, auch der Bekl. verbunden, die Kosten der Instanz zu tragen, ... .*

**Gründe / Von Rechts wegen:**
*Denn, wenn auch der Beklagte nachweisen könnte, dass der ihm vom Kläger verkaufte Schimmel die angezeigten Fehler und zwar schon zur Zeit des Verkaufs gehabt habe, und also schon damals Spatlahm, freyschlägig und stätig gewesen sei, so sind doch seine sich hieraus gründenden Einwendungen gegen die Bezahlung des für dieses und das weitere vom Kläger verkaufte Pferd schuldig gebliebenen Kaufgeldes unstatthaft, weil die Rechte, welche dem Uebernehmer einer Sache mithin dem Käufer wegen natürlicher die Sache selbst betreffender Fehler zukommen, bei beweglichen Sachen innerhalb sechs Monaten nach dem Empfange der Sache ausgeübt werden müssen, und der Uebernehmer, der die Fristen verstreichen lässt, ohne die Klage wieder den Geber gerichtlich anzumelden, seines Rechts verlustig geht. A. L. R. T. I. Tit. V. §. 343. seq.*
*Das gemeine Recht stimmt hiermit überein indem darnach die dem Käufer zustehende actio quanti minoris binnen 6 Monaten erlischt.*
*Hellfeld Iur. for. §. 1113.*
*l. 28. ff. de aedil. Edict.*
*Der Bekl. hat den gekauften Schimmel nebst dem anderen dem Kl. abgekauften Pferde schon am 26. Mai 1804 von demselben überliefert erhalten, wie sein dem Kl. über den schuldig gebliebenen Rest des Kaufgeldes für diese Pferde am 26.*

*Mai 1804 ausgestellter Schuldschein ergibt; er hat aber wegen der angeblich fehlerhaften Beschaffenheit des Schimmels nicht gegen denselben Klage erhoben, sondern erst in dem gegenwärtigen Prozeß auf die Klage des Kl. in dem ersten am 10 ten December 1804 durch erhaltenen Instanz Termin die fehlerhafte Beschaffenheit des Pferdes gerichtlich in Anschlag gebracht. Dies war aber zu spät, weil der seit dem 26. Mai 1804 geschehene Ankaufe des Pferdes schon mehr als 6. Monat verflossen war. Es macht nichts aus, dass er in seiner weg. Verbrauchs des Instanzentermins vorher eingereichten Vorhaltung vom 17. Novbr. 1804 schon im Allgemeinen angezeigt hatte, dass er gegen Anspruch des Kl. Einwendungen habe, da er in dieser Vorhaltung von der angeblich fehlerhaften Beschaffenheit des Pferdes, und dass sich darauf seine Einwendung gründeten, nichts erwähnt hat. Überdies aber hat der Bekl. die beiden Pferde nicht einzelnt, sondern zusammen für 62 Reichstaler von dem Kl. gekauft, ohne den für jedes Pferd zu rechnenden Teil des Kaufgeldes zu bewirken, wie sein Schuldschein vom 26. Mai 1804 ergibt, er hat auch in dem Schuldschein erklärt, dass ihm beide Pferde gut und gesund überliefert worden wären, und daselbst zugleich allen Einwendungen entsagt, er hat auch im gegenwärtigen Prozesse eingeräumt, dass das eine der beiden Pferde wirklich auch noch danach gut und gesund gewesen sei, als die Pferde hier angekommen waren, und er hat geständlich das andere Pferd angeblich fehlerhafte Pferd namlich den Schimmel hiernach wieder für 20 Reichstaler verkauft und zwar an einen Pferdehändler, von dem man annehmen kann, dass er ein Sachverständiger ist, und der doch das Pferd nicht so schlecht gefunden haben muß, da er noch ein so ansehnliches Kaufgeld dafür gegeben hat. Unter diesen Umständen sind die Einwendungen des Beklagten gegen die Klage und seine wegen der Kur- und Fütterungskosten des angeblich fehlerhaft gewesenen einen Pferdes angebrachte Gegenforderung um so mehr für unstatthaft zu achten, als noch dahin steht, ob nicht der mindere Werth dieses Pferdes durch den Werth des anderen geständlich gut und brauchbar gewesenen Pferdes aufgewogen worden.*

*Die Bestägigung des vorigen Urteils ist daher keinen rechtlichen Bedenken unterworfen gewesen, woraus von selbst folgt, dass der Bekl. auch die Kosten dieser Instanz übernehmen muß.*

**Anmerkungen:**

Das Gericht befindet die Beschwerde des Appellanten für unstatthaft, und begründet dies damit, dass „die Rechte, welche dem Übernehmer einer Sache wegen natürlicher die Sache selbst betreffender Fehler zukommen, bei beweglichen Sachen innerhalb sechs Monaten nach dem Empfange der Sache ausgeübt werden müssen, und der Übernehmer, der diese Frist verstreichen lässt, ohne die Klage wider den Geber gerichtlich anzumelden, seines Rechtes verlustig geht." Die Begründung ihres Ergebnisses ist letztlich nur eine

Wiederholung des Wortlauts des § 343 I, 5 ALR, den sie am Ende zitieren. Anschließend ziehen sie einen Vergleich zum gemeinen Recht, und führen aus, dass „das gemeine Recht hiermit übereinstimmt, indem danach die dem Käufer zustehende actio quanti minoris binnen 6 Monaten erlischt.“ Als Quellen werden Hellfeld sowie das ädilizische Edikt aus dem römischen Recht zitiert. Obwohl der Fall unproblematisch ist und eindeutig von den Gewährleistungsvorschriften des Allgemeinen Landrechts erfasst wird, ziehen die Richter den Vergleich zum gemeinen Recht.
Das Urteil verdeutlicht, dass auch 1805 das gemeine Recht nach wie vor in der Spruchpraxis der Richter von Bedeutung zu sein scheint und zumindest zur Bestätigung der anhand des Landrechts vorgenommenen rechtlichen Würdigung herangezogen wird.

### 13. Jahrgang 1806

**• Urteil: Wichmann / Schroeder et. Comp.**

18. 12. 1806
S. 156–156 b in den Sentenzenbüchern

Die Appellationssache der Kaufleute Schroeder et Comp., Verklagten und Appellanten, wider den Kaufmann Wichmann, Kläger und Appellaten.

**Sachverhalt:**
Die Verklagten hatten von dem Kläger Kisten mit Zitronen gekauft und sich diese aus Kopenhagen schicken lassen. Gegen den Kaufpreisanspruch des Klägers wandten sie ein, dass die Kisten nicht voll mit Zitronen bepackt gewesen seien. Das Urteil des Stadtgerichts sprach dem Kläger seinen Kaufpreisanspruch zu. Gegen dieses Urteil erhoben die Verklagten die Appellationsbeschwerde beim Kammergericht.

**Erkenntnis:**
Der Senat erkennt:
*Daß zuvörderst der J.C. Winzer, binnen 14 Tagen , bei 2 Reichstaler Strafe, Vollmacht von Seiten des Kl. ad acta zu überweisen gehalten, demnächst Formalia remedii richtig, in Ansehung der Hauptsache aber Sententia a qua des hiesigen Stadtgerichts de publ. den 30. August 1805 lediglich zu bestätigen, Appellanten auch die Kosten der jetzigen Instanz allein zu tragen, und resp. zu erstatten gehalten.*

**Gründe / Von Rechts wegen:**
1. *obstirt den Verkl. in Ansehung ihrer jetzt angebrachten Forderung die Präscription*

*A. L. R. T. 1. Tit. V. §. 343. 345.*

*Das angebliche Manquement wurde hier am 29. Juni 1804 bemerkt. Man sieht aus dem Schreiben der Verkl. vom 28. August 1804 hinlänglich, dass der Wichmann sich zu keiner Vergütigung hatte verstehen wollen.*
*Die Klage musste daher spätestens am 29. Decbr. 1804 angestellt werden, die Forderung ist aber erst im jetzigen Prozesse, per modum compensationes, angebracht, ueberdem*
*2. war der Kl. nicht verpflichtet, eine gewisse Zahl der Citronen zu gewähren, da eine solche nicht ausbedungen war.*

*A. L. R. T. 1. Tit. XI. §. 207.*

*3. läßt sich auch ein solches Manquement in der von den Verkl. erwählten Art nicht ausmitteln, da hierbei immer zu Grunde gelegt wird, dass in jeder Kiste 400 Zitronen befindlich sein müssen, dieses aber mit Zuverlässigkeit nicht festgesetzt werden kann, indem die Anzahl der Zitronen von ihrer Größe abhängt; diese aber zufällig ist. Eben deshalb beweist auch das eingereichte Gutachten nichts.*
*4. Ist nicht erwiesen, dass Kl. Kisten, welche nicht voll gewesen, abgesandt hatte, oder dass ihm auch nur irgendeine Schuld bei deren Absendung zur Last falle. Vielmehr spricht,*
*5. der von dem Verkl. selbst beigebrachte Brief des Spediteurs Lemoke zu Stellin erkennbar für ihn.*

...

*Nach diesem Zeugnis sind die Kisten unbeschädigt an der Emballage und es ist keine Beraubung von Seiten des Schiffers daran zu sehen gewesen, der Lemoke hat in Gegenwart des Visitier Stümcke, eine Kiste No. 6 ausgesucht, diese öffnen lassen; aber weiter nichts daran bemerkt, als dass obenauf verschiedene faule Zitronen gelegen haben; ein Umstand, welcher bei dieser Art von Waaren unvermeidlich ist, und wofür auch die Verkl. keine Vergütigung verlangt haben.*

...

*Da diese Probe zum Vortheil des Kl. ausschlug und da der mandatarius der Verkl. sich mit dieser einzigen Probe begnügte, so muß vermutet werden, dass die übrigen Kisten, bei deren Absendung ebenfalls voll gepackt gewesen sind, und aus vorstehenden Gründen habe es bei der Verurtheilung der Verkl. belassen werden müssen.*

**Anmerkungen:**
Die Richter lehnen den Anspruch der Appellanten auf Gewährleistung aufgrund der Einrede der Verjährung ab, und zitieren die §§ 343, 345 I, 5 ALR.

Anschließend begründen sie ihr Ergebnis durch die Feststellung, dass die Klage zu spät eingereicht wurde.
Ein Anspruch der Verklagten und Appellanten auf Gewährleistung käme nach Ansicht des Gerichts nur gem. § 207 I, 11 ALR in Betracht. Ohne die Anspruchsvoraussetzungen näher zu erörtern, gelangen die Richter zu dem Ergebnis, dass § 207 I, 11 ALR nicht einschlägig ist. Die Richter wenden in diesem Urteil zwar ausschließlich die Normen des Allgemeinen Landrechts an, jedoch ohne unter ihre Anspruchsvoraussetzungen zu subsumieren.

**14. Jahrgang 1807**

**• Urteil: Behrendt / Mumme**

8. 9. 1807
S. 511 b–513 b in den Sentenzenbüchern

Die Appellationssache des Hofrates Behrendt, Verklagten, Widerklägers und Appellanten, wider den Kaufmann Mumme, Kläger, Widerverklagten und Appellaten.

**Sachverhalt:**
Der Behrendt hatte bei dem Kaufmann Mumme Liebfrauenmilch-Wein bestellt. Statt des bestellten Weines wurde ihm jedoch Rüdesheimer Bergwein übersandt. Als der Mumme die Zahlung des Kaufpreises verlangte, lehnte der Behrendt dies mit der Begründung ab, der Mumme habe ihm gegenüber den Vertrag noch nicht gehörig erfüllt, da ihm ein anderer Wein als der bestellte geliefert worden sei. Der Mumme erhob daraufhin Klage gegen den Behrendt auf Kaufpreiszahlung. Dieser erhob seinerseits Widerklage und machte die Erfüllung des Vertrages sowie Erstattung der Nachteile, die ihm durch die nicht vertragsgemäße Lieferung des Weines entstanden seien, geltend. Das erstinstanzliche Urteil gab der Klage des Mumme vollumfänglich statt. Dagegen wandte sich der Verklagte mit der Appellation.

**Erkenntnis:**
Der Senat erkennt:
*Daß der am 13. April d. J. eröffnete Bescheid des Inst.Senates dahin abzuändern, dass Appellant noch nicht wie geschehen, zu verurteilen, vielmehr verbunden sei; zu prüfen, ob er ohne Verletzung seines Gewissens, u. ohne sich der Gefahr auszusetzen, bestraft zu werden, einen Eid dahin leisten könne, dass er nicht den unterm 3. Juni 1804 ihm von dem Appellaten übersandten Rüdesheimer Bergwein, sondern statt dessen Liebfrauenmilch Wein bestellt*

*habe. Hiernach im Schwörungsfalle, der Appellant von dem Anspruch des Appellaten zu entbinden und dieser abzuweisen. Widervkl. verbunden gegen Rücknahme des übersandten Rüdesheimer Bergweins dem Widerkl.*
*1. die Kosten für Fracht und Reise mit 29 Reichstaler 8 Groschen Gold u. 5 Reichstaler Gold u. 18 Reichstaler und 16 Groschen Courant nebst 5 proc. Zinsen seit dem 21. Jan. d. J.*
*2. für aufgefüllten Hochheimer Wein 8 Reichstaler binnen 14 Tagen bei Vermeidung der Rechtshilfe zu bezahlen.*
*Im Nichtschwörungsfalle, ist es bei dem ersten Urteil zu belassen.*
*Die Kosten beider Instanzen werden im Schwörungsfalle compensiert, im Nichtschwörungsfalle aber fallen solche dem Ersteren allein zur Last, die Kosten Liquidationen sind von beiden Teilen binnen 8 Tagen beizubringen.*

**Gründe / Von Rechts wegen:**
*Eigenschaften sind diejenigen Merkmale welche außer den Teilvorstellungen des Gattungsbegriffes, oder der Art an einem Gegenstande angetroffen werden. Diesen durch Etymologie gerechtfertigten Unterschied erkennt das Allg. L. R. indem es überall nur von vorbedungenen oder gewöhnlich vorausgesetzten Eigenschaften der Sachen, nirgends etwa von wesentlichen handelt, und den Gegenstand seiner Art oder Gattung nach als deren Substrat aufführt.*

*Thl. 1 Tit. 5. §. 319. u. a. an. Tit. 11. §. 193.*

*Rüdesheimer Bergwein u. Liebfrauenmilch sind aber 2 verschiedene Arten des Rheinweines, mithin können, wenn jener geschickt ward, obgleich dieser bestellt worden, die beim ersten Urteil zur Grunde gelegten Gesetze wegen fehlender Eigenschaften u. wegen der Frist zur Anstellung solcher Klagen nicht angewendet werden, sondern es ist als dann eine Sache anderer Art gegeben, welche so wenig als ein anderes Individuum statt des durchaus bestimmten*

*Tit. 5. §. 273. l. e.*

*dem Käufer aufgedrungen werden kann, indem die Willenseinigung über eine solche gar nicht statt gefunden hat. Es kann auch aus dem fortgesetzten Gewahrsam, und dem Ausfüllen des Weines von Seiten des Appellanten, die stillschweigende Einwilligung, ihn nunmehr zu behalten, nicht gefolgert werden, weil, wenn auch diese Handlung an sich nicht zweideutig wäre, der Appellant doch den entgegengesetzten Willen den Wein nicht zu behalten, dem Konditor Schach und Kaufmann Eisenhardt ausdrücklich geäußert hat, welches den zuverlässigen Schluß auf die obige Absicht hindere.*

*§ 58. 1. 4. des allg. L. R.*

*Ob Liebfrauenmilch bestetll worden, ist daher erheblich.*
*Der Schach, welcher nach der Angabe des Appellanten dabei zugegen gewesen, bekundet es, u. auch der Eisenhardt sagt:*

*Als das Faß geöffnet u. der Wein gekostet worden, habe der Appellant auf Befragen, was das für Wein sei geantwortet: „Liebfrauenmilch", u. ihn, weil es anderer Wein gewesen, nicht behalten wollen.*
*Bei der Stärke dieses, vorzüglich nicht vollständigen Beweises, u. da der Appellat, welcher die Bestellung durch seinen reisenden Handlungsdiener vornahm, nur de ignorantia würde schwören können*

*Allg. G. O. Thl. 1. Tit. 13. §. 24.*

*ist der dennoch notwendige Eid vorzugsweise dem Appellanten aufzuerlegen. Wird dieser Eid abgeleistet, so ist erwiesen, dass Appellat den Kauf noch nicht gehörig erfüllt habe, er ist mithin zur Einforderung des Kaufpreises nicht berechtigt. Allg. L. R. Theil. 1. Tit. 5. §. 271.*
*u. der Appellant dagegen zur Rückgabe des erhaltenen Weines nach obigen befugt. Da aber reisende Handlungsdiener zur Annahme von Bestellungen für ihren Prinzipal bevollmächtigt sind, dieser folglich ihn in solchen Angelegenheiten unternommenen Handlungen gleich den Seinigen vertreten muß,*

*Allg. L. R. Thl. 1. 13. §. 85.*

*so ward auf seiner Seite ein grobes Versehen begangen, wenn er statt des durch den Comnieß bestellten Liebfrauenmilchweines, Rüdesheimer sandte, er muß also dem Appellanten deshalb sein ganzes Interesse durch den Nachteil, welcher für denselben daraus entstanden ist, dass er seinen Pflichten gegen ihn nicht nachgekommen ist, vergüten.*

*Tit. 5. §. 285. 286. l. c.*

*Dieser besteht nun zuvörderst in den Summen, welche der Appellant an Fracht u. Reise bezahlt u. durch die --- Reise u. Frachtzettel auf: 29 Reichstaler 8 Groschen Gold 5 Reichstaler Gold 18 Reichstaler 16 Groschen Cour. nachgewiesen hat, u. Appellat nebst den mit der Rechtshängigkeit der Widerklage vom 21. Januar erhobenen Verzögerungszinsen erstatten muß.*
*Sodann fordert Appellant auch mit Recht den Ersatz der 80 [Flaschen] Hochheimer Rheinwein, wovon er 30 sogleich beim Empfange des Fasses u. 50 nach und nach ausgefüllt hat, u. dessen Werth 8 Reichstaler beträgt, wie der Schach und Eisenhardt bekunden.*
*Denn wenn der Wein zurück gesandt worden müsste, da ihn denn Appellant zu behalten nicht verbunden war, so müsste die Ausfüllung, welche ohnedies zu den Erfüllungskosten gehört, um so eher geschehen, weil er sonst unhaltbar verdorben wäre. Deshalb lässt sich auch nicht einwenden, dass eine sofortige Rücksendung diese Ausgabe unnöthig gemacht haben würde,*

*ebd. Tit. 13. §. 270. 264. 267. l.c.*

*u. der Appellat auch diese Summe zu zahlen verbunden. Wird dagegen der Eid nicht geleistet, so fällt die Behauptung, als sei nicht gehörig erfüllt, weg, u. das erste Erkenntnis bleibt stehen. Hiernach ist überall wie geschehen zu erkennen gewesen.*

**Anmerkungen:**
Überraschenderweise unternehmen die Richter zum ersten Mal den Versuch, den Begriff der Eigenschaft zu definieren. Sie scheinen die Eigenschaften einer Sache anhand der Gattungsmerkmale, welche dem Gegenstande üblicherweise anhaften, festmachen zu wollen. Sie orientieren sich dabei am Gesetz, und sagen: „Diesen durch Etymologie gerechtfertigten Unterschied erkennt das Allgemeine Landrecht, indem es überall nur von vorbedungenen und gewöhnlich vorausgesetzten Eigenschaften der Sache, nirgends etwa von wesentlichen handelt, u. den Gegenstand seiner Art der Gattung nach als deren Substrat aufführt“, und zitieren diesbezüglich die § 319 I, 5; § 193 I, 11 ALR. Die Definition des Eigenschaftsbegriffs war in diesem Fall für die Richter erforderlich geworden, um die Abgrenzung zwischen Fehler und aliud und somit die Unterscheidung zwischen Gewährleistungsrecht und Nichterfüllung vollziehen zu können. Der Senat gelangt zu dem Ergebnis, dass ein Fall der Nichterfüllung vorliegt, da es sich bei den streitigen Weinsorten um zwei verschiedene Arten des Rheinweines handelt. Er führt weiter aus, dass die im ersten Urteil zugrunde gelegten Gesetze wegen fehlender Eigenschaften daher hier keine Anwendung finden können. In Anbetracht der Nichterfüllung des Vertrages billigen die Richter dem Appellanten einen Schadensersatzanspruch gem. §§ 285 ff I, 5 ALR zu.

- **Urteil: Jung und Blumberg / Crudelius**

10. 9. 1807
S. 389 – 390 in den Sentenzenbüchern

Die Appellationssache der beiden Bäckermeister Jung und Blumberg, Verklagte und Appellanten, wider den Kaufmann Crudelius, Kläger und Appellaten.

**Sachverhalt:**
Die Bäckermeister Jung und Blumberg hatten von dem Kaufmann Crudelius 666 Scheffel Roggen gekauft und sich im Vertrag ausbedungen, dass jeder Scheffel ein bestimmtes Gewicht haben solle. Dies war aber nach ihrem Behaupten nicht der Fall. Sie minderten daher den dem Crudelius noch schuldigen Kaufpreis. Der Crudelius erhob Klage gegen die Bäckermeister auf Zahlung des restlichen Kaufpreises. Das erstinstanzliche Gericht gab seiner Klage statt. Gegen dieses Urteil wandten sich die Verklagten mit der Appellation.

**Erkenntnis:**
Der Senat erkennt:
*Daß die Förmlichkeiten der Appellation für richtig anzunehmen, in Ansehung der Hauptsache aber Sententia a qua des Stadtgerichts de publ. den 21. April 1806 mit der Maßgabe zu bestätigen, dass die Summe der nachzuzahlenden Kaufgelder nicht auf 189 Reichstaler und 20 Groschen, sondern auf 187 Reichstaler festzusetzen, jedoch die Appellanten die Kosten der jetzigen Instanz allein zu tragen und resp. dem Appellaten zu erstatten gehalten.*

**Gründe / Von Rechts wegen:**
*Fehlen der Sache ausdrücklich vorbedungene Eigenschaften, so ist der Empfänger auf die Gewährung derselben anzutragen berechtigt. Kann der Geber die fehlende Eigenschaft nicht gewähren, so kann der Uebernehmer von dem Contract wieder abgehen. Er muß aber als dann die Sache in dem Stande, in welchem er sie empfangen hat, zurückgeben.*
*Kann, oder will er dieses nicht, so hat es bei dem Contracte sein Bewenden, und der Empfänger kann von dem Geber nur soviel an Vergütigung fordern, als die Sache wegen der fehlenden Eigenschaft weniger werth ist.*
*A. L. R. T. I. Tit. V. §. 325. 326. 327. 328.*
*Hiernach würde der Anspruch oder verlangte Abzug der beiden Bäckermeister Jung und Blumberg gegründet sein, wenn dieselben jetzt nachweisen könnten, dass der von ihnen erkaufte Roggen im Durschnitte das im Contracte ausdrücklich festgesetzte Gewicht pro Scheffel nicht gehabt habe. Allein es fällt in die Augen, dass sie diesen Beweis durch die vorgeschlagenen Beweismittel auch jetzt nicht mehr führen können, nachdem sie den empfangenen Roggen bereits vor 2 Jahren verbacken haben.*
*Die Zeugen Springmann und Schauer, sollen und können, gleich dem Schiffer Blaesicke, nichts weiter, als das Umkippen des Roggens kurz vor der Abmessung des in Frankfurth gewogenen Scheffels bezeugen. Hieraus kann aber eben so wenig auf die Identitaet des Roggens geschlossen, als mit Gewissheit angenommen werden, dass alle 666 Scheffel zu wenig Gewicht enthalten haben, zumal da die Verkl. haben zugeben müssen, dass der zur Probe abgemessene Scheffel Roggen, in der Nacht, vor dem Wiegen zu Frankfurthe, in der Stube des Mühlenmeisters Meyer gestanden habe, ... .*

...

*Die Verkl. konnten, wenn der ihnen gelieferte Roggen die ausbedungene Qualität nicht hatte, von dem Contracte zurück gehen, aber sie mussten solchen so dann gleich zurückgeben, und sich keiner Disposition darüber anmaßen. Wollten sie ihn aber behalten, und das Minus nachfordern, so mussten sie ihn nicht anders als in Gegenwart des Kl. oder eines von demselben bestellten Mandatarii oder mit Zuziehung von Gerichten und Sachverständigen, nachwiegen lassen. Dieses letztere folgt nicht allein aus der mehrgedachten Lage der*

*Sache von selbst, sondern auch aus folgender hier analogischer Anwendung findender Gesetzes Stelle. Wenn ein verkauftes Stück Vieh binnen 24 Stunden nach der Üebergabe krank befunden wird, so muß der Käufer bei Verlust seines Rechts die bemerkte Krankheit dem Verkäufer dergestalt zeitig anzeigen, dass noch eine Untersuchung oder der Zeitpunkt ihres Entstehens stattfinden könne. Ist der Verkäufer nicht am Orte zugegen, so muß die Anzeige den Gerichten des Orts, oder einem Sachverständigen geschehen.*

*A. L. R. T. I. Tit. 11. §. 200. et 201.*

...

*Aus allem diesen folgt zur Genüge, dass wenn die Verkl. wirklich weniger an Gewicht erhalten hätten, hierbei immer mehrere Fehler von ihrer Seite vorgefallen sind, und da sagt das Gesetz wiederum:*
*Ist die Unmöglichkeit, sich der Sache nach dem Inhalte des Vertrages zu bedienen durch eigenes auch nur geringes Versehen des Empfängers entstanden, so kann derselbe von dem Geber keine Vertretung fordern.*
*Allgem. Landr. T.I. Tit. V. §. 321*

....

**Anmerkungen:**
Die Richter leiten ihre rechtliche Würdigung des Falles damit ein, dass sie zunächst den Wortlaut der §§ 325, 326, 327, 328 I, 5 ALR bzgl. der Gewährleistung wegen fehlender vorbedungener Eigenschaften ausführen und am Ende die Normen zitieren. Die besonderen Gewährleistungsvorschriften des Kaufs – §§ 197, 198 I, 11 ALR – , welche auf die Vorschriften des fünften Titels verweisen, werden allerdings nicht erwähnt, obwohl dies konsequenterweise, da es sich um einen Kaufvertrag handelt, erforderlich gewesen wäre. Anschließend stellt der Senat fest, dass eine Wandlung des Vertrages ausscheidet, da die Bäckermeister den Roggen bereits verarbeitet haben und ihn demnach nicht mehr in dem Zustand zurück geben können, wie sie in erhalten haben. Die Richter subsumieren hier also den Sachverhalt unter die in § 327 I, 5 ALR genannten Voraussetzungen.
Bezüglich der einzig in Betacht zu ziehenden Minderung sagen die Richter, dass die Bäckermeister den Roggen in Gegenwart des Klägers oder eines von ihm bestellten Mandatarius bzw. unter Zuziehung von Gerichten und Sachverständigen hätten wiegen lassen müssen, um das Minus an Vergütung ermitteln zu können. Dieses Erfordernis leiten sie nicht aus der Vorschrift des § 328 I, 5 ALR, der die Minderung regelt, ab, sondern aus einer Analogie zu den Vorschriften des Viehkaufs – §§ 200, 201 I, 11 ALR – sowie aus der Natur der Sache. Die Bildung einer Analogie war den Richtern trotz des im Allgemeinen Landrecht bestehenden Gesetzesabsolutismus gem. § 49 Einl. ALR in engen Grenzen erlaubt. Danach durfte der Richter, wenn er kein Gesetz, welches zur Entscheidung des streitigen Falles dienen könnte, nach den in dem Gesetzbuche

allgemeinen Grundsätzen und nach den wegen ähnlicher Fälle vorhandenen Verordnungen seiner besten Einsicht gemäß erkennen. Demzufolge ist die Bildung eines Analogieschlusses nicht zu beanstanden. Es fragt sich jedoch, ob in diesem Fall überhaupt das Bedürfnis für eine Analogie bestand, da nach Feststellung des Senats der Gewährleistungsanspruch auf Minderung bereits unter dem Verschuldensgesichtspunkt des § 321 I, 5 ALR entfällt.

## 15. Jahrgang 1808

### • Urteil: Hirsch / Hardenberg

18. 1. 1808
S. 39–39 b in den Sentenzenbüchern

Die Appellationssache des Schutzjuden Hirsch, Verklagten, Widerklägers und Appellanten, wider den Cornet-Regiments Gendarm v. Hardenberg, Kläger, Widerbeklagten und Appellaten.

**Sachverhalt:**
Der Hardenberg hatte mit dem Hirsch einen Kauf-Tausch-Vertrag geschlossen und in Abwicklung desselben für zwei hingegebene Reitpferde Wagenpferde erhalten. Eines dieser Wagenpferde war von fehlerhafter Beschaffenheit und minderer Qualität. Der Hardenberg erhob daher Klage gegen den Hirsch auf Wandlung des Vertrages. Der Verklagte machte widerklagend die Zahlung des Kaufpreises geltend.
Der Instruktionssenat wies die Widerklage des Verklagten ab und gab der Klage des Hardenberg statt. Gegen dieses Erkenntnis erhob der Verklagte und Widerkläger die Appellation an das Kammergericht.

**Erkenntnis:**
Der Senat erkennt:
*Daß das am 12. Febr. 1807 erkannte Erkenntnis des Instruktions Senats dahin zu ändern, dass Kl. und Appellat in conventione mit seiner Klage auf Aufhebung des Pferdetauschhandels, auf Natural Zurückgabe der zwei Reitpferde, abzuweisen, dagegen reconventione derselbe schuldig, Verklagten und Appellanten 13 Fried'or nebst Verzugszinsen seit dem Tage da ihm die Widerklage bekannt geworden, binnen 8 Tagen bey Vermeidung der Rechtshülfe zu entrichten, übrigens aber dem Kl. wegen des durch die angebliche fehlerhafte Qualitaet des einen Wagenpferdes bewirkten minderen Werth desselben, seine Ausführungen seperato vorzubehalten.*

**Gründe / Von Rechts wegen:**

*Der Kl. hat in der 2ten Instanz eingestanden, dass er die Wagen Pferde nicht mehr besitze, sondern dass sie im Feldzuge vom Jahr 1806 mit der übrigen Equipage vom damaligen Feinde genommen worden.*

*Hierdurch wird die Lage der Sache sehr verändert.*

*Nach dem A. L. R. Tit. 11. §. 198. Tit. 5. §. 326. 327. 328. 338. kann der Käufer, und diesem ist Kl. in Ansehung der eingetauschten Pferde gleich zu achten*

*l. c. Tit. 11. §. 364.*

*nur dann wegen fehlender Eigenschaften der übernommenen Sache von dem Contracte wieder abgehen, wenn er die Sache in dem Stande, in welchem er sie empfangen zurückgeben kann.*

*Kann oder will er dieses nicht, so hat es bei dem Contract sein Bewenden und der Empfänger kann von dem Geber nur so viel an Vergütigung fordern, als die Sache wegen der fehlenden Eigenschaften weniger werth ist.*

*§. 328. l. c.*

*Von einer Zurückgabe der Wagen Pferde kann bey den vorhandenen Umständen nicht mehr die Rede seyn. Der Kl. kann mithin auch von dem Vertrage nicht abgehen, derselbe ist vielmehr aufrecht zu erhalten und es sind jenem nur seine Rechte wegen der etwa zu fordernden Vergütigung in Betreff der angeblichen fehlerhaften Eigenschaft zur Ausführung in seperato vorzubehalten.*

*Mußte der Contract aufrecht erhalten werden, so ist eine natürliche Folge davon, dass Kl. in conventione mit dem Antrage auf Natural Rückgabe der Reitpferde abzuweisen und in reconventione zur Zahlung des rückständigen Kaufgeldes zu verurtheilen war.*

*Von diesem Kaufgelde müssen, da keine Zahlungszeit bestimmt worden, Verzugszinsen vom Tage da die Widerklage zur Wissenschaft des Kl. und Wiederverkl. gekommen ist, welches hier die Rolle der Infinnation vertritt,*

*A. L. R. I. 16. §. 71.*

*unterrichtet worden.*

*Eine Folge der reformatoria, ohne Rücksicht auf die vom Appellanten angebrachten nova ist die Compensation der Kosten beider Instanzen.*

*A. G. O. 1. Tit. 23. §. 6.*

*Daher ist überall, wie geschehen, zu erkennen gewesen.*

**Anmerkungen:**

Der Senat zitiert ausschließlich die den Fall erfassenden Paragraphen des Gewährleistungsrechtes des Allgemeinen Landrechts: § 198 I, 11 und §§ 326, 327, 328, 338 I, 5. Darüber hinaus versucht er auch unter diese Normen zu subsumieren, indem die Richter zunächst die entsprechenden Vorschriften zitieren, den Inhalt der §§ 327 und 328 fast wortgetreu wiedergeben und anschließend feststellen, dass der Kläger die Pferde nicht mehr zurückgeben und infolgedessen auch nicht mehr vom Vertrag abgehen kann. Gemäß § 327 I, 5

ALR ist der Übernehmer nämlich nur dann berechtigt von dem Vertrage wieder abzugehen, wenn er die Sache in dem Stande, in welchem er sie empfangen hat, zurückgeben kann. Der Senat spricht dem Appellanten aufgrund der fehlerhaften Qualität der Pferde nur eine Vergütung des Minderwertes derselben gem. § 328 I, 5 ALR zu.

• **Urteil: Hirsch / Dietz**

8. 8. 1808
S. 93–94 in den Sentenzenbühern

Die Appellationssache des Schutzjuden Hirsch, Beklagten und Appellanten, wider den Drahtzieher Dietz, Kläger und Appellaten.

**Sachverhalt:**
Der Hirsch hatte von dem Dietz eine Kellerwohnung, die er als Backstube nutzen wollte, gemietet. Der Keller war aber nicht wasserdicht. Er bezahlte daher den von dem Vermieter geforderten Miezins nicht. Auf die Klage des Dietz hin verurteilte das Gericht erster Instanz den Hirsch zur Zahlung des Mietzinses. Unter Berufung auf die Mangelhaftigkeit des Kellers erhob der Verklagte die Appellationsbeschwerde beim Kammergericht.

**Erkenntnis:**
Der Senat erkennt:
*Daß zuvörderst der G. F. Nabiling binnen 8 Tagen bey 2 Reichstaler Strafe Vollmacht zu den Acten einzureichen gehalten, hiernächst in der Sache selbst die Beschwerden des Appellanten als unerheblich zu verwerfen und der Bescheid des Instructions Senats de publ. den 7. Maerz c. lediglich zu bestätigen, Appellant auch die Kosten dieser Instanz allein zu tragen und resp. zu erstatten schuldig.*

**Gründe / Von Rechts wegen:**
*In dem letzteren Contract ist kein Wort davon enthalten, dass der Keller wasserdicht seyn solle, und die von dem Verkl. behauptete Äußerung des Kl., dass sich zwar im Winter 1806 etwas Wasser gezeigt hätte, für die Folge jedoch wegen der geschehenen und noch zu beweisenden Erhöhungen dieses Kellers in dieser Hinsicht nichts zu befürchten sey,*
*kann, wenn sie auch wirklich erfolgt seyn sollte, aber eine mündliche Versicherung bei Schließung eines schriftlichen Contracts nach dem*
*A. L. R. Th. 1. Tit. 5. §. 128.*

*von keiner rechtlichen Wirkung seyn. Eine ausdrücklich vorbedungene Eigenschaft aus deren Mangel nach dem*

*Allg. Landrecht c. l. §. 325. und §. 326.*

*für den Empfänger der Sache ein Recht auf Gewährung dieser Eigenschaft und nur eventualiter die Befugnis zum Rücktritte vom dem Contract entsteht, ist in dem vorliegenden Falle die Wasserdichtheit des Kellers nicht. Eben so wenig kann man sie, wie judex a quo bereits ausgeführt hat, als eine gewöhnlich vorausgesetzte Eigenschaft eines Kellers betrachten. Wenn dieser auch im Winter 1806 und in früheren Jahren so viel Wasser als Verkl. angegeben in dem Keller gestanden haben sollte, so ist dies doch unerheblich, indem es des Verkl. Sache war, sich die Wasserdichtheit des Kellers in so fern er selbige verlangte, in dem Contracte auszubedingen. Da er dies unterlassen, so hat er wenigstens ein mäßiges Versehen begangen und kann daher nach dem*

*Allg. Landrecht Th. 1. Tit. 4. § 82. Tit. 5. § 329.*

*selbst als denn, wenn man die Wasserdichtigkeit für eine gewöhnlich vorausgesetzte Eigenschaft erachten wollte, von dem Contracte durchaus nicht abgehen.*

*Daß der Verkl. den Keller zu einer Backstube gemiethet habe, lässt sich zwar aus dem Inhalte des Mieths-Contracts entnehmen, hierzu wird aber der Keller weder dadurch, dass von der Decke, selbst während des vorigen Jahres Wassertropfen herab gefallen, noch auch durch den Umstand ganz oder zum Theile untüchtig, dass eben beim Heizen des Ofens ein Rauch in der Kellerwohnung entsteht und man in demjenigen Theile derselben, worin der Backofen befindlich ist, nicht ganz aufrecht stehen kann.*

*Allg. Landrecht Th. 1. Tit. 21. §. 272. 273. 383.*

*Es selbst vielmehr dem Verkl. überlassen, ob er die zur Absetzung dieser etwaigen Uebelstände nöthigen Reparaturen nach*

*§. 291. c. l. des Allg. Landrechts*

*von dem Kl. --- .*

*Hiernach ist es ganz unerheblich, dass im Sept. 1806 als Verkl. die Kellerwohnung miethete, mithin zu einer Jahreszeit, in welcher ihm jeder Keller von Wasser befreit zu sein scheint, sich dergleichen in der Kellerwohnung nicht befunden habe und eben so wenig kann es in dem jetzigen Prozeß darauf ankommen, ob die Erhöhung des Fußbodens so wie die Anhebung des Backofens nach den ausdrücklichen Anweisungen des Verkl. erfolgt sey.*

*Noch viel grundloser sind die ferneren Einwendungen des Verklagten:*

*...*

*Den eingeklagten Miethzins nicht gezahlt zu haben, hat Verkl. einräumen müssen und die Grundlosigkeit seiner Reconvention ergibt sich aus der Unrechtmäßigkeit seiner Weigerung zur Fortsetzung des Contractes von selbst; daher die Bestätigung des vorigen Erkenntnisses von keiner Seite einem rechtlichen Bedenken unterworfen ist. Das Erkenntniß in Ansehung des Kostenpunktes gründet sich auf*

*§. 6. Tit. 23. Thl. 1. der All. Gerichts Ord.*

*daher überall nicht anders als geschehen, hat erkannt werden können.*

**Anmerkungen:**

Der Senat prüft zunächst, ob es sich bei der Wasserdichtheit des Kellers um eine ausdrückliche vorbedungene Eigenschaft handelt und demzufolge dem Verklagten gem. §§ 325, 326 I, 5 ALR ein Wandlungsrecht zustehen würde. Er verneint dies aber. Auch das Vorliegen einer gewöhnlich vorausgesetzten Eigenschaft lehnt er ab, ohne jedoch den Begriff der gewöhnlich vorausgesetzten Eigenschaft näher zu definieren. Selbst wenn dies der Fall wäre, würde nach Ansicht des Senats ein Rücktrittsrecht des Beklagten aufgrund seines durch eigenes mäßiges Verschulden entstandenen Irrtums gem. § 329 I, 5; § 82 I, 4 ALR nicht bestehen.

Hinsichtlich der weiteren vom Beklagten gerügten Mängel des Kellers zitieren die Richter die §§ 272, 273, 383 I, 21 ALR. Eine Beeinträchtigung des Gebrauchs des Kellers als Backstube ist für die Richter jedoch nicht ersichtlich, weshalb ihm auch nach diesen Normen kein Rücktrittsrecht, sondern lediglich Ersatz der Reparaturkosten, zugestanden wird.

Merkwürdigerweise prüfen die Richter bzgl. der Rücktrittsforderung des Verklagten aufgrund der Undichtigkeit des Kellers die allgemeinen Gewährleistungsvorschriften und zitieren bzgl. der weiteren gerügten Mängel die besonderen Gewährleistungsvorschriften des Mietrechts. Diese Vorgehensweise erfährt keine Rechtfertigung durch das Gesetz. Die Richter scheinen vielmehr willkürlich die allgemeinen und besonderen Gewährleistungsvorschriften zu zitieren. Sie missachten demnach die Systematik des Gewährleistungsrechts, da die Normen des 21. Titels gegenüber denen des 5. Titels spezieller sind. Obendrein ist es nicht unumstritten gewesen, ob die allgemeinen Vorschriften überhaupt auf die Miete als Dauerschuldverhältnis Anwendung finden können.[558]

---

[558] vgl. Kapitel 3, Abschnitt V, 3.

## 16. Jahrgang 1809

### • Urteil: Stropp / Ahrend und Jacob

ohne Datum
S. 581–584 in den Sentenzenbüchern

Die Appellationssache des Ober-Amtmann Stroppp, Verklagten und Appellanten, wider den Kommissionär Ahrend und dessen Compagnon Jacob, Kläger und Appellaten.

**Sachverhalt:**
Der Stropp hatte von dem Ahrend und dessen Compagnon Jacob Pottasche geliefert bekommen. Diese Pottasche, die er zum Herstellen von Gläsern benötigte, war unrein und von fehlerhafter Beschaffenheit. Aus dem Gebrauch eines Teils der unreinen Pottasche sind dem Stropp sechzig Dutzend Gläser minderer Qualität entstanden. Den Rest der Pottasche mußte er umkochen lassen, um sie überhaupt weiter verwenden zu können. Er verweigerte daher die Zahlung des Kaufpreises an den Ahrend. Gegen die erhobene Klage auf Kaufpreiszahlung wandte der Stropp Ersatz seines Schadens ein, der ihm durch die fehlerhafte Beschaffenheit der Pottasche entstanden sei. Der Instruktionssenat gab der Klage statt. Gegen dieses Erkenntnis wandte sich der Verklagte mit der Appellationsbeschwerde an das Kammergericht.

**Erkenntnis:**
Der Senat erkennt:
*Daß Vkl. mit seinen Gegenforderungen nicht wie geschehen abzuweisen, vielmehr Kl. verbunden, demselben, dem durch die Ankunft der fehlerhaften Pottasche erlittenen Schaden zu ersetzen, und daher demselben*
*1. für 60 Dutzend schlecht geratene Gläser 60 Rhtlr.*
*2. für das Umkochen der Pottasche 13. 12.*
*3. für das Holz zum Umkochen 8. 6.*
*4. für 1 Eß 89 --- nach Verkauf zu wenig befundener reiner Pottasche 34. 8.*
*in Suma: 116 Reichstaler 2 Groschen 6 Pfennige*
*binnen 8 Tagen bei Vermeidung der Rechtshilfe zu bezahlen, hiernach Sententia a qua des Instruktions Senats des Kammergerichts de publ. 20. Febr. c. zu reformieren, im übrigen aber zu bestätigen, und die Kosten beider Instanzen zu compensieren.*

**Gründe / Von Rechts wegen:**
*Die Beschwerde des Appellanten dagegen, daß er in conventione zur Bezahlung der 11 Reichstaler und 18 Groschen verurteilt worden ist, ist erkennbar*

*unerheblich, da derselbe diese Schuld eingeräumt hat. Die Reconventione des Verkl. macht daher eigentlich nur noch allein den Gegenstand des Streits aus. Nach dem A.L.R. Thl. 1. Tit. 11. §. 198. finden, wegen fehlerhafter Beschaffenheit der verkauften Sachen die Vorschriften des 5. Titels, § 319 ff Anwendung und danach müssen in der Regel die bey der Sache gewöhnlich vorausgesetzten Eigenschaften derselben vertreten, und es muß besonders der die fehlerhafte Beschaffenheit der Sache dem Empfänger derselben verursachte Schaden so dann vergütet werden, wenn die fehlerhafte Beschaffenheit der Sache nicht in die Augen fallend war.*

*Dies ist hier der Fall, denn nach dem Gutachten des Sachverständigen, läßt sich die schlechte Pottasche oftmals nicht von der besten unterscheiden, und selbst die Schärfe des --- soll ein trügliches Mittel sein.*

*Dieses Gutachten wird auch dadurch bestätigt, daß der Factor Knauf und die Arbeiter bey der Glashütte des Verkl. die fehlerhafte Beschaffenheit der Pottasche nur bey der Verarbeitung derselben bemerkt haben.*

*Die Verjährung kann dem Verkl. gar nicht entgegengehalten werden, weil hier von denen die Sache selbst betreffender Fehler die Rede, mithin nur der § 343. l. c. des A. L. R. anwendbar ist, danach bey beweglichen Sachen die Gewährleistung innerhalb 6 Monate nach dem Empfang der Sache gefordert werden kann und diese 6 Monate nach dem Empfang der Pottasche zur Zeit der am 26. April 1808 angestellten Reconvention noch nicht abgelaufen waren.*

*Die Hauptfrage ist aber die, ob diejenige Pottasche welche die Kl. am 19. Jan. 1808 dem Verkl. oder vielmehr seinem Factor Knauf verkauft und überliefert haben, von fehlerhafter Beschaffenheit gewesen sey. Und auch dies muß als hinlänglich erwiesen angenommen werden: denn*

1. *hat der gedachte Factor Knauf versichert, dass er diese Pottasche bey der Glasfabrikation unrein befunden habe, und deshalb solche habe umkochen lassen müssen, dass er solches dem Mitkl. Ahrend - wie auch seine bei den Acten befindlichen Briefe ergeben – bekannt gemacht und dass dieser danach mündlich gegen ihn eingestanden habe, dass die Pottasche darum schlechter ausgefallen sein könnte, weil während der Calciration derselben der Ofen schadhaft gewesen sey.*
2. *hat der Glasmacher Hintze bekundet: zu Anfang des v. J. sei die verarbeitete Glasmasse darum schlecht ausgefallen, weil die dazu genommene Pottasche voller Sand, und überwiegend von schlechter Beschaffenheit gewesen. Er habe auf Befragen damals erfahren, dass diese Pottasche diejenige sey, welche 8 Tage vorher der Ahrend jetzige Kläger gebracht habe, und dies sey ihm auch sehr gläublich gewesen, weil zu der Zeit die ältere Pottasche verbrannt gewesen, und er den Ahrend auch mit Pottasche habe ankommen sehen. Er wisse auch, dass der noch unverbrauchte Teil der Pottasche umgekocht worden sey. Mit dieser Angabe stimt die Aussage des Glasarbeiter Tierling überein.*

*3. Diese 3 Zeugen stehen zwar in Lohn und Brot des Verkl., sie haben aber ihre Aussagen beschworen und diese werden auch noch durch folgende Umstände unterstützt. Es hat endlich auch*

*4. der nicht mit Verkl. ich einem abhängigen Verhältnis stehende Pottaschfinder Grabow eidlich bekundet: er habe auf Verlangen des Factor Knauf am 17. Febr. 1808 13 ½ Eß Pottasche umgekocht, und finde, dass diese Pottasche zwar an sich gut, jedoch allerlei fremde Dinge, als Sand, Steine, Haare, versetzt gewesen sey, und dieser Abgang mehr als 1 Eß betragen habe, so wie diese Pottasche anfänglich beschaffen gewesen habe sie zum Glasmachen nicht getaugt.*
*Der Zeuge weiß nun zwar nicht, ob diese Pottasche vom jetzigen Kl. geliefert worden sey, nach der Anzeige der übrigen Zeugen ist dies aber gar nicht zu bezweifeln.*

*5. ...*

*6. ...*

*Solchemnach hat der Vkl. die fehlerhafte Beschaffenheit der, von dem Kl. gelieferten Pottasche, und den Betrag des ihm dadurch verursachten Schadens, auch gewissermaßen schon den Umstand dadurch mit beschworen, dass die von dem Kl. gelieferte Pottasche schon zur Zeit der Ablieferung die fehlerhafte Beschaffenheit gehabt habe, und es bedarf daher darüber, dass die Pottasche nicht nach der Zeit der Ablieferung an den Vkl. oder seiner Leute, mit fremdartigen Theilen vermischt worden sey, keines besonderen Beweises, zumahl dies auf eine Betrügerei hinaus laufen würde, die der Kl. selbst nicht behauptet habe, und wozu auch gar kein gegründeter Verdacht vorhanden ist.*
*Die Kl. haben bloß behauptet dass ihre Pottasche bey dem Verkl. mit derjenigen, welche er vom Grunewald erhalten habe, vermischt worden sey, dies ist aber durch den Eid des Verkl. wiederlegt worden.*
*Ist nun nach dem eben gesagten die gerügte fehlerhafte Beschaffenheit der Pottasche, kein in die Augen fallender Fehler so sind Kl. verbunden die gewöhnlich vorausgesetzten Eigenschaften, welche nach §. 331. Th. 1. Tit. 5. A. L. R. den ausdrücklich vorbedungenen gleich gesetzt werden, nach Vorschrift des §. 325. l. c. dem Verkl. zu gewähren, oder wenn Verkl. im vorliegenden Fall dies nicht will, als in Gemäßheit des § 328. l. c. so viel zu vergütigen, als die verkaufte Pottasche wegen der fehlenden Eigenschaften weniger werth ist.*

...

*Außerdem müssen Kläger aber auch dem Vkl. den Schaden ersetzen, den letzterer durch die schon verbrauchten 3 Eß 54 --- fehlerhafte Pottasche, deren Umkochen nicht mehr möglich war, erlitten hat.*
*Zuvörderst verlangt derselbe 60 Reichstaler dafür, dass anstatt 60 Dutzend seiner Gläser nur 60 Dutzend minderer Güte habe verfertigen laßen können, und also einen Ausfall 8 Reichstaler an jedem Dutzend erlitten habe. Dies ist erkennbar ein wirklicher Schaden von der schlechten Qualität der Pottasche.*

*Denn hätte sie die erforderlichen Eigenschaften gehabt, so hätten daraus wie Verkl. erwähnte, die besseren Gläser verfertigt werden können, wenigstens haben Kl. das Gegenteil nicht behauptet, und ergibt sich auch aus dem nachher veranstalteten Umkochen der Pottasche, dass solche zu seinen Gläsern bestimmt gewesen sey. Will man nun auch zu Gunsten des Kl. Annehmen, dass sie bey Lieferung minder guter Pottasche nur in culpa lesi befanden, so würden sie dennoch diesen wirklichen Schaden zu ersetzen verbunden seyn.*
*Denn es verordnet der § 258 Th. 1. T. 5. L. R.:*
*Im Falle eines mäßigen Versehens darf in der Regel nur der wirkliche Schaden ersetzt werden.*
*Auf dieses Gesetz verweiset auch der §. 320. l. c. zurück, welcher verordnet:*

> *Liegt an dem Geber die Schuld dass sich der Empfänger der gegebenen Sache, nach der Natur u. dem Inhalt des Vertrages, nicht bedienen kann, so muß er den Empfänger schadlos halten.*

*Nach diesen Grundsätzen muß auch die 2te, 3te, 4te Forderung des Verkl. die sämtlich wie gesagt durch Beweis feststehen, beurteilet werden weil sie alle zu dem wirklichen Schaden gerechnet werden müssen.*
*Hiernach ist das Erkenntnis in der Hauptsache, überall und wegen der Kosten §. 6. Tit. 23. G. O. gerechtfertiget, weshalb überall wie geschehen, zu erkennen gewesen.*

**Anmerkungen:**
Die Entscheidung des Senats orientiert sich ausschließlich an den Normen des Allgemeinen Landrechts. Die Richter zeigen einen sicheren Umgang mit den gesetzlichen Regelungen. Sie berücksichtigen die Systematik des Gewährleistungsrechts, indem sie wegen der fehlerhaften Beschaffenheit der gekauften Pottasche gem. § 198 I, 11 ALR auf die §§ 319 ff des fünften Titels verweisen.
Der Senat ordnet die fehlerhafte Beschaffenheit der Pottasche den gewöhnlich vorausgesetzten Eigenschaften zu und erörtert in diesem Zusammenhang, ob es sich um einen in die Augen fallenden Fehler gehandelt hat. Dies verneinend, erklärt er gem. § 331 I, 5 ALR die Normen der §§ 325 ff I, 5 ALR bzgl. der Gewährung der vorbedungenen Eigenschaften für anwendbar und spricht dem Verklagten nach § 328 I, 5 ein Minderungsrecht zu. Darüber hinaus bejaht der Senat auch einen Anspruch des Verklagten auf Schadensersatz gem. §§ 320, 285 I, 5 ALR.

## 17. Jahrgang 1810

### • Urteil: Schomer / Broche

28. 6. 1810
S. 256–258 b in den Sentenzenbüchern

Die Appellationssache der verwitweten Geheimen Finanzrätin Schomer und der verehelichten Borcke, geborene Schomer, als Beneficial-Erben des gestorbenen Rates Schomer, Klägerinnen, Widerbeklagte und Appellantinnen, wider den Kaufmann Broche, Verklagten, Widerkläger und Appellaten.

**Sachverhalt:**
Die Beneficial-Erben des Schomer hatten an den Broche Grundstücke aus dem Erbe verkauft. Über diese Grundstücke durften sie aber nicht ohne weiteres verfügen, da sie lediglich Beneficial-Erben des Erblassers waren und somit zusätzlich der Zustimmung der bekannten Erbschafts-Gläubiger bzw. eines Präklusions-Urteils der unbekannten Erbschafts-Gläubiger bedurft hätten. Diese Erfordernisse hatten sie nicht beachtet. Die Grundstücke, die der Broche gekauft hatte, waren Erbzinsgüter des Klosters Lindow, dem auch das Verkaufsrecht an diesen Grundstücken zustand. Der Broche forderte aus diesem Grunde die Rückgängigmachung des Vertrages, da die Beneficial-Erben ihm bei Abschluss des Vertrages diese auf den Grundstücken liegende Last verschwiegen hätten. Die Beneficial-Erben des Schomer verweigerten dies, und erhoben stattdessen Klage gegen den Broche auf Zahlung des Kaufpreises. Dieser forderte widerklagend die Rückgängigmachung des Vertrages. Das Erkenntnis des erstinstanzlichen Gerichts wies die Klage der Beneficial-Erben ab. Gegen dieses Erkenntnis erhoben sie die Appellationsbeschwerde an das Kammergericht.

**Erkenntnis:**
Der Senat erkennt:
*Daß das vom 20. Septbr. 1809 verfaßte Erkenntniß des französischen Colonie Gerichts zu bestätigen, und die Appellanten die Kosten dieser Instanz nebst 10 Reichstaler Succum. Gelder allein zu tragen, und resp. dem Appellaten zu erstatten verbunden.*

**Gründe / Von Rechts wegen:**
(Es folgen Ausführungen des Senats zur ersten und zweiten Beschwerde der Appellanten.)
*3. Kläger ... bestreiten, dass dem Kloster Lindow auf den Erbzinsgütern Grieben und Baerenbuck das Verkaufsrecht zusteht und solches dem Verkl. beim*

*Abschluß der Punctation verschwiegen, wenigstens nicht ausdrücklich bestimmt gemacht ist.*
*Nach dem A. L. R. Thl. 1. Tit. 5. §. 335. jinct. § 331. und §. 326. kann aber der Übernehmer wenn die Sache mit einer für Sachen derselben Art nicht gewöhnlichen Last behaftet und also eine solche Last von Seiten des Übernehmers dabei nicht vorausgesetzt ist, von dem Contracte wieder abgehen.*
*Die Kläger haben nun zwar eine Erklärung des v. Randow als Domini des Klosters Lindow vorgebracht, worin dieser für den Fall des Verkaufs der Erbzinsgüter Grieben und Baerenbuck von dem Verkl. für die Kaufsumme von 1200 Reichstaler ohne Beziehung auf andere Fälle das Verkaufsrecht namens des Klosters sich begibt, und in diesen Verkauf einwilligen will. Allein wenn auch durch eine fernere Instruktion dem vorläufigen Monito des Verkl., daß der Dominus namens des Klosters eine solche Erklärung gültig nicht abgeben könne, abgehalten würde, so hat doch teils der von Randow seine Einwilligung in den Verkauf nicht unbedingt erteilt, und es steht dahin, ob die Kl. die von demselben vorgeschriebenen Bedingungen zu erfüllen vermögen würden, theils aber gewinnt die Sache dadurch überhaupt keine bessere Ansicht für den Verkl., denn der von Randow hat keineswegs auf das Verkaufsrecht des Klosters überhaupt, sondern nur für den gegenwärtigen Fall Verzicht geleistet, ....*
*Es ist daher ein dreifacher Grund vorhanden, aus welchem die Kläger abgewiesen und in Reconventione verurteilt, sogleich ihre Apppellations Beschwerden verworfen werden müssen, woraus sich der Kosten Punkt von selbst rechtfertigt.*

**Anmerkungen:**
Die Verfügungsbefugnis über das Grundstück ist durch das Verkaufsrecht eines Dritten eingeschränkt. Das Grundstück ist demnach mit einem Rechtsmangel i. S. e. einer auf dem Grundstück ruhenden Last behaftet. Die Stellung und Einordnung der Rechtsmängel im Gewährleistungsrecht des Allgemeinen Landrechts ist nicht unproblematisch. Weil das Allgemeine Landrecht das Ziel verfolgt, die Gewähr für Sach- und Rechtsmängel unter dem Gesichtspunkt der nicht gewährten Sachnutzung zu vereinheitlichen, muss bei den Rechtsmängeln wegen der Ansprüche eines Dritten an der Sache differenziert werden. Zu den Rechtsmängeln im eigentlichen Sinne zählen nur die Eviktionsansprüche, während die auf der Sache ruhenden Lasten wie Sachmängel behandelt werden, indem dass Gesetz für sie die gleichen Rechtsfolgen wie beim Fehlen von Eigenschaften anordnet, §§ 334, 335 I, 5 ALR.
Diese Besonderheit hat das Gericht beachtet, wenn es hinsichtlich der Rechte des Verklagten die §§ 335, 331 und 326 I, 5 ALR zitiert. Nach § 336 I, 5 ALR sind nähere Bestimmungen bzgl. der Lasten bei den verschiedenen Arten der Verträge geregelt. Auf diese gehen die Richter allerdings gar nicht ein.

Da es sich um einen Grundstückskaufvertrag handelt, hätte hier eigentlich § 188 I, 11 ALR als zentrale Verweisungsnorm auf die allgemeinen Gewährleistungsvorschriften erwähnt werden müssen.

### IV. Gesamtbetrachtung

Die Untersuchung der Rechtsprechung des Oberappellationssenats des Kammergerichts zum Gewährleistungsrecht in den Jahren 1794-1810 zeigt, dass das Allgemeine Landrecht schon in den frühen Jahren nach seinem Inkrafttreten 1794 von den Richtern zitiert und bei ihrer Entscheidungsfindung berücksichtigt wurde.
Es lassen sich sogar einige Entscheidungen aus diesem Zeitraum anführen, in denen die Kammerrichter ausschließlich das Allgemeine Landrecht ihrer rechtlichen Würdigung zugrunde gelegt haben.

- 19. 12. 1795: Bartholdt / Francke
- 20. 9. 1795: Gaedicke / Repschlaeger
- 29. 12. 1796: Illig und Graf / Salomon
- 27. 11. 1797: Schlesinger / Wulff
- 23. 5. 1799: Heise / Hilft

Lediglich in einem Urteil – 27. 1. 1794, Berg / Fischer – haben die Richter ausschließlich nach gemeinem Recht entschieden.
In den meisten Entscheidungen der früheren Jahrgänge spielte das Allgemeine Landrecht jedoch eine eher untergeordnete Rolle. Es wurde häufig neben anderen Rechtsquellen wie dem römisch-gemeinem Recht und der gemeinrechtlichen Literatur zitiert. Die Richter griffen bei der Entscheidung einer Rechtsfrage gerne auf alle für sie relevanten Rechtsquellen zurück. Die landrechtlichen Normen wurden dabei größtenteils nur am Ende einer Zitatenreihe zur Bestätigung des bereits nach gemeinem Recht gefundenen Ergebnisses angeführt. Eine inhaltliche Auseinandersetzung der Richter mit den Normen des Allgemeinen Landrechts sowie eine Subsumtion unter den gesetzlichen Tatbestand fand gar nicht bzw. sehr selten statt. Begrifflichkeiten und Tatbestandsmerkmale wurden weder definiert noch erörtert. Die Anwendung des Allgemeinen Landrechts erschöpfte sich im bloßen Zitat. Dagegen ist mitunter eine ausführliche Auseinandersetzung der Richter mit dem gemeinen Recht und der gemeinrechtlichen Literatur auffällig:

• Urteil vom 17. 12. 1794: Jonas / Reigisch:
*„Hiernach ist es keinem Zweifel unterworfen, dass der innerliche Fehler, woran das verkaufte Pferd gestorben ist, schon zur Zeit des Verkaufs dagewesen sei, den daher der Appellant als Verkäufer erstatten muß.*
*l. 19. §. 10. de Ed:*
*allg. Preuß. Landrecht Th. I. Tit. 11. §§. 203."*

• Urteil vom 13. 03. 1797: Ledihn / Thormann:
*„ ... denn die Gesetze verbinden den Verkäufer nur dem Käufer diejenigen Lasten der verkauften Sache bekannt zu machen, die er nicht wissen konnte.*
*L. 45. pand: de contrah Emt. Vendit*
*L. 14. § 10. de Edicto Aedititio"*
*"Nur erst dann, ... könnte er Entschädigung fordern oder den mit dem Appellaten geschlossenen Contract umstoßen.*
*Hellfeld in Jur. prad. J. § 1111*
*all. L. R. p 1 T. 5 § 330*
*Auf diesem Fall standen ihm zwei Klagen zu.*
*Nämlich die actio redhibitorio ... und die Quantimonoris ... .*
*L. 1 § 8 pand: de Edict aedil.*
*L. 60 lococit."*

*"Aber auch diese sind schon erloschen, denn ... .*
*L. 25 ff. de Edicto aedil.*
*L. 55. cad.*
*L. 19. § 4 loc. alleg.*
*L. 2. Cod. De. aedil. act.*
*a. L. R. Th. 1 T. 5 § 343 bis 345. "*

• Urteil vom 26. 6. 1799: Rabe / Bethge:
*„Die gemeinen Rechte gestatten actionen redhibitoriam bei einem kollernden Pferde, es mag equus lunaticus sein, von welchem*
*l. 43. § 6. D. de adilit. Edicto*
*oder Phreneticus, von welchem*
*l. 1. § 9. in sin. ibid:*
*spricht,*
*Lauterbach C. T. P. L. u. Tit. 1. 8. 14.*
*Müller prompt. Jur. Vos. 3. pag. 2.*
*Berger decon. Jur: L. 3. Tit. 8. th. 5. §. 6.*
*Stryck U. M. L. 21. Tit. 1. §. 13. et. 45.*
*und in Aedillen wird kollerig, unsinnig kollernd zu den 4. Haupt-Mängeln der Pferde gerechnet.*
*Hymmen:. Beiträge s. L. 5. pag. 172.*

*Von einem dumkollerichen Pferde equo stupido ist in dem Gesetzbuche des römischen Rechts nichts enthalten, allein was von einem equo lunatico gilt, muß noch weit mehr bei einem dumkollerichen Pferde Anwendung finden.*

*Das all. L. R. aber zählet, .... "*

• Urteil vom 11. 3. 1799: Hauptnutzholzadministration / Adolphi:
*„Quotus invictionis praestationem petenti culpa quandam imputari polut, --- Müller promiet: jus. Sab. Von evidt. § 15*
*Hiermit stimt auch das A. L. R. Th. 1. tit. 5. § 320, 321. überein, wenn es heißt: .... "*

• Urteil vom 10. 04. 1799: Herrose / Hartmann:
*„Denn schon nach dem Reskript vom 15. April 1765, wodurch ....*
*Das all. L. R. hat in Tit. 21. Thl. 1. § 350 eben diesen Grundsatz aufgenommen, indem es da selbst heißt: .... "*

Ungefähr vom Jahre 1800 an gewinnt das Allgemeine Landrecht in der Spruchpraxis der Richter zunehmend größere Bedeutung. Dies mag auf eine größere Vertrautheit der Richter mit dem Gesetzbuch zurückzuführen sein. Die Richter legen ihrer Entscheidungsfindung fast ausschließlich die Vorschriften des Allgemeinen Landrechts zugrunde. Soweit das Allgemeine Landrecht eine genau für den Fall passende Regelung enthielt, wurden die Paragraphen uneingeschränkt von den Richtern angewendet. Dies belegen die folgenden Urteile:

- Urteil vom 6. 1. 1800: Weisse und Schroeter / Wesenberg
- Urteil vom 12. 3. 1801: Zowe / Schomer
- Urteil vom 24. 2. 1803: Zülow / Pasolt
- Urteil vom 17. 2. 1803: Prach / Levy
- Urteil vom 28. 6. 1804: Suchland / Meisner
- Urteil vom 6. 12. 1804: Heilmann / Eckhardstein
- Urteil vom 27. 5. 1805: Bohle / Hoffmann
- Urteil vom 18. 12. 1806: Wichmann / Schroeder et Comp.
- Urteil vom 10. 9. 1807: Jung und Blumberg / Crudelius
- Urteil vom 8. 9. 1807: Behrendt / Mumme
- Urteil vom 18. 1. 1808: Hirsch / Hardenberg
- Urteil vom 8. 8. 1808: Hirsch/ Dietz
- Urteil von (ohne Datum) 1809: Stropp / Ahrend und Jacob

Die Richter verliehen der Anwendung des Allgemeinen Landrechts dabei im einzelnen folgendermaßen Ausdruck:

• Urteil vom 28. 5. 1799: Flisch / Locken:
*„Das allgemeine Landrecht sagt nun*
*§ 204 Tit. 11 Th. 1*
*von Pferden bei welchen sich ... , gilt die Vermuthung dass diese Krankheit schon zur Zeit der Uebergabe vorhanden gewesen.*
*Es hat daher Kläger nicht nöthig zu erweisen, ... . Es spricht die gesetzliche Vermuthung für den Kläger bis der Bekl. erweiset, ... . "*

• Urteil vom 10. 12. 1801: Sommer / Ulrich:
*„Für diesen darf der Werkmeister keineswegs haften, ... . Dies ist klar und deutlich in §. 954. und §. 955. Th. 1. Tit. XI. des A. L. Rechts verordnet und diese Verordnung findet im gegenwärtigen Fall vollkommen Anwendung. "*

• Urteil vom 29. 7. 1802: Collasius / Grunewald
*„Das A. L. R. Tit. 5. § 330 l. c. verordnet auf diesen Fall ausdrücklich, dass der Empfänger keine Vergütigung deshalb solle fordern können, daher sich der Kl. allen daraus ihm entstandenen Schaden selbst beimessen muß. "*

Nur vereinzelt griffen die Richter neben dem Allgemeinen Landrecht noch auf gemeine Rechtsquellen zurück. Im Bereich des Gewährleistungsrechts waren es in dem Zeitraum von 1800 bis 1810 jedoch nur zwei Fälle.

- Urteil vom 17. 12. 1801: Demmin / Maue
- Urteil vom 19. 9. 1805: Britzke / Maaß

Wie die Urteile zu erkennen gegeben haben, bedienten sich die Richter jedoch nur insoweit des gemeinen Rechts, als sie bei der Anwendung des Allgemeinen Landrechts unsicher waren:

• Urteil vom 17. 12. 1801: Demmin / Maue
*„Schon nach den Römischen Rechten u. der Rechtlehrer die darüber commentiert haben, wird der Spat zu denjenigen Fehlern gerechnet, die incurabel sind u. die redhibitoriae Klag. geben.*
*Stryck in non moder. Lis: XXI. tit: I. §. XIII.*
*zählt dergleich Fehler auf u. rechnet darunter qui in Spatula patilioe nobis Spatt.*
*Das Allg. Lrecht bestimmt zwar nun Th. I. Tit. 11. §. 205. von Hauptfehlern der Pferde, sagt aber nur bloß in Ansehung dieser; Es hat in Vermuthung, dass sie zur Zeit des Handels schon dagewesen, wenn sie sich innerhalb 4. Wochen nach der Uebergabe hervorthun.*

*Dagegen passt auf den gegenwärtigen Fall der §. 326. tit. 5. --- wo es heißt: Kann der Geber die fehlende Eigenschaft nicht gewähren, so kann Uebernehmer von dem Contract wieder abgehen, welches hier bey dem unheilbaren Übel des Spats der Fall ist.*"

In diesem Beispiel respektieren die Richter zunächst die im Allgemeinen Landrecht angeordnete Rechtsfolge, wonach der gerügte Fehler des Pferdes im Gegensatz zum römischen Recht nicht zu denjenigen gerechnet wird, die ein Wandlungsrecht gewähren. Anscheinend aus Billigkeitsgründen berufen sie sich dann auf eine andere Vorschrift des Allgemeinen Landrechts und legen diese im Sinne des römischen Rechts aus.

- Urteil vom 19. 9. 1805: Britzke / Maaß:

  „*A. L. R. T. I. Tit. V. §. 343. seq.*

*Das gemeine Recht stimmt hiermit überein indem darnach die dem Käufer zustehende actio quanti minoris binnen 6 Monaten erlischt.*

  *Hellfeld Iur. for. §. 1113.*"

Im zweiten Urteil vergewissern sich die Richter nur ihres Ergebnisses durch einen Vergleich mit der gemeinrechtlichen Literatur.

Verallgemeinernd lässt sich aus den Beispielen die These aufstellen, dass die Richter immer nur dann auf das gemeine Recht zurückgegriffen haben, wenn die im Allgemeinen Landrecht enthaltene Regelung den Fall nicht genau erfasste bzw. die Rechtslage nach dem Allgemeinen Landrecht von der des gemeinen Rechts abwich und unklar zu sein schien. In solchen Fällen, legten die Richter die landrechtlichen Normen entweder mit Hilfe des gemeinen Rechts aus bzw. zitierten die gemeinrechtlichen Quellen zur Bestätigung ihres Ergebnisses.
Inhaltlich setzten sich die Richter mit den zitierten Normen des Allgemeinen Landrechts nach wie vor wenig auseinander. Zwar ist von 1800 an eine steigende Tendenz erkennbar, im Gesamtbild vermag sie jedoch keinen nachhaltigen Eindruck zu hinterlassen. Wie die nachfolgenden Urteile zeigen, haben die Richter nur vereinzelt versucht, durch wörtliche Auslegung von Begriffen oder durch die Bildung einer Analogie die unklaren Fälle zu lösen. Anfragen an die Gesetzeskommission wegen streitiger Rechtsfragen oder der Auslegung von Begriffen hat es im gesamten Untersuchungszeitraum nicht gegeben.

- Urteil vom 26. 6. 1799: Rabe / Bethge
- Urteil vom 12. 3. 1801: Zowe / Schomer
- Urteil vom 10. 9. 1807: Jung und Blumberg / Crudelius
- Urteil vom 8. 9. 1807: Behrendt / Mumme

Allerdings treten zunehmend Bemühungen der Richter um eine Subsumtion zum Vorschein. Diese erfolgt jedoch oberflächlich. Dabei zitieren die Richter zunächst die Norm und geben dann den Gesetzeswortlaut wieder oder verfahren in umgekehrter Reihenfolge. Teilweise ist aber auch zu beobachten, dass das Ergebnis vorangestellt und durch Zitierung der Norm und die Wiedergabe ihres Wortlauts begründet wird. Folgende Urteile lassen sich für diese Vorgehensweise der Richter als Beispiele aufführen:

- Urteil vom 24. 1. 1803: Zülow / Pasolt
- Urteil vom 28. 5. 1799: Flisch / v. Locken
- Urteil vom 17. 6. 1802: Flesch / Grützmacher
- Urteil vom 28. 6. 1804: Suchland / Meisner
- Urteil vom 6. 12. 1804: Heilmann / Eckhardstein
- Urteil vom 10. 9. 1807: Jung und Blumberg / Crudelius
- Urteil vom 18. 1. 1808: Hirsch / Hardenberg

Die Analyse der in den einzelnen Urteilen zugrunde gelegten rechtlichen Würdigung hat im weiteren gezeigt, dass den Richtern die inhaltliche Umsetzung der landrechtlichen Normen, insbesondere im Bereich des Gewährleistungsrechts, mitunter Schwierigkeiten bereitete. So haben sie in ihren Entscheidungen nicht selten die Systematik und das Zusammenspiel von allgemeinem und besonderem Gewährleistungsrecht verkannt. Die Verweisungen des besonderen Gewährleistungsrechts auf die Vorschriften des fünften Titels wurden vielfach nicht genannt oder die Reihenfolge der Vorschriften uneinheitlich zitiert. Dadurch wird mitunter der Eindruck erweckt, dass die Richter ihre Entscheidungen trotz inhaltlich ähnlicher Probleme auf verschiedene rechtliche Erwägungen stützen. Sie zitieren willkürlich entweder die besonderen oder die allgemeinen Gewährleistungsvorschriften, manchmal auch beide zusammen. Größtenteils haben sie die in den einzelnen Vertragsarten enthaltenen besonderen Regelungen jedoch gar nicht erwähnt und nur die allgemeinen Vorschriften des fünften Titels, §§ 319 ff I, 5 ALR, zugrunde gelegt. Diese Vorgehensweise ist durchgängig bis in die späten Jahrgänge zu beobachten, wozu auf die folgenden Urteile verwiesen wird:

- Urteil vom 17. 12. 1794: Jonas / Reigisch
- Urteil vom 29. 4. 1799: Jaenicke / Zürcher
- Urteil vom 11. 3. 1799: Hauptnutzholzadministration / Adolphi
- Urteil vom 11. 9. 1800: Paetow / Bogner et Compagnie
- Urteil vom 17. 12. 1801: Demmin / Maue
- Urteil vom 12. 3. 1801: Zowe / Schomer
- Urteil vom 17. 6. 1802: Flesch/ Grützmacher
- Urteil vom 17. 2. 1803: Prach / Levy

- Urteil vom 28. 6. 1804: Suchland / Meisner
- Urteil vom 10. 9. 1807: Jung und Blumberg / Crudelius
- Urteil vom 8. 8. 1808: Hirsch / Dietz
- Urteil vom 28. 6. 1810: Schomer / Broche

Auch bei der Einordnung der Rechtsmängel in das Gewährleistungssystem zeigen die Richter Unsicherheiten im Umgang mit den gesetzlichen Regelungen. Dies gilt insbesondere für die rechtliche Behandlung der Ansprüche Dritter wegen Eviktion der Sache oder eines Pertinenzstücks. Das zeigt die nachfolgend zitierte Entscheidung:

- Urteil vom 6. 12. 1798: Schulze / Weglandt

Nur soweit sich die Zuordnung der Rechtsmängel aus dem Gesetz ergab, wie es bei den auf der Sache haftenden Lasten gem. §§ 188 I, 11 und 334 I, 5 ALR der Fall ist, hatten die Richter, wie die folgenden Urteile belegen, keine Probleme.

- Urteil vom 23. 5. 1799: Heise / Hilft
- Urteil vom 27. 5. 1805: Bohle / Hoffmann
- Urteil vom 28. 6. 1810: Schomer / Broche

Auffällig ist ferner, dass die Richter in ihren Entscheidungen auf einzelne rechtliche Probleme, die in der später erschienenen landrechtlichen Literatur von Bornemann, Dernburg, Koch und Förster diskutiert wurden, gar nicht eingegangen sind. Sie haben die gesetzlichen Regelungen und das System der Gewährleistungsvorschriften nicht hinterfragt oder problematisiert, sondern die Vorschriften konsequent ihrem Wortlaut nach angewendet.
So haben die Richter beispielsweise die allgemeinen Vorschriften des fünften Titels, ohne Vorbehalt auch auf die Miete angewendet:[559]

- Urteil vom 12. 3. 1801: Zowe / Schomer
- Urteil vom 8. 8. 1808: Hirsch / Dietz

Ähnlich verhielt es sich mit den Verjährungsvorschriften der §§ 343-345 I, 5 ALR. Auch diese wandten die Richter, ohne über deren Anwendungsbereich zu reflektieren, uneingeschränkt an. Rechtlich zweifelhaft[560] ist in diesem Zusammenhang die Anwendung der §§ 345 ff I, 5 ALR auf die mietrechtlichen Regelungen – Urteil vom 28. 06. 1804: Suchland / Meisner – , und die Gewährleistungsansprüche wegen Eviktion der Sache – Urteil vom 06. 02. 1800:

[559] vgl. Kapitel 3, Abschnitt V, 3.
[560] vgl. Kapitel 3, Abschnitt III, 5.

Grollhus / Beneke – sowie deren Anwendbarkeit bei Vorliegen einer Nichterfüllung – Urteil vom 06.01. 1800: Weisse und Schroeter/ Wesenberg – .

Abschließend lässt sich zusammenfassen, dass im Laufe der Jahre das Allgemeine Landrecht das gemeine Recht in der Spruchpraxis des Oberappellationssenats des Kammergerichts zurückgedrängt hat. Schon in den Anfangsjahren seiner Geltung haben die Richter das Allgemeine Landrecht bei ihrer Arbeit konsultiert. Wie die Urteile zeigen, hat es in diesem Zeitraum jedoch noch eine untergeordnete Rolle neben dem bis damals überragenden gemeinen Recht gespielt. Es konnte sich erst vom Jahre 1800 an einen festen Platz in der richterlichen Spruchpraxis erobern und sich gegenüber dem gemeinen Recht behaupten. Das Allgemeine Landrecht hat es allerdings nicht vermocht, das gemeine Recht ganz zu verdrängen. Selbst in den späteren Jahrgängen wird es von den Richtern noch zitiert. Das gemeine Recht hat zwar einerseits an Bedeutung verloren, ist aber andererseits von der Rechtsprechung nie ganz verworfen worden. Diese unbestreitbare Tatsache sollte jedoch nicht darüber hinwegtäuschen, dass sich das Kräfteverhältnis von Allgemeinem Landrecht und gemeinem Recht in der Spruchpraxis des Kammergerichts vom Jahre 1800 an gewandelt und sogar nahezu in das Gegenteil verkehrt hat. Während das gemeine Recht in den früheren Jahren noch die Position einer ratio scripta innehatte und das Allgemeine Landrecht, soweit es zitiert wurde, lediglich zur Bestätigung des nach gemeinem Recht gefundenen Ergebnisses von den Richtern herangezogen wurde, zeigen die Urteile vom Jahre 1800 an ein anderes Bild. In den darauffolgenden Jahren haben die Richter nur in zwei Fällen auf das gemeine Recht zurückgegriffen. Zudem haben die Richter in den betreffenden Urteilen vom 17. 12. 1801 (Demmin / Maue) und vom 19. 9.1805 (Britzke / Maaß) das römisch-gemeine Recht und die zitierte gemeinrechtliche Literatur lediglich als „Ratgeber“ konsultiert. Diese Feststellung wird ferner dadurch bestätigt, dass die Urteile materiellrechtliche Themen betrafen (Verjährung, Mängel beim Viehkauf), die den Richtern im allgemeinen, wie die Urteilsanalyse gezeigt hat, Schwierigkeiten bereiteten und die auch in der Literatur zum Landrecht kontrovers diskutiert wurden. Die Vorschriften zum Viehkauf sind daher auch kurz nach Inkrafttreten des Allgemeinen Landrechts zum Teil geändert worden.[561] Daraus lässt sich ableiten, dass den Richtern das gemeine Recht später nicht mehr als Entscheidungsgrundlage, sondern nur noch als „Hilfsmittel“ diente. Dieses geänderte Rollenverständnis der Richter bzgl. des gemeinen Rechts im Sinne eines „Hilfsrechts“ äußerte sich in der Spruchpraxis des Oberappellationssenats des Kammergerichts darin, dass ungefähr von 1800 an das Allgemeine Landrecht von den Richtern als die maßgebliche und primäre Rechtsgrundlage angesehen wurde.

---

[561] vgl. *Klischies*, Die geschichtliche Entwicklung der Sachmängelhaftung, S. 79 f.

## G. Kapitel 5: Schlusswort

Die Untersuchung der Urteile des Oberappellationssenats des Kammergerichts zum Gewährleistungsrecht hat gezeigt, dass das Allgemeine Landrecht in der Rechtsprechung nicht wie zunächst vermutet, eine nur untergeordnete Rolle spielte. Die Richter bedienten sich schon der landrechtlichen Normen, als das Gesetzbuch 1794 gerade erst in Kraft getreten war. Diese Feststellung knüpft insoweit an die von Eckert gewonnene Erkenntnis aus einer Untersuchung von Urteilen des Oberappellationssenats aus der Zeit von 1790 bis 1800 an, der zufolge die Richter bereits die Normen des Allgemeinen Gesetzbuches nach dessen Veröffentlichung zitierten, obwohl die Publikation desselben 1792 suspendiert worden war.[562]

In der Zeit von 1794 bis 1800 behandelten die Richter das Allgemeine Landrecht im Vergleich zum gemeinen Recht zwar eher „stiefmütterlich“. Die Kammerrichter setzten sich mit dem Allgemeinen Landrecht so gut wie gar nicht auseinander und zitierten es lediglich, nachdem sie zuvor Ausführungen zum gemeinen Recht gemacht hatten. Nach zunehmender Vertrautheit der Richter mit dem Gesetzbuch fanden die landrechtlichen Normen jedoch immer häufiger Berücksichtigung. Spätestens nach der Jahrhundertwende ist eine Änderung in der preußischen Rechtsprechung zu verzeichnen. Das Allgemeine Landrecht hatte das bis dahin vorrangige gemeine Recht seinerseits verdrängt und bildete von nun an die für die Richter maßgebliche Rechtsquelle. Diese Feststellung wird jedoch dadurch relativiert, dass die Richter sich in rechtlich schwierigen Fällen nach wie vor den Rückgriff auf das römisch-gemeine Recht und die gemeinrechtliche Literatur offen hielten. Diese Vorgehensweise der Richter offenbart zugleich, dass sie den im Allgemeinen Landrecht festgeschriebenen strengen Gesetzesabsolutismus nicht eingehalten haben und demnach auch nicht dem gedachten Richterbild der Kodifikatoren entsprachen. Schließlich untersagte das Einführungspatent zum Allgemeinen Landrecht, auf das gemeine Recht, sei es auch nur zur Ergänzung, zurückzugreifen.[563]

Zu den von Wieacker und Thieme aufgestellten Hypothesen über die Auswirkungen der Einführung des Allgemeinen Landrechts auf die preußischen Gerichte, lässt sich jetzt nach Auswertung der Spruchpraxis des Kammergerichts sagen, dass für die preußische Richterschaft weder die eine noch die andere Vermutung zuzutreffen scheint.

---

[562] vgl. *Eckert*, Gesetzesbegriff und Rechtsanwendung im späten Naturrecht, S. 585.

[563] Siehe Patent wegen Publication des neuen allgemeinen Landrechts für die Preussischen Staaten, § 1, abgedruckt bei *Hattenhauer/Bernert*, Allgemeines Landrecht für die Preussischen Staaten von 1794, vgl. auch *Förster/Eccius*, Preußisches Privatrecht, 1. Bd., § 4, S. 15.

Eine rein mechanische Gesetzesanwendung der Richter im Sinne eines Subsumtionsautomaten und eine damit einhergehende Unterdrückung der schöpferischen Rechtsprechung, wie Wieacker sie für Preußen prophezeit hat, entspricht nicht im vollem Umfang dem Bild der preußischen Spruchpraxis. Die Urteilsanalyse hat gezeigt, dass die Richter sich nicht ausschließlich auf die sture Anwendung der landrechtlichen Normen beschränkt haben. In problematischen Entscheidungen haben sie weiterhin das gemeine Recht zur Auslegung des Allgemeinen Landrechts herangezogen. Die eigens für solche Fälle geschaffene Gesetzkommission wurde von den Richtern nicht um Hilfe angerufen. Darüber hinaus haben die preußischen Richter in den Anfangsjahren des Allgemeinen Landrechts so gut wie gar nicht unter den Gesetzeswortlaut subsumiert. Lediglich in den späteren Jahren war eine zunehmende Tendenz zur Subsumtion erkennbar. Diese wurde jedoch meist oberflächlich betrieben.
Ebenso wenig kann aber mit Thieme davon die Rede sein, dass sich die preußischen Richter im Einklang mit den Lehren des späten Naturrechts über die auferlegte strenge Gesetzesbindung hinweggesetzt und somit die ihnen genommene richterliche Rechtsfortbildung zurückerobert hätten. Diese von Thieme aufgestellte These, die auf einer Untersuchung zum österreichischen Allgemeinen Bürgerlichen Gesetzbuch beruht, ist auf Preußen nicht übertragbar.[564] Die preußischen Richter haben sich kaum mit den in den Urteilen zitierten Normen des Allgemeinen Landrechts ausführlich beschäftigt und wissenschaftlich auseinandergesetzt. Nur selten haben sie versucht, Begriffe zu definieren oder im Wege eines Analogieschlusses eine Lösung herbei zuführen. Das heißt jedoch nicht, dass die preußischen Richter im allgemeinen mit der Anwendung des Allgemeinen Landrechts keine Probleme gehabt hätten. Die Urteilsanalyse lässt das Gegenteil erkennen. Die preußischen Richter haben sich jedoch im Gegensatz zu den österreichischen Richtern eine andere Methodik zu eigen gemacht. Schwierigkeiten bei der Gesetzesanwendung wurden entweder ignoriert, indem das Allgemeine Landrecht vorbehaltlose und uneingeschränkte Anwendung fand oder es wurde unter Zuhilfenahme des römisch-gemeinen Rechts eine Lösung gesucht. Eigene Argumentationen und die Entwicklung neuer Lösungs- und Denkansätze nach den Grundsätzen der Vernunft und Billigkeit, so wie es die österreichischen Richter getan haben sollen, lagen den preußischen Richtern fern. Ebenso wenig haben sie bei Lücken und Mängeln im Gesetz die Paragraphen ausgelegt, obwohl mit der Auflösung der Gesetzkommission 1798 die Bindung der Richter an das Gesetz gelockert und ihr Auslegungsspielraum vergrößert wurde. Insofern hat Wieacker also mit der Aussage Recht, dass es durch den im Allgemeinen Landrecht festgeschriebenen

[564] Der Vergleich dürfte auch zweifelhaft sein, aufgrund der Verschiedenheiten in der theoretischen Konzeption der Gesetzbücher. Das österreichische ABGB erlaubte den Richtern sogar die schöpferische Tätigkeit (§ 7). vgl. *Thieme*, Die Zeit des späten Naturrechts, S. 238 unten; vgl. auch *Coing*, Europäisches Privatrecht, Band II, S. 9.

Gesetzesabsolutismus zur Unterdrückung einer schöpferischen Rechtsprechung der Richter gekommen ist.
Die preußische Richterschaft scheint demnach einen Mittelweg im Hinblick auf die von Wieacker und Thieme geäußerten Alternativen eingeschlagen zu haben. Man könnte ihn als „modifizierten Gesetzesabsolutismus“ bezeichnen. Modifiziert in dem Sinne, dass die Richter auf der einen Seite, wie die Häufigkeit der Zitierungen zeigt, die Allgemeinverbindlichkeit des Allgemeinen Landrechts befolgt, auf der anderen Seite aber in einzelnen Fällen den Bruch mit dem Gesetzes- und Richterbild der Kodifikatoren in Kauf genommen haben.
Im Hinblick auf die in dieser Arbeit zu untersuchende Frage nach der Bedeutung und Anwendung des Allgemeinen Landrechts in der richterlichen Spruchpraxis, scheint der Schluss nahe zu liegen, dass der von den Richtern praktizierte „modifizierte Gesetzesabsolutismus“ den Geltungsanspruch des Allgemeinen Landrechts unterlaufen und somit gleichzeitig auch dessen Bedeutung in der Spruchpraxis geschmälert haben könnte. Eine differenzierte Betrachtung unter Einbeziehung der Ursachen für die Diskrepanz zwischen der Gesetzestheorie der Kodifikatoren und der Spruchpraxis der Kammerrichter bringt auf den zweiten Blick jedoch ein anderes Bild zum Vorschein. Die Gründe für dieses modifizierte Gesetzesverständnis der Richter liegen dabei keineswegs in der Person der Richter und ihrem Ungehorsam. Hattenhauer spricht zwar in seinem Aufsatz „Preußens Richter und das Gesetz“ auch von einem in Preußen gegen Ende des 18. Jahrhunderts festzustellenden erstarkten Selbstbewusstsein der Richterschaft.[565] Dieses Selbstbewusstsein bezieht sich in dem dort erwähnten Zusammenhang aber nur auf die Einstellung der Richter zu dem Machtspruch des Königs.
Die Urteilsanalyse hat zudem gezeigt, dass die Richter die Vorschriften des Allgemeinen Landrechts, größtenteils ohne über sie zu reflektieren und uneingeschränkt, wenn auch nicht immer materiell-rechtlich richtig, angewendet haben. Der Bruch mit dem im Allgemeinem Landrecht festgeschriebenen Gesetzesabsolutismus war nie derart, dass sie sich bewusst und willkürlich entgegen den landrechtlichen Regelungen für die gemeinrechtliche Lösung eines Rechtsproblems entschieden hätten.
Das gemeine Recht diente ausschließlich als Hilfsrecht. Auf diese Hilfe konnten die Richter auch nicht verzichten, da sie schließlich nicht im preußischen Recht geschult waren. Als das Allgemeine Landrecht 1794 in Kraft trat, verfügten sie nur über ihre gemeinrechtliche Ausbildung. Die universitäre Ausbildung der Studenten im preußischen Recht setzte erst 1819 mit der Landrechtsvorlesung Savignys ein.[566] Das römisch-gemeine Recht blieb weiterhin das an den

565 *Hattenhauer*, Preußens Richter und das Gesetz, S. 55; vgl. auch *Eckert*, Vom Fürstendiener zum unabhängigen Richter, S. 59.

566 *Wollschläger*, Savignys Landrechtsvorlesung: ein Beitrag zu wissenschaftlicher Juristenausbildung; S. 207; *Wieacker*, Privatrechtsgeschichte der Neuzeit, S. 335; *Euler*,

Universitäten gelehrte Recht.[567] Lehrbücher und Kommentare zum Preußischen Landrecht erschienen größtenteils in der Zeit um 1840.[568] Ein Lehrstuhl für preußisches Recht wurde erstmals 1845 begründet.[569] Die rechtswissenschaftliche Durchdringung des Landrechts setzte demnach verhältnismäßig spät ein, mithin zu einem Zeitpunkt, als das Landrecht schon fast durch die Historische Rechtsschule als wissenschaftlich überholt galt.[570] Auf diese Weise scheint sich die Rechtswissenschaft für ihren Ausschluss von den Kodifikationsarbeiten und der Verdrängung aus der Rechtsprechung „gerächt" zu haben, indem sie das Allgemeine Landrecht lange Zeit mit Nichtbeachtung strafte.

Die Richter waren somit bei ihrer Entscheidungsfindung nur auf das Gesetz und sich allein gestellt. Wo der Gesetzeswortlaut klar war, haben sich die Richter auch an den Buchstaben des Gesetzes gehalten und dieses ohne weiteres zur Grundlage ihrer Entscheidung gemacht. Dies war jedoch nicht immer der Fall. Trotz der umfangreichen Kasuistik des Allgemeinen Landrechts enthielt das Gesetzbuch Lücken. Die Annahme, dass das Allgemeine Landrecht aus sich heraus verständlich wäre, erwies sich als falsch. Darüber hinaus sind die Kodifikatoren bei der materiell-rechtlichen Ausgestaltung des Gewährleistungsrechts von der kasuistischen Struktur abgewichen und haben die Mängelhaftung durch die Schaffung eines allgemeinen Gewährleistungsrechts, das für alle „lästigen" Verträge gelten sollte, abstrakt-generell ausgestaltet.

---

Geschichtliche Einleitung, S. 67; *Wagner*, Die Wissenschaft des gemeinen römischen Rechts, S. 131.

567 *Wagner*, Die Wissenschaft des gemeinen römischen Rechts, S. 149 f; *Goldschmidt*, Rechtsstudium und Prüfungsordnung, S. 84; *Euler*, Geschichtliche Einleitung, S. 67.

568 *Wieacker*, Privatrechtsgeschichte der Neuzeit, S. 335. v. Carmer hatte die Notwendigkeit eines akademischen Unterrichtes für die preußischen Justizbeamten gleichwohl erkannt. Um die theoretische Vorbereitung auf die Praxis zu gewährleisten, rief er 1788 die Juristen des Landes dazu auf, ein Lehrbuch des neuen preußischen Rechts zu schreiben, das bei Vorlesungen als Leitfaden dienen sollte. Nach Vorstellung v. Carmers sollte das zu entwerfende Lehrbuch aus zwei Hauptteilen bestehen. Der erste Teil sollte als Einleitung das Naturrecht in lateinischer Sprache und der zweite die Theorie des preußischen Rechts enthalten. Nachdem die Frist zur Einsendung mehrmals verschoben worden war, existierten ganze fünf Exemplare des Lehrbuches, wovon keines vollumfänglich den Erwartungen v. Carmers entsprach. Letztlich erschien 1797 das Werk von Christian Ulrich Detlef Eggers, „Lehrbuch des Natur- und allgemeinen Privatrechts und gemeinen preußischen Rechts" sowie Johann Günter Werdemanns „Einleitung in das gemeine Recht der Königl. Preuß. Staaten". Ungeachtet dieser Bemühungen v. Carmers fand das preußische Recht nach Veröffentlichung des Allgemeinen Landrechts 1794 an den Universitäten kaum Beachtung. vgl. *Euler*, Geschichtliche Einleitung, S. 55 ff; *Wagner*, Die Wissenschaft des gemeinen römischen Rechts, S. 128 f.

569 *Kosselleck*, Preußen zwischen Reform und Revolution, S. 23, Fn. 1.

570 *Wieacker*, Privatrechtsgeschichte der Neuzeit, S. 334 f.

Die von den Gesetzesverfassern rechtsschöpferisch konzipierte einheitliche Haftung für Sach- und Rechtsmängel unter dem Gesichtspunkt der nichtgewährten Sachnutzung ist nach Einschätzung der Rechtswissenschaft unklar gewesen und nicht konsequent umgesetzt worden.[571] Dies hat sich auch in den Urteilen der Richter bemerkbar gemacht, für welche die Vereinheitlichung der Gewährleistungshaftung keineswegs eine Vereinfachung darstellte.[572] Waren die Richter mit der Anwendung des Gewährleistungsrechts überfordert, haben sie auf das gemeine Recht als Auslegungskriterium zurückgegriffen. In Anbetracht der Tatsache, dass das Allgemeine Landrecht auf dem Fundament des römisch-gemeinen Rechts steht, verwundert diese Vorgehensweise der Richter nicht. Anstatt eigene rechtliche Erwägungen nach den Grundsätzen der Vernunft und Billigkeit anzustellen, lag in dem Rückgriff auf das gemeine Recht für die Richter noch das „kleinere Übel". Nicht zuletzt wurde die Auslegung des Allgemeinen Landrechts im Sinne des römischen Rechts sogar von Savigny in seiner Landrechtsvorlesung postuliert.[573]

Im übrigen verwundert die Einstellung der Richter im Umgang mit dem Gesetz nicht, wirft man einen Blick auf die preußische Staatspraxis. Der König selbst hatte den vorgeschriebenen Gesetzesabsolutismus durch ständigen Erlass neuer Edikte und Reglements längst untergraben.[574] Diese Haltung wird sich auch auf die Staatsbediensteten, in diesem Fall die Richter, ausgewirkt haben, suggerierte sie doch den Eindruck, dass in bestimmten Fällen, soweit es die Situation erforderlich machte, ein Abweichen von dem strikten Geltungsabsolutismus des Allgemeinen Landrechts durchaus gerechtfertigt zu sein schien. Das Gesetzesverständnis des historisch-relativen Naturrechts hatte somit zu Beginn des 19. Jahrhunderts auch in Preußen Einzug gehalten.[575]

---

571 vgl. *Bornemann*, Von Rechtsgeschäften überhaupt und von Verträgen insbesondere, S. 357; *Schubert/Regge*, Gesetzrevision 1825-1848, Abt. II/3, S. 123 ⌊199⌋; *Rabel*, Die Haftung des Verkäufers wegen Mangels im Rechte, S. 323/327; *Wesenberg/Wesener*, Neuere deutsche Privatrechtsgeschichte, S. 151; *Fischer*, Lehrbuch des preußischen Privatrechts, § 58, S. 338.

572 Dies mag mitunter auch Anlass gewesen sein, die Gewährleistung im BGB anders als im Allgemeinen Landrecht zu gestalten, und bei der Haftung für Sach- und Rechtsmängel wieder wie im römischen und gemeinen Recht zu unterscheiden sowie die Mängelhaftung nicht im allgemeinen Schuldrecht, sondern im Besonderen Teil zu regeln. vgl. Motive, Band II, S. 212; *Mugdan*, Materialien, Band II, S. 116 ff, 123; *Hucko*, Der Kauf im Allgemeinen Landrecht für die Preussischen Staaten, S. 75.

573 *Wollschläger*, Savignys Landrechtsvorlesung: ein Beitrag zu wissenschaftlicher Juristenausbildung, S.189; *Caroni*, in: HRG, Art. „Kodifikation", Sp. 917 f; vgl. auch: *Klein*, „Von dem Nutzen, welchen künftig die Peußischen Rechtsgelehrten aus dem Studio des römischen Gesetzbuches und dem Lesen der sogenannten eleganten Juristen ziehen können", in: Annalen der Gesetzgebung und Rechtsgelehrsamkeit, 8. Bd., S. 377-389.

574 *Eckert*, Gesetzesbegriff und Richterbild im späten Naturrecht, S. 580 f.

575 Im historisch-philosophischen Naturrecht galt das Gesetz als das eigentliche Gestaltungsmittel des absoluten Staates. Daher war die zweite Hälfte des 18. Jahrhunderts geprägt von einer Reihe von Verordnungen, Reskripten und Zirkularen. siehe *Eckert*,

Demzufolge waren es vielmehr äußere Umstände, die die Richter, man möchte fast sagen, gezwungen haben, von dem vorgezeichneten Wege des Gesetzesabsolutismus abzuweichen. Dieser Argumentation lässt sich sicherlich entgegenhalten, dass die Richter in Fällen, in denen ihnen die Anwendung des Allgemeinen Landrechts Schwierigkeiten bereitete, die Gesetzkommission hätten befragen können. Bekannterweise verfügte der König aber bereits 1798 durch eine dem Kammergericht formlos mitgeteilte Kabinetsordre, dass die Richter künftig ihre Rechtsanfragen an die Gesetzkommission erst nach Verfahrensabschluss vorlegen sollten. Nachdem sich die Gesetzkommission in der Rechtspraxis nicht bewährt hatte, wurde sie schließlich im Jahre 1815 gänzlich abgeschafft.[576] Vor diesem Hintergrund erfährt der „modifizierte Gesetzesabsolutismus", wie ihn die preußische Richterschaft ihrer Arbeit zugrunde gelegt hat, eine andere Bewertung. Er hat den Einfluss des Allgemeinen Landrechts in der richterlichen Spruchpraxis nicht gemindert, wie die steigende Häufigkeit der Zitierungen des Landrechts in den Urteilen belegt. Im Gegenteil, das Allgemeine Landrecht bedeutete für die Richterschaft im Vergleich zu der Vielzahl und Unübersichtlichkeit der Rechtsquellen des gemeinen Rechts eine Arbeitserleichterung, der sie sich gern bedienten. Insofern hat das Allgemeine Landrecht also den mit seinem Erscheinen verbundenen Erwartungsanspruch der Kodifikatoren, Rechtssicherheit im Sinne einer einheitlichen Rechtsprechung zu gewährleisten, nach der Wende zum 19. Jahrhundert größtenteils erfüllen können.

---

Gesetzesbegriff und Rechtsanwendung im späten Naturrecht, S. 576.

[576] *Hattenhauer*, Einführung, S. 26.

# Ouellen- und Literaturverzeichnis

## I. Quellen


*Acta Borussica*, Denkmäler der Preußischen Staatsverwaltung im 18. Jahrhundert, herausgegeben von der königlichen Akademie der Wissenschaften, neu herausgegeben im Auftrag der Historischen Kommission zu Berlin von Wilhelm Treue, Die Behördenorganisation und die allgemeine Staatsverwaltung Preußens im 18. Jahrhundert, Erster Band, Akten von 1701 bis Ende Juni 1714, Frankfurt am Main 1986/87; Siebenter Band, Akten vom 2. Januar 1746 bis 20. Mai 1748, Frankfurt am Main 1986/87; Sechzehnter Band, Zweiter Teil, Akten vom Januar 1778 bis zum August 1786, Hamburg und Berlin 1982

*Allgemeines Bürgerliches Gesetzbuch* für die gesammten Deutschen Erbländer der Oesterreichischen Monarchie, Wien aus der K. u. K. Hof- und Staatsdruckerei 1811

*Allgemeines Landrecht* für die Preussischen Staaten von 1794, Mit einer Einführung von Hans Hattenhauer und einer Bibliographie von Günter Bernert, Dritte Auflage, Neuwied/Kriftel/Berlin 1996

*Allgemeines Landrecht* für die Preußischen Staaten von 1794, Register, Frankfurt am Main 1973

*Allgemeines Landrecht* für die Preußischen Staaten nebst den ergänzenden und abändernden Bestimmungen der Reichs- und Landesgesetzgebung. Mit Erläuterungen von H. Rehbein und D. Reincke, Erster Band (Theil I, Titel 1-11), Berlin 1894

*Allgemeines Gesetzbuch* für die Preussischen Staaten. Erster Theil, Berlin 1791, Nachdruck, Frankfurt am Main 1985

*Allgemeine Gerichtsordnung* für die Preußischen Staaten, Nachdruck der Ausgabe Berlin 1822, mit einer Einleitung herausgegeben von Werner Schubert, Goldbach 1994

The collected works of *Jeremy Bentham*, „Legislator of the world", writings on codification, law and education, edited by Philip Schofield and Jonathan Harris, Oxford 1998

The collected works of *Jeremy Bentham*, Principles of Legislation, of laws in general, edited by H. L. A. Hart, London 1970

*Boehmer, Justus Henning*, Doctrina de actionibus, Halae Salicae 1765

*Claproth, Justus*, Ohnmasgeblicher Entwurf eines Gesetz-buchs welcher, die Prozeß-Ordnung, vom Privat-Recht das Recht der Personen, und von der Polizey-Ordnung das Dorf-Recht in sich hält, Frankfurt am Mayn 1773

*Corpus Juris Fridericianum*, Erstes Buch von der Prozeß-Ordnung, Berlin 1781, Nachdruck herausgegeben von Werner Schubert, Goldbach 1994

*Conring, Hermann*, Der Ursprung des deutschen Rechts, übersetzt von Ilse Hoffmann-Meckenstock, herausgegeben von Michael Stolleis, Frankfurt am Main 1994

*Fenderlin, Lukas*, Gedanken über die Verabfassung eines allgemeinen Gesetzbuches zur Verbesserung derer Justiz-Verfassungen, Nachdruck, herausgegeben und eingeleitet von Andreas Schwennicke, Goldbach/Keip 1994

*Filangieri, Caietan*, System der Gesetzgebung, aus dem Italienischen des Ritters Caietan Filangieri übersetzt von Christian Siebenkees, Band 1, Anspach 1784

*Friedrich der Große*, Versuch über Beherrschungsformen und Regentenpflichten, in das deutsche übersetzt und mit erläuternden zeitgemäßen Anmerkungen zum Texte begleitet von G. F. Kremer, Schmalkaden 1822

Die Werke *Friedrich des Großen*, Siebenter Band, Antimachiavell und Testamente, herausgegeben von Gustav Berthold Volz, Berlin 1913

Die Werke *Friedrich des Großen*, Achter Band, Philosophische Schriften, herausgegeben von Gustav Berthold Volz, Berlin 1913

*Gesetzrevision (1825-1848)*, II. Abteilung, Öffentliches Recht, Zivilrecht und Zivilprozessrecht, Band 3, Obligationenrecht, herausgegeben und unter Nachweis der Quellen zum Handelsrecht mit einer Einleitung versehen von Werner Schubert, Vaduz, Liechtenstein 1983

*Grotius, Hugo*, De jure belli ac pacis libri tres, Drei Bücher vom Recht des Krieges und des Friedens, Paris 1625, nebst einer Vorrede von Christian Thomasius zur ersten deutschen Ausgabe des Grotius vom Jahre 1707, Neuer deutscher Text und Einleitung von Walter Schätzel, Tübingen 1950

*Hellfeld, Johann August*, Jurisprudentia forensis, Jenae 1801

*Hotmani, Francisci*, Antitribonianus sive dissertatio de studio legum, Lipsiae 1704

*Kamptz, Karl Albert Heinrich von*, Jahrbücher für die Preußische Gesetzgebung, Rechtswissenschaft und Rechtsverwaltung, 58. Band, Berlin 1842, 59. Band, Berlin 1842

*Leibniz, Gottfried Wilhelm*, Sämtliche Schriften und Briefe, herausgegeben von der Deutschen Akademie der Wissenschaften zu Berlin, Reihe 6: Philosophische Schriften, herausgegeben von der Leibniz-Forschungsstelle der Universität Münster, Band 4: 1677-1690, Teil B, bearbeitet von Heinrich Schepers, Berlin 1999

*Loewenberg, Karl Friedrich Benjamin*, Materialien des Anhangs zum Allgemeinen Landrecht und zur Allgemeinen Gerichtsordnung, in: Beiträge zur Kenntnis der Motive der Preußischen Gesetzgebung, Zweiter Band, Berlin 1843

*Materialien* zur wissenschaftlichen Erklärung der neuesten allgemeinen preußischen Landesgesetze, herausgegeben von Friedrich Gotthilf Siewert, Heft 7, Halle 1806

Die Gesamten *Materialien* zum Bürgerlichen Gesetzbuch für das Deutsche Reich, Band 2, Recht der Schuldverhältnisse, herausgegeben und bearbeitet von Benno Mugdan, Neudruck der Ausgabe Berlin 1899, Aalen 1979

*Meier, Justus*, Collegium Argentoratense, Argentorati 1657

*Montesquieu, Charles Louis de Secondat*, Vom Geist der Gesetze, In neuerer Übertragung eingeleitet und herausgegeben von Ernst Forsthoff, Tübingen 1951

*Motive* zu dem Entwurfe eines Bürgerlichen Gesetzbuches für das Deutsche Reich, Band II., Recht der Schuldverhältnisse, Berlin und Leipzig 1888, Nachdruck 1983

*Mylius, Christian Otto*, Corpus Constitutionum Marchiarum, oder Königl. Preußis. und Churfürstlich Brandenburgische in der Chur- und Marck Brandenburg, auch incorporierten Landen publicirte und ergangene Ordnungen, Edicta, Mandata, Rescripta etc., von Zeiten Friedrichs, Kurfürsten von Brandenburg, ad annum 1737, Berlin und Halle

*Mylius, Christian Otto*, Anhang des Corpus Constitutionum Marchiarum, sechsten Theils, Berlin und Halle 1750

*Novum Corpus Constitutionum* Prussico Brandenburgensium Praecipue Marchicarum oder Neue Sammlung Königl. Preuß. u. Churfürstl. Brandenburgischer, sonderlich in der Chur= und Marck= Brandenburg, wie auch andern Provintzien, publicirten und ergangenen Ordnungen, Edicten, Mandaten, Rescripten etc. Berlin 1756-1822

*Pufendorf, Samuel*, Acht Bücher von Nautur und Völkerrecht, Teil I, Teil II, Nachdruck der Ausgabe Frankfurt am Main 1711, Hildesheim/Zürich/New York 1998

*Pufendorf, Samuel*, De officio, herausgegeben von Gerald Hartung, in: Samuel Pufendorf, Gesammelte Werke, herausgegeben von Wilhelm Schmidt-Biggemann, Band 2, Berlin 1997

*Pufendorf, Samuel*, De jure naturae et gentium, Zweiter Teil: Text (Liber quintus-Liber octarus), herausgegeben von Frank Böhling, in: Samuel Pufendorf, Gesammelte Werke, herausgegeben von Wilhelm Schmidt-Biggemann, Band 4, Berlin 1998

*Pufendorf, Samuel*, Elementa jurisprudentiae universalis, herausgegeben von Thomas Behme, in: Samuel Pufendorf, Gesammelte Werke, herausgegeben von Wilhelm Schmidt- Biggemann, Band 3, Berlin 1999

Die *politischen Testamente* der Hohenzollern, Veröffentlichungen aus den Archiven Preussischer Kulturbesitz, herausgegeben von Friedrich Benninghoven, bearbeitet von Richard Dietrich, Köln/Wien 1986

*Schilter, Johannes*, Praxis juris Romani in foro Germanico, Jenae 1698

*Schlosser, Johann Georg*, Briefe über die Gesetzgebung überhaupt und den Entwurf des preußischen Gesetzbuchs insbesondere, Frankfurt a. M. 1789, Neudruck, Glashütten 1970

*Wolff, Christian*, Gesammelte Werke, II. Abt., Lateinische Schriften, Band 19, Band 20, Jus Naturae, Nachdruck der Ausgabe Halle und Magdeburg 1743, herausgegeben und bearbeitet von Marcel Thomann, Hildesheim 1968

*Wolff, Christian*, Gesammelte Werke, I. Abt., Deutsche Schriften, Band 19, Grundsätze des Nautur- und Völkerrechts, Nachdruck der Ausgabe Halle 1754, herausgegeben und mit einem Vorwort versehen von Marcel Thomann, Hildesheim/New York 1980

## II. Literatur

*Abegg, Julius Friedrich Heinrich*, Versuch einer Geschichte der Preußischen Civil-Prozeß-Gesetzgebung, Breslau 1848

*Aretin, Karl Otmar v.*, (Hrsg.), Der aufgeklärte Absolutismus, Köln 1974

*Bachmann, Hanns-Martin*, Zur Wolffschen Naturrechtslehre, in: Christian Wolff 1679-1754, Interpretationen zu seiner Philosophie und deren Wirkung, herausgegeben von Werner Schneiders, Hamburg 1983, S. 161-170

*Bake, Uwe*, Die Entstehung des dualistischen Systems der Juristenausbildung in Preussen, Diss., Kiel 1971

*Barzen, Carola*, Zur Entstehung des Entwurfs zum Allgemeinen Landrecht, in: Zur Ideen- und Rezeptionsgeschichte des Preußischen Allgemeinen Landrechts, herausgegeben von Walther Gose und Thomas Würtemberger, Stuttgart 1999, S. 87-99

*Bender, Peter*, Die Rezeption des römischen Rechts im Urteil der deutschen Rechtswissenschaft, Diss., Frankfurt am Main 1979

*Benthaus, Raimund*, Eine „Sudeley"? – Das Allgemeine Landrecht für die preussischen Staaten von 1794 im Urteil seiner Zeit, Diss., Kiel 1996

*Bielitz, Gustav Alexander*, Praktischer Kommentar zum allgemeinen Landrechte für die preußischen Staaten, Erster Band, welcher die Erläuterungen des ersten, zweiten, dritten, vierten und fünften Titels des ersten Theils enthält, Erfurt 1823

*Bielitz, Gustav Alexander*, Praktischer Kommentar zum allgemeinen Landrechte für die preußischen Staaten, Zweiter Band, welcher die Erläuterungen des sechsten, siebenten, achten, neunten, zehnten und elften Titels des ersten Theils enthält, Erfurt 1824

*Birtsch, Günter*, Eigentum und ständische Gesellschaft im 18. Jahrhundert, in:Vom Staat des ancien Regime zum modernen Parteienstaat, Festschrift für Theodor Schieder zu seinem 70. Geburtstag, herausgegeben von Helmut Berding, Kurt Düwell, Lothar Gall, Wolfgang J. Mommsen, Hans-Ulrich Wehler, München 1978, S. 59-72

*Birtsch, Günter*, Reformabsolutismus und Gesetzesstaat, Rechtsauffassung und Justizpolitik Friedrich des Großen, in: Reformabsolutismus und ständische Gesellschaft, Zweihundert Jahre Preußisches Allgemeines Landrecht, herausgegeben von Günter Birtsch und Dietmar Willoweit, Berlin 1998

*Bornemann, Friedrich Wilhelm Ludwig*, Systematische Darstellung des Preussischen Civilrechts mit Benutzung der Materialien des Allgemeinen Landrechts, Zweiter Band, enthaltend die Lehre vom Eigenthum, und den allgemeinen Theil des Obligationenrechts, Zweite Auflage, Berlin 1838

*Bornemann, Friedrich Wilhelm Ludwig*, Systematische Darstellung des Preussischen Civilrechts mit Benutzung der Materialien des Allgemeinen Landrechts, Dritter Band, enthaltend den speciellen Theil des Obligationenrechts, Zweite Auflage, Berlin 1838

*Bornemann, Friedrich Wilhelm Ludwig*, Von Rechtsgeschäften überhaupt und von Verträgen insbesondere, nach preussischem Rechte. Für angehende Praktiker, Zweite Auflage, Berlin 1833

*Bornhak, Conrad*, Preussische Staats- und Rechtsgeschichte, Berlin 1903

*Brändle, Walter*, Die authentische Interpretation, Diss., Freiburg 1946

*Buchda, Gerhard*, Artikel „Appellation" in: Handwörterbuch zur Deutschen Rechtsgeschichte, herausgegeben von Adalbert Erler und Ekkehard Kaufmann, I. Band, Berlin 1971, Sp. 196-200

*Buchda, Gerhard*, Artikel „Appellationsprivilegien" in: Handwörterbuch zur Deutschen Rechtsgeschichte, herausgegeben von Adalbert Erler und Ekkehard Kaufmann, I. Band, Berlin 1971, Sp. 200-201

*Buchda, Gerhard*, Über die verlorenen hallischen Konstitutionen zum Landrecht der Kurmark Brandenburg (1714), in: Zeitschrift der Savigny-Stiftung für Rechtsgeschichte (ZRG), Germanistische Abteilung, Band 69, (1952), S. 385-399

*Buchholz, St.*, Artikel „Christian Wolff", in: Handwörterbuch zur Deutschen Rechtsgeschichte, herausgegeben von Adalbert Erler und Ekkehard Kaufmann, V. Band, Berlin 1998, Sp. 1511-1516

*Bühler, Theodor*, Gewohnheitsrecht – Enquête – Kodifikation, Rechtsquellenlehre Band 1, Zürich 1977

*Busch, Sylvia*, Die Entstehung der Allgemeinen Gerichtsordnung für die Preussischen Staaten von 1793/95, Diss., Frankfurt am Main 1999

*Caroni, P.*, Artikel „Kodifikation" in: Handwörterbuch zur Deutschen Rechtsgeschichte, II. Band, herausgegeben von Adalbert Erler und Ekkehard Kaufmann, Berlin 1978, Sp. 907-922

*Coderch, Pablo Salvador*, Die logische Auslegung, in: Das friderizianische Preußen 1786-1806, herausgegeben von Hans Hattenhauer und Götz Landwehr, Heidelberg 1988, S. 245-257

*Coing, Helmut*, Europäisches Privatrecht, Band I, Älteres Gemeines Recht (1500-1800 ), München 1985

*Coing, Helmut*, Europäisches Privatrecht, Band II, 19. Jahrhundert, München 1989

*Conrad, Hermann*, Die geistigen Grundlagen des Allgemeinen Landrechts für die preußischen Staaten von 1794, Köln und Opladen 1958

*Conrad, Hermann*, Deutsche Rechtsgeschichte, Neuzeit bis 1806, Band II, Karlsruhe 1966

*Conrad, Hermann*, Richter und Gesetz im Übergang vom Absolutismus zum Verfassungsstaat, Graz 1971

*Conrad, Hermann*, Das Allgemeine Landrecht von 1794 als Grundgesetz des friderizianischen Staates, Berlin 1965

*Conrad, Hermann*, Aufklärung und Gesetzgebung, in: JZ 1969, S. 309-311

*Creifelds, Carl*, Rechtswörterbuch, herausgegeben von Hans Kauffmann, München 1996

*Daniel, Andreas*, Gemeines Recht, Eine systematische Einordnung der Rechtsfigur und ihrer Funktion sowie die Bestimmung der inhaltlichen Probleme aus der Sicht des 18. Jahrhunderts, Diss., Berlin 2003

*Daniels, Alexander v.*, System des Preußischen Civilrechtes, Erster Band, Berlin 1866

*Dann, Otto*, Einleitung: Naturrecht – Spätaufklärung – Revolution – in: Naturrecht – Spätaufklärung – Revolution, herausgegeben von Otto Dann und Diethelm Klippel, Hamburg 1995, S. 1-3

*Deimling, Gerhard*, Cesare Beccaria, Die Anfänge moderner Strafrechtspflege in Europa, herausgegeben von Gerhard Deimling, Heidelberg 1989

*Deller, Patrick*, Der „nach dem Vertrage" vorausgesetzte Gebrauch (§ 459 Absatz 1 Satz 1 BGB), Diss., Frankfurt am Main 2000

*Dernburg, Heinrich*, System des Römischen Rechts, Der Pandekten, achte umgearbeitete Auflage, bearbeitet von Dr. Paul Sokolowski, Erster Teil, Berlin 1911

*Dernburg, Heinrich* Das Obligationenrecht Preußens und des Reichs und das Urheberrecht, Zweiter Band, Dritte Auflage, Halle 1882

*Dießelhorst, Malte*, Die Prozesse des Müllers Arnold und das Eingreifen Friedrichs des Großen, Göttingen 1984

*Dilcher, Gerhard*, Die janusköpfige Kodifikation, in: Zeitschrift für Europäisches Privatrecht (ZEuP) 1994, S. 447-469

*Dilcher, Gerhard*, Gesetzgebungswissenschaft und Naturrecht, in: JZ 1969, S. 1-7

*Dilthey, Wilhelm*, Geschichte der Justizreform bis zum Landrecht, in: Gesammelte Schriften, Zur Preussischen Geschichte, XII. Band, Dritte Auflage, Stuttgart 1960, S. 133-152

*Döhring, Erich*, Geschichte der deutschen Rechtspflege seit 1500, Berlin 1953

*Droste-Lehnen, Bernadette*, Die authentische Interpretation, Dogmengeschichtliche Entwicklung und aktuelle Bedeutung, Diss., Baden-Baden 1990

*Ebel, Friedrich*, 200 Jahre preußischer Zivilprozeß, Berlin 1982

*Ebel, Friedrich/Thielmann, Georg*, Rechtsgeschichte, Von der römischen Antike bis zur Neuzeit, Dritte Auflage, Heidelberg 2003

*Ebel, Wilhelm*, Geschichte der Gesetzgebung in Deutschland, Zweite Auflage, Göttingen 1958

*Ebert, Friederich*, Carl Gottlieb Svarez, in: 200 Jahre Dienst am Recht, Gedenkschrift aus Anlass des 200jährigen Gründungstages des Preußischen Justizministeriums, Berlin 1938, S. 367-396

*Ebert, Ina*, Die Normierung der juristischen Staatsexamina und des juristischen Vorbereitungsdienstes in Preußen (1849-1934), Diss., Berlin 1995

*Eckert, Jörn*, Der Gesetzesbegriff des Preußischen Allgemeinen Landrechts in Theorie und Praxis, in: Zur Ideen- und Rezeptionsgeschichte des Preußischen Allgemeinen Landrechts, herausgegeben von Walther Gose und Thomas Würtemberger, Stuttgart-Bad Cannstatt 1999, S. 39-54

*Eckert, Jörn*, Die Entstehung der Allgemeinen Gerichtsordnung für die Preußischen Staaten von 1793/95, Zur Reform des preußischen Zivilprozesses am Ende des 18. Jahrhunderts, in: Das Preußische Allgemeine Landrecht, Politische, rechtliche und soziale Wechsel- und Fortwirkungen, Heidelberg 1995, S. 101-119

*Eckert, Jörn*, Gesetzesbegriff und Rechtsanwendung im späten Naturrecht, Die Spruchpraxis preußischer Gerichte unter dem Allgemeinen Landrecht, in: Der Staat, Band 37 (1998), S. 571-590

*Eckert, Jörn*, Vom Fürstendiener zum unabhängigen Richter, Preußisch-aufgeklärtes Richtertum gegen Ende des 18. Jahrhunderts, in: Brandenburgisches Oberlandesgericht, Festgabe zur Eröffnung, herausgegeben von Peter Macke, Baden-Baden 1993, S. 38-54

*Engstfeld, Jörn C.*, Der Erwerb vom Nichtberechtigten, Die rechtsgeschichtliche Entwicklung, insbesondere im 19. und 20. Jahrhundert, Diss., Marburg 2002

*Enneccerus, Ludwig/Lehmann, Heinrich*, Recht der Schuldverhältnisse, Zweiter Band, Tübingen 1958

*Erler, Adalbert*, Artikel „Preußen“, in: Handwörterbuch zur Deutschen Rechtsgeschichte, herausgegeben von Adalbert Erler und Ekkehard Kaufmann, III. Band, Berlin 1984, Sp. 1926-1947

*Ernst, Wolfgang*, Rechtsmängelhaftung, Tübingen 1995

*Esselborn, Karl*, Über Verbrechen und Strafen von Cesare Beccaria, Leipzig 1905

*Euler, Matthias Joseph*, Geschichtliche Einleitung in das Studium des allgemeinen Preußischen Landrechts, in: Jahrbücher für die Preußische Gesetzgebung, Rechtswissenschaft und Rechtsverwaltung, herausgegeben von Karl Albert von Kamptz, 32. Band, Berlin 1828, S. 3-70

*Finkenauer, Thomas*, Vom Allgemeinen Gesetzbuch zum Allgemeinen Landrecht – preußische Gesetzgebung in der Krise –, ZRG (GA), 113. Band. (1996), S. 40-216

*Fischer, Otto*, Lehrbuch des preußischen Privatrechts, Berlin und Leipzig 1887
*Förster, Franz*, Theorie und Praxis des heutigen gemeinen preußischen Privatrechts auf der Grundlage des gemeinen deutschen Rechts, I. Band, Zweite Auflage, Berlin 1869
*Förster, Franz*, Theorie und Praxis des heutigen gemeinen preußischen Privatrechts, II. Band, Berlin 1866
*Förster, Franz/Eccius, Max Ernst*, Preußisches Privatrecht, Erster Band, Die Grundbegriffe und Grundlehren des Rechts der Schuldverhältnisse, Siebente Auflage, Berlin 1896

*Gehrke, H.*, Gesetzgebung im Deutschen Reich, Brandenburg-Preußen, in: Handbuch der Quellen und Literatur der neueren europäischen Privatrechtsgeschichte, Band II/2, herausgegeben von Helmut Coing, München 1977, S. 323-342
*Giese, Friedrich*, Preußische Rechtsgeschichte, Berlin und Leipzig 1920
*Giesen, D.*, Artikel „Rezeption fremder Rechte“ in: Handwörterbuch zur Deutschen Rechtsgeschichte, herausgegeben von Adalbert Erler und Ekkehard Kaufmann, IV. Band, Berlin 1990, Sp. 995-1004
*Gierke, Otto*, Deutsches Privatrecht, Band III, München und Leipzig 1917
*Glück, Christian Friedrich*, Versuch einer ausführlichen Erläuterung der Pandecten nach Hellfeld, Ein Commentar, Erster Theil, Erlangen 1790
*Goldschmidt, Levin*, Rechtsstudium und Prüfungsordnung, Stuttgart 1887
*Gose, Walther/Krause, Peter*, Aufklärung und Gesetzgebung, 200 Jahre Entwurf eines Allgemeinen Gesetzbuchs für die Preußischen Staaten, Eine Dokumentation von Walther Gose und Peter Krause, Trier 1988
*Grahl, Christian*, Die Abschaffung der Advokatur unter Friedrich dem Großen, Diss., Göttingen 1994
*Greiser, Peter*, Der Kauf nach deutschen Landrechten der Rezeptionszeit, Diss., München 1965
*Gruchot, Julius Albert*, Beiträge zur Erläuterung des deutschen Rechts, in besonderer Beziehung auf das preussische Recht mit Einschluss des Handels- und Wechselrechts, 26. Jahrgang, 1882, S. 905-908

*Hartung, Gerald*, Die Naturrechtsdebatte; Geschichte der Obligatio vom 17. bis 20. Jahrhundert, Freiburg/München 1998
*Hattenhauer, Hans*, Europäische Rechtsgeschichte, Dritte Auflage, Heidelberg 1999
*Hattenhauer, Hans*, Das ALR im Spiegel von Erwartung Lob und Kritik, in: Zur Ideen- und Rezeptionsgeschichte des Preußischen Allgemeinen Landrechts, herausgegeben von Walther Gose und Thomas Würtemberger, Stuttgart-Bad Cannstatt 1999, S. 101-125

*Hattenhauer, Hans*, Das ALR im Widerstreit der Politik, in: Kodifikation gestern und heute, Zum 200. Geburtstag des Allgemeinen Landrechts für die Preußischen Staaten, herausgegeben von Detlef Merten und Waldemar Schreckenberger, Berlin 1995, S. 27-57

*Hattenhauer, Hans*, Einführung in die Geschichte des Preußischen Allgemeinen Landrechts, in: Allgemeines Landrecht für die Preußischen Staaten von 1794, Dritte Auflage, Neuwied/Kriftel/Berlin 1996, S. 1-29

*Hattenhauer, Hans*, Daten zur Geschichte des ALR, in: Das Preußische Allgemeine Landrecht, Politische, rechtliche und soziale Wechsel- und Fortwirkungen, herausgegeben von Jörg Wolff, Heidelberg 1995, S. 287-291

*Hattenhauer, Hans*, Preußens Richter und das Gesetz (1786-1814), in: Das nachfriderizianische Preußen 1786-1806, herausgegeben von Hans Hattenhauer und Götz Landwehr, Heidelberg 1988, S. 37-65

*Hattenhauer, Hans*, Das Preußische Allgemeine Landrecht, Gesetzgebung der Kompromisse, in: Brandenburgisches Oberlandesgericht, Festgabe zur Eröffnung, herausgegeben von Peter Macke, Baden-Baden 1993, S. 55-73

*Hattenhauer, Hans/Buschmann, Arno*, Textbuch zur Privatrechtsgeschichte der Neuzeit, München 1967

*Hermann, Rudolf/Batrsch, Robert/Leonhard, Otto/Bernhart, Ludwig/Fortner, Erich,* Das Allgemeine Bürgerliche Gesetzbuch in der Praxis der Obersten Justizstelle bis 1820, in: Festschrift zur Jahrhundertfeier des Allgemeinen Bürgerlichen Gesetzbuches, 1. Juni 1911, Erster Teil mit 11 Beilagen, Wien 1911, S. 579-684

*Hintze, Otto*, Preußens Entwicklung zum Rechtsstaat, in: ders., Regierung und Verwaltung, Gesammelte Abhandlungen zur Staats-, Rechts- und Sozialgeschichte Preußens, herausgegeben und eingeleitet von Gerhard Oestreich, Band III, Zweite Auflage, Göttingen 1967, S. 97-163

*Holtze, Friedrich*, Geschichte des Kammergerichts in Brandenburg- Preußen, Dritter Theil: Das Kammergericht im 18. Jahrhundert, Berlin 1901

*Holtze, Friedrich*, 500 Jahre Geschichte des Kammergerichts, Berlin 1913

*Hommel, Karl Ferdinand*, Des Herrn Marquis von Beccaria unsterbliches Werk von Verbrechen und Strafen, herausgegeben und mit einem Nachwort versehen von John Lekschas unter Mitarbeit von Walter Griebe, Berlin 1966

*Honsell, Heinrich*, Römisches Recht, Vierte Auflage, Berlin, Heidelberg, New York, Barcelona, Hongkong, London, Mailand, Paris, Tokio 2002

*Hubatsch, Walther*, (Hrsg.) Absolutismus, Darmstadt 1973

*Hübner, Heinz*, Kodifikation und Entscheidungsfreiheit des Richters in der Geschichte des Privatrechts, Königstein/Ts. 1980

*Hübner, Rudolf*, Grundzüge des Deutschen Privatrechts, Leipzig 1908

*Hubrich, Eduard*, Die Entwicklung der Gesetzespublikation in Preußen, Greifswald 1918
*Hucko, Elmar*, Der Kauf im allgemeinen Landrecht für die Preussischen Staaten, Diss., Köln 1969
*Hucko, Elmar*, Zum 200. Geburtstag des Allgemeinen Landrechts für die Preußischen Staaten, in: NJW 1994, S. 1449-1453
*Hügli, A.*, Artikel „Naturrecht", in: Historisches Wörterbuch der Philosophie, herausgegeben von Joachim Ritter und Karlfried Gründer, Band 6, Basel 1984, Sp. 582-594
*Hülle, Werner*, Der Religionsprozeß des preußischen Kammergerichts gegen den „Zopfschulzen" (1792), in: ZStW, Band 93 (1981), S. 529-558

*Janicka, Danuta*, Das Allgemeine Landrecht und Polen, in: 200 Jahre Allgemeines Landrecht für die preußischen Staaten, herausgegeben von Barbara Dölemeyer und Heinz Mohnhaupt, Frankfurt am Main 1995, S. 437-441
*Jüttner, Bernhard*, Zur Geschichte des Grundsatzes „Kauf bricht nicht Miete", Diss., Breslau 1960

*Kaser, Max/Knütel, Rolf*, Römisches Privatrecht, Siebzehnte Auflage, München 2003
*Kern, Eduard*, Der gesetzliche Richter, Berlin 1927
*Kiefner, H.*, Artikel „Rezeption" in: Handwörterbuch zur Deutschen Rechtsgeschichte, IV. Band, herausgegeben von Adalbert Erler und Ekkehard Kaufmann, Berlin 1990, Sp. 970-984
*v. Kirchmann, Julius*, Die Werthlosigkeit der Jurisprudenz als Wissenschaft, Ein Vortrag, gehalten in der juristischen Gesellschaft zu Berlin, Dritte Auflage, Berlin 1848
*Klein, Ernst Ferdinand*, System des Preussischen Civilrechts, Erster Band, Halle 1801
*Klein, Ernst Ferdinand*, Nachricht von den Schlosserschen Briefen über die Gesetzgebung, in: Annalen der Gesetzgebung und Rechtsgelehrsamkeit in den Preussischen Staaten, herausgegeben von Ernst Ferdinand Klein, 4. Band (1790), S. 326-390
*Klein, Ernst Ferdinand*, Von dem Nutzen, welchen künftig die Preußischen Rechtsgelehrten aus dem Studio des Römischen Gesetzbuches und dem Lesen der sogenannten eleganten Juristen ziehen können, in: Annalen der Gesetzgebung und Rechtsgelehrsamkeit in den Preussischen Staaten, 8. Band (1791), S. 377-389
*Kleinheyer, Gerd*, Das Allgemeine Landrecht für die Preußischen Staaten vom 1. Juni 1794, Heidelberg 1995

*Kleinheyer, Gerd* (Hrsg.), Deutsche und europäische Juristen aus neun Jahrhunderten: eine biographische Einführung in die Geschichte der Rechtswissenschaft, Vierte Auflage, Heidelberg 1996

*Klemm, Herbert*, Samuel von Cocceji, in: 200 Jahre Dienst am Recht, Gedenkschrift aus Anlass des 200jährigen Gründungstages des Preußischen Justizministeriums, herausgegeben vom Reichsminister der Justiz Franz Gürtner, Berlin 1938, S. 305-330

*Klempt, Walter-Jürgen*, Die Grundlagen der Sachmängelhaftung des Verkäufers im Vernunftrecht und Usus modernus, Diss., Stuttgart 1967

*Klischies, Manfred*, Die geschichtliche Entwicklung der Sachmängelhaftung beim Kauf beweglicher Sachen im deutschen Recht bis zum 19. Jahrhundert, Diss., Kiel 1965

*Koch, Christian Friedrich*, Der Preußische Civil- Prozeß, Zweite Ausgabe, Berlin 1855

*Koch, Christian Friedrich*, Das Recht der Forderungen nach preußischem Rechte, Band 2, Breslau 1840

*Koch, Christian Friedrich*, Allgemeines Landrecht für die Preußischen Staaten, Kommentar mit Anmerkungen, Erster Band, Sechste Ausgabe, Berlin 1874

*Koschaker, Paul*, Europa und das römische Recht, Vierte Auflage, München 1966

*Koselleck, Reinhart*, Preußen zwischen Reform und Revolution, Allgemeines Landrecht, Verwaltung und soziale Bewegung von 1791-1848, Zweite Auflage, Stuttgart 1967

*Krause, Peter*, Carl Gottlieb Svarez, Entwurf eines allgemeinen Gesetzbuches für die Preußischen Staaten, Erster Band, Erster Teil, Erste Abteilung, Edition nach der Ausgabe von 1784 mit Hinweisen auf das ALR, AGB, die eingegangenen Monita und deren Bearbeitung, sowie mit einer Einführung und Anmerkung von Peter Krause, Stuttgart-Bad Cannstatt 1996

*Krause, Peter*, Naturrecht und Kodifikation, in: Vernunftrecht und Rechtsreform, herausgegeben von Peter Krause, Hamburg 1988, S. 7-28

*Krause, Peter*, Das gemeine Recht und seine Kodifikation durch das Allgemeine Landrecht, in: Das Preußische Allgemeine Landrecht, Politische, rechtliche und soziale Wechsel- und Fortwirkungen, herausgegeben von Jörg Wolff, Heidelberg 1995, S. 69-95

*Krusch, Walter*, Die Gedanken der Aufklärung in der Gesetzgebung, Rechtspflege und Verwaltung Friedrich des Großen, Diss., Breslau 1928

*Landwehr, Götz*, Das Allgemeine Landrecht in der Rechtspraxis seiner ersten Jahre – dargestellt an den Vorschriften des Ersten Anhangs zum ALR aus dem Jahre 1803, in: Das friderizianische Preußen 1786-1806, herausgegeben von Hans Hattenhauer und Götz Landwehr, Heidelberg 1988, S. 67-129

*Laspeyres, Ernst Adolf Theodor*, Die Reception des römischen Rechts in der Mark Brandenburg und die preußische Gesetzgebung von König Friedrich II., in: Zeitschrift für deutsches Recht und deutsche Rechtswissenschaft, herausgegeben von A. L. Reyscher und W. E. Wilda, Band 6, 1841, S. 1-96

*Lieberwirth, Rolf*, Christian Thomasius und die Gesetzgebung, in: Christian Thomasius 1655-1728, Interpretationen zu Werk und Wirkung, Mit neuer Bibliographie der neueren Thomasius-Literatur, herausgegeben von Werner Schneiders, Hamburg 1989, S. 173-186

*Link, Christoph*, Aufgeklärtes Naturrecht und Gesetzgebung – vom Systemgedanken zur Kodifikation, in: Reformabsolutismus und ständische Gesellschaft, Zweihundert Jahre Preußisches Allgemeines Landrecht, herausgegeben von Günter Birtsch und Dietmar Willoweit, Berlin 1998, S. 21-46

*Link, Christoph*, Das Gesetz im späten Naturrecht, in: Zum römischen und neuzeitlichen Gesetzesbegriff, herausgegeben von Okko Behrends und Christoph Link, Göttingen 1987, S. 150-174

*Luig, Klaus*, Artikel „Usus modernus“, in: Handwörterbuch zur Deutschen Rechtsgeschichte, herausgegeben von Adalbert Erler, Ekkehard Kaufmann und Dieter Werkmüller, V. Band, Berlin 1998, Sp. 628-636

*Luig, Klaus*, Das Privatrecht im „Allgemeinen Landrecht für die preußischen Staaten“ von 1794, in: Archiv für die civilistische Praxis (AcP), Band 194 (1994), S. 521-542

*Luig, Klaus*, Ungestörter Gebrauch der Freiheit und Erfüllung der Pflichten des Wohlwollens im Privatrecht des Preußischen Allgemeinen Landrechts von 1794, in: Gemeinwohl – Freiheit – Vernunft – Rechtsstaat, 200 Jahre Allgemeines Landrecht für die Preußischen Staaten, herausgegeben von Friedrich Ebel, Berlin/New York 1995, S. 17-34

*Mayer-Maly, Theo*, Römisches Privatrecht, Zweite Auflage, Wien/New York 1999

*Mitteis, Heinrich/Lieberich, Heinz*, Deutsches Privatrecht, Neunte Auflage, München 1981

*Mitteis, Heinrich/Lieberich, Heinz*, Deutsche Rechtsgeschichte, Neunzehnte Auflage, München 1992

*Mittenzwei, Ingrid/Herzfeld, Erika*, Brandenburg-Preußen 1648-1789, Das Zeitalter des Absolutismus in Text und Bild, Köln 1987

*Mittermaier, Carl Joseph Anton*, Der gemeine deutsche bürgerliche Prozeß in Vergleichung mit dem preußischen und französsischen Civilverfahren und mit den neuesten Fortschritten der Prozessgesetzgebung, Erster Beitrag, Zweite Auflage, Bonn 1822

*Mohnhaupt, Heinz*, Potestas legislatoria und Gesetzesbegriff im Ancien Regime, in: Ius Commune, herausgegeben von Helmut Coing, Frankfurt am Main 1972, S. 188-239

*Müller, Hans*, Zur Geschichte der bindenden Gesetzesauslegung, Berlin 1939

*Muscheler, Karl-Heinz*, Die Schopenhauer – Marquet – Prozesse und das preußische Recht, Tübingen 1996

*Neufeld, Hans*, Die Friedericianische Justizreform bis zum Jahre 1780, Göttingen 1910

*Nörr, Knut Wolfgang*, Naturrecht und Zivilprozeß, Tübingen 1976

*Ogorek, Regina*, Richterkönig oder Subsumtionsautomat?, Zur Justiztheorie im 19. Jahrhundert, Frankfurt am Main 1986

*Ogris, Werner*, Friedrich der Große und das Recht, in: Friedrich der Große in seiner Zeit, herausgegeben von Oswald Hauser, Köln/Wien 1987, S. 47-92

*Ogris, Werner*, Artikel „Machtspruch“, in: Handwörterbuch zur Deutschen Rechtsgeschichte, herausgegeben von Adalbert Erler und Ekkehard Kaufmann, III. Band, Berlin 1984, Sp. 126-128

*Pätzold, Erwin*, Johann Heinrich Casimir von Carmer, in: 200 Jahre Dienst am Recht, Gedenkschrift aus Anlaß des 200jährigen Gründungstages des preußischen Justizministeriums, herausgegeben von Reichsminister der Justiz Franz Gürtner, Berlin 1938, S. 331-366

*Plathner, Günther*, Der Kampf um die richterliche Unabhängigkeit bis zum Jahre 1848 unter besonderer Berücksichtigung Preußens, Eine dogmengeschichtliche Untersuchung, Breslau 1935

*Rabel, Ernst*, Die Haftung des Verkäufers wegen Mangels im Rechte, Erster Teil, Geschichtliche Studien über den Haftungserfolg, Leipzig 1902

*Ramm, Thilo*, Die friderizianische Gesamtkodifikation und der historische Rechtsvergleich, in: Das Preußische Allgemeine Landrecht, Politische, rechtliche und soziale Wechsel- und Fortwirkungen, herausgegeben von Jörg Wolff, Heidelberg 1995, S. 1-30

*Reitemeier, Johann Friedrich*, Das Gemeine Recht in Deutschland, Frankfurt an der Oder 1804

*Reitemeier, Johann Friedrich*, Encyclopädie und Geschichte der Rechte in Deutschland, Göttingen 1785

*Ritter, Gerhard*, Friedrich der Große, Ein historisches Profil, Dritte Auflage, Heidelberg 1954

*Röd, Wolfgang*, Geometrischer Geist und Naturrecht, Methodengeschichtliche Untersuchungen zur Staatsphilosophie im 17. und 18. Jahrhundert, München 1970

*Rosenberg, Leo/Schwab, Karl Heinz/Gottwald, Peter*, Zivilprozessrecht, Fünfzehnte Auflage, München 1993

*Scattola, Merio*, Das Naturrecht vor dem Naturrecht, Zur Geschichte des „ius naturae“ im 16. Jahrhundert, Tübingen 1999

*Schade, Jens*, Die Anfrage bei der Gesetzeskommission innerhalb des preußischen Zivilprozesses (1781-1789), Diss., Bochum 1998

*Schieder, Theodor*, Friedrich der Große, Frankfurt am Main 1983

*Schlosser, Hans*, Grundzüge der Neueren Privatrechtsgeschichte, Achte Auflage, Heidelberg 1996

*Schmidt, Eberhard*, Kammergericht und Rechtsstaat, Eine Erinnerungsschrift, Berlin 1968

*Schneiders, Werner*, Lexikon der Aufklärung, Deutschland und Europa, München 1995

*Schneiders, Werner*, Christian Thomasius 1655-1728, Interpretationen zur Werk und Wirkung, Mit einer Bibliographie der neueren Thomasius-Literatur, Hamburg 1989

*Schneiders, Werner*, Christian Wolff 1679-1754, Interpretationen zu seiner Philosophie und deren Wirkung, Mit einer Bibliographie der Wolff-Literatur, Hamburg 1983

*Schott, Clausdieter*, „Rechtsgrundsätze“ und Gesetzeskorrektur, Ein Beitrag zur Geschichte gesetzlicher Rechtsfindungsregeln, Berlin 1975

*Schreckenberger, Waldemar*, Die Gesetzgebung der Aufklärung und die europäische Kodifikationsidee, in: Kodifikation gestern und heute, Zum 200. Geburtstag des Allgemeinen Landrechts für die Preußischen Staaten, herausgegeben von Detlef Merten und Waldemar Schreckenberger, Berlin 1995, S. 87-111

*Schröder, Jan*, Recht als Wissenschaft, Geschichte der juristischen Methode vom Humanismus bis zur historischen Schule (1500-1850), München 2001

*Schwartz, Johann Christoph*, Vierhundert Jahre deutscher Zivilprozeß-Gesetzgebung, Neudruck der Ausgabe Berlin 1898, Aalen 1986

*Schwennicke, Andreas*, Die Entstehung der Einleitung des Preußischen Allgemeinen Landrechts von 1794, Frankfurt am Main 1993

*Schwennicke, Andreas*, Zwischen Tradition und Fortschritt – Zum zweihundertsten Geburtstag des Preußischen Allgemeinen Landrechts von 1794, in: JuS 1994, S. 456-460

*Seiler, Christoph*, Vom Allgemeinen Landrecht zum Bürgerlichen Gesetzbuch, Dargestellt am Beispiel der höchstrichterlichen Judikatur zum kaufrechtlichen Sachmängelgewährleistungsrecht, Diss., Frankfurt am Main 1996

*Sellert, Wolfgang*, Samuel von Cocceji, ein Rechtserneuerer Preußens, in: JuS 1979, S. 770-773

*Sendler, Horst*, Friedrich der Große und der Müller Arnold, in: JuS 1986, S. 759-763

*Söllner, Alfred*, Einführung in die römische Rechtsgeschichte, Fünfte Auflage, München 1996

*Sonnenschmidt, F. H.*, Geschichte des Königlichen Ober-Tribunals zu Berlin, Berlin 1879

*Specht, R.*, Artikel „Naturrecht", in: Historisches Wörterbuch der Philosophie, herausgegeben von Joachim Ritter und Karlfried Gründer, Band 6, Basel 1984, Sp. 571-582

*Springer, Max*, Die Coccejische Justizreform, München und Leipzig 1914

*Steffenhagen, Emil*, Deutsche Rechtsquellen in Preussen vom XIII. bis zum XVI. Jahrhundert, Leipzig 1875

*Stein, Peter G.*, Römisches Recht und Europa, Die Geschichte einer Rechtskultur, Frankfurt am Main 1996

*Stintzing, Roderich v./Landsberg, Ernst*, Geschichte der deutschen Rechtswissenschaft, Abteilung 3, Halbband 1, 2. Nachdruck der Ausgabe München 1898, Aalen 1978

*Stobbe, O.*, Geschichte der deutschen Rechtsquellen, Zweite Abtheilung, Leipzig 1864

*Stolleis, Michael*, Juristen, Ein biographisches Lexikon, Von der Antike bis zum 20. Jahrhundert, München 1995

*Stölzel, Adolf*, Carl Gottlieb Svarez, Ein Zeitbild aus der zweiten Hälfte des achtzehnten Jahrhunderts, Berlin 1885

*Stölzel, Adolf*, Die Entwicklung der gelehrten Rechtsprechung, Billigkeits- und Rechtspflege der Rezeptionszeit in Jülich-Berg, Bayern, Sachsen und Brandenburg, Berlin 1910

*Stölzel, Adolf*, Brandenburg-Preußens Rechtsverwaltung und Rechtsverfassung, dargestellt am Wirken seiner Landesfürsten und obersten Justizbeamten, Zweiter Band, Berlin 1888

*Svarez, Carl Gottlieb*, Inwiefern können und müssen Gesetze kurz sein?, in: Vorträge über Recht und Staat, herausgegeben von Hermann Conrad und Gerd Kleinheyer, Köln und Opladen 1960, S. 627-633

*Svarez, Carl Gottlieb*, Unterricht für das Volk über die Gesetze, Frankfurt am Main 1793

*Thieme, Hans*, Das Naturrecht und die europäische Privatrechtsgeschichte, Zweite Auflage, Basel 1954

*Thieme, Hans*, Artikel „Gemeines Recht“, in: Handwörterbuch zur Deutschen Rechtsgeschichte, herausgegeben von Adalbert Erler und Ekkehard Kaufmann, I. Band, Berlin 1971, Sp. 1506-1510

*Thieme, Hans*, Die preußische Kodifikation, Privatrechtsgeschichtliche Studien II., in: Zeitschrift der Savigny-Stiftung für Rechtsgeschichte (ZRG), Germanistische Abteilung, 57. Band (1937), S. 355-417

*Thieme, Hans*, Die Zeit des späten Naturrechts, in: Zeitschrift der Savigny-Stiftung für Rechtsgeschichte (ZRG), Germanistische Abteilung, 56. Band (1936), S. 202-263

*Tradt, Johannes*, Der Religionsprozeß gegen den Zopfschulzen (1791-1799), Diss., Frankfurt am Main 1997

*Vierhaus, Rudolf*, Das allgemeine Landrecht für die Preußischen Staaten als Verfassungsersatz?, in: 200 Jahre Allgemeines Landrecht für die preußischen Staaten, herausgegeben von Barbara Dölemeyer und Heinz Mohnhaupt, Frankfurt am Main 1995, S. 1-21

*Voppel, Reinhard*, Der Einfluss des Naturrechts auf den Usus modernus, Köln, Berlin, Bonn, München 1996

*Wagner, Wolfgang*, Die Wissenschaft des gemeinen römischen Rechts und das Allgemeine Landrecht für die Preussischen Staaten, in: Wissenschaft und Kodifikation des Privatrechts im 19. Jahrhundert, herausgegeben von Helmut Coing und Walter Wilhelm, Frankfurt am Main 1974, S. 119-152

*Weissler, Adolf*, Die Umbildung der Anwaltschaft unter Friedrich dem Großen, Königshütte 1891

*Werkmüller, D.*, Artikel „Anefang“, in: Handwörterbuch zur Deutschen Rechtsgeschichte, herausgegeben von Adalbert Erler und Ekkehard Kaufmann, I. Band, Berlin 1971, Sp. 159-163

*Wesel, Uwe*, Die Hausarbeit in der Digestenexegese, Dritte Auflage, München 1989

*Wesenberg, Gerhard/Wesener, Gunter*, Neuere deutsche Privatrechtsgeschichte im Rahmen der europäischen Rechtsentwicklung, Vierte Auflage, Wien, Köln, Graz 1985

*Wieacker, Franz*, Privatrechtsgeschichte der Neuzeit unter besonderer Berücksichtigung der deutschen Entwicklung, Zweiter unveränderter Nachdruck der Zweiten Auflage von 1967, Göttingen 1996

*Wieacker, Franz*, Aufstieg, Blüte und Krisis der Kodifikationsidee, in: Festschrift für Gustav Boehmer, Bonn 1954, S. 34-50

*Willoweit, Dietmar*, Gesetzespublikation und verwaltungsinterne Gesetzgebung in Preußen vor der Kodifikation, in: Beiträge zur Rechtsgeschichte, Gedächtnisschrift für Hermann Conrad, herausgegeben von Gerd Kleinheyer und Paul Mikat, Paderborn 1979, S. 601-619

*Windscheid, Bernhard*, Lehrbuch des Pandektenrechts, Erster Band, Achte Auflage, Frankfurt am Main 1900

*Windscheid, Bernhard*, Lehrbuch des Pandektenrechts, Zweiter Band, Achte Auflage, Frankfurt am Main 1900

*Winterberg, H.*, Artikel „Carmer, Johann Heinrich Casimir v." in: Handwörterbuch zur Deutschen Rechtsgeschichte, herausgegeben von Adalbert Erler und Ekkehard Kaufmann, I. Band, Berlin 1971, Sp. 590-592

*Wollschläger, Christian*, Friedrich Carl von Savigny, Landrechtsvorlesung 1824, Drei Nachschriften, Erster Halbband, Einleitung, Allgemeine Lehren, Sachenrecht, Frankfurt am Main 1994

*Wollschläger, Christian*, Friedrich Carl von Savigny, Landrechtsvorlesung 1824, Drei Nachschriften, Zweiter Halbband, Obligationen, Familienrecht, Erbrecht, Frankfurt am Main 1998

*Wollschläger, Christian*, Savignys Landrechtsvorlesung: ein Beitrag zu wissenschaftlicher Juristenausbildung, in: 200 Jahre Allgemeines Landrecht für die preußischen Staaten, herausgegeben von Barbara Dölemeyer und Heinz Mohnhaupt, Frankfurt am Main 1995, S. 187-210

**Schriften zur Preußischen Rechtsgeschichte**

Herausgegeben von Jörn Eckert

Band 1 Joachim Steinbeck: Die Anwendung des Allgemeinen Landrechts in der richterlichen Praxis. Sentenzen des Oberappellationssenats des preußischen Kammergerichts von 1794 bis 1803. 2004.

Band 2 Matthias Albrecht: Die Methode der preußischen Richter in der Anwendung des Preußischen Allgemeinen Landrechts von 1794. Eine Studie zum Gesetzesbegriff und zur Rechtsanwendung im späten Naturrecht. 2005.

Band 3 Andrea Wenzel: Das Gewährleistungsrecht in der Spruchpraxis des Preußischen Kammergerichts von 1794–1810. 2006.

www.peterlang.de

Heiko Lüpkes

## Die Verbrechen der Diener des Staats im Allgemeinen Landrecht für die Preußischen Staaten von 1794 und ihre Entwicklung zu den Vergehen und Verbrechen im Amte im Strafgesetzbuch für die Preußischen Staaten von 1851

Frankfurt am Main, Berlin, Bern, Bruxelles, New York, Oxford, Wien, 2004. 238 S.
Rechtshistorische Reihe. Verantwortlicher Herausgeber: Götz Landwehr. Bd. 287
ISBN 3-631-51863-3 · br. € 42.50*

Die Vergangenheit des preußischen Beamtentums wird oft nostalgisch verklärt. Diese Arbeit untersucht ausgehend von den Amtsdelikten des ALR von 1794, welche Mittel dem preußischen Staat zur Disziplinierung seiner Beamten zur Verfügung standen. In der ersten Hälfte des 19. Jahrhunderts wurde heftig darum gestritten, welche Pflichtverletzungen auf gerichtlichem und welche auf administrativem Wege geahndet werden sollen. Die meisten Tatbestände der landrechtlichen Amtsdelikte sind seit 1849 in einer disziplinarrechtlichen Generalklausel aufgegangen. Nur wenige Tatbestände wurden zu modernen, seit 1851 und im wesentlichen heute noch geltenden Straftatbeständen weiterentwickelt.

*Aus dem Inhalt*: Die Ahndung von Verfehlungen der Staatsdiener seit dem Beginn der frühen Neuzeit · Die Kodifikation der Amtsdelikte im ALR · Die praktische Bedeutung der Amtsdelikte in der ersten Hälfte des 19. Jahrhunderts, besonders im Spannungsfeld zwischen gerichtlichem Strafverfahren und administrativem Disziplinarverfahren · Die einzelnen Pflichtverletzungen und ihre Fortentwicklung zu den im wesentlichen noch heute gültigen Amtsdelikten

Kolibri 360 GmbH
Ferdinand-Jühlke-Straße 7
99095 Erfurt, Deutschland
produktsicherheit@kolibri360.de

Druck:
CPI Druckdienstleistungen GmbH
im Auftrag der
Kolibri 360 GmbH
Ferdinand-Jühlke-Str. 7
99095 Erfurt